高水平应用型培育立项建设专业群系列教材

Internet +

Innovation and Entrepreneurship
Project Operation

互联网 +
创新创业
项目运作

（第二版）

张琪 主编

张中正 林媛媛 刘振诚 赵庆蔚 副主编

东北财经大学出版社
Dongbei University of Finance & Economics Press

大连

图书在版编目（CIP）数据

互联网+创新创业项目运作/张琪主编. —2版. —大连：东北财经大学出版社，2024.1（2025.8重印）

（高水平应用型培育立项建设专业群系列教材）

ISBN 978-7-5654-5014-3

Ⅰ.互…　Ⅱ.张…　Ⅲ.互联网络-应用-创业-教材　Ⅳ.F241.4-39

中国国家版本馆CIP数据核字（2023）第202220号

东北财经大学出版社出版

（大连市黑石礁尖山街217号　邮政编码　116025）

网　　　址：http://www.dufep.cn

读者信箱：dufep@dufe.edu.cn

大连东泰彩印技术开发有限公司印刷　东北财经大学出版社发行

幅面尺寸：185mm×260mm　　字数：307千字　　印张：13　　插页：1

2024年1月第2版　　　　　　　　　2025年8月第2次印刷

责任编辑：王　丽　石建华　　　　　　责任校对：刘贤恩

封面设计：原　皓　　　　　　　　　　版式设计：原　皓

定价：36.00元

教学支持　售后服务　　联系电话：（0411）84710309

版权所有　侵权必究　　举报电话：（0411）84710523

如有印装质量问题，请联系营销部：（0411）84710711

第二版前言

目前，在全球新一轮的科技革命和产业革命的推动下，我国经济发展已经进入了调结构、稳增长、上层次的关键时期。出于经济转型和全球化竞争的迫切需要，很多国家都加强了对本国创新创业的关注程度，创新创业也成为我国经济持续发展的原动力和国家竞争力的主要源泉。党的二十大报告指出："必须坚持科技是第一生产力、人才是第一资源、创新是第一动力，深入实施科教兴国战略、人才强国战略、创新驱动发展战略，开辟发展新领域新赛道，不断塑造发展新动能新优势。"

2015年5月，国务院办公厅下发的《关于深化高等学校创新创业教育改革的实施意见》中提出，自2015年起全面深化高校创新创业教育改革。2019年10月14日至15日，中共中央政治局委员、国务院副总理孙春兰在浙江调研高等教育并出席中国"互联网+"大学生创新创业大赛有关活动。她强调，要深入学习贯彻习近平总书记关于教育的重要论述，把创新创业教育融入人才培养全过程，加快高等教育内涵式发展，全面提高人才培养质量，不断提升教育服务国家发展能力。她指出，创新创业教育首先是教育，归根结底要培养德智体美劳全面发展的社会主义建设者和接班人。

为贯彻落实《教育部关于大力推进高等学校创新创业教育和大学生自主创业工作的意见》和《普通本科学校创业教育教学基本要求（试行）》的文件精神，培养更多符合社会需要的创新创业人才，满足高校创新创业教育的需要，我们在当前高校创新创业教育教学、科研与实践的基础上，结合高校创新创业教育实际，组织具有丰富教学与实践经验的专家学者和一线教师，在查阅参考了大量文献后，于2020年编写了这本教材，并于2023年再版。

本教材共分十二章，以创新创业的过程为主线，将创新知识与创业知识有机地结合在一起，内容包括创新创业概述、创业想法的发掘与筛选、创业团队的组建与分工、创业机会的识别及创业项目的选择、产品的卖点、商业模式的搭建、创业融资、创业风险的防范、创业计划书的撰写、创业项目路演、创办新企业、创业者权益的法律保护。其中第二章创业想法的发掘与筛选、第八章创业风险的防范、第九章创业计划书的撰写以及第十一章创办新企业为本次修订新增内容。修订后的内容基本涵盖了创新创业的全过程，运用循序渐进的讲述方法为创业者开辟一条有方向、有保障的创新创业之路。

除此之外，本次修订融入大量课程思政内容，在章节前后分别加入"思政元素"和"思政天地"两个栏目，在培养学生创新创业能力的同时，注重培养学生热爱祖国、以人为本、开拓进取、诚实守信、担当尽责的现代企业家精神。新版更加聚焦"互联网+"环境下的创新创业实操，对"互联网+"环境下的创业者可能面临的新问题、新模式和新风险进行了详细分析，帮助学生熟悉创业环境、扩宽创业视野、理清创业思路。此次修订对上一版教材中使用的案例进行了充实和更新，新案例更加具有代表性且契合"互联网+"环境下的创新创业实际，可以给创业者提供更加具象化的经验总结。在部分章节的末尾增加二维码资源，包含即测即评和大量实训互动项目，以增加教材的趣味性、互动性和启发性。

本教材由山东管理学院张琪教授担任主编，张中正、林媛媛、刘振诚、赵庆蔚担任副主编。具体分工为：第一至第三章由张琪编写，第四至第六章由林媛媛编写，第七至第九章由赵庆蔚编写，第十至第十二章由刘振诚编写。张琪负责全书的统筹和修改。

本教材是对创新创业类教材进行项目化改革的一次探索，在编写过程中，参阅了国内同行的有关论著，在此致以诚挚的谢意。由于作者的经验和水平有限，书中的疏漏和不当之处在所难免，恳请同行、专家和广大读者批评指正。

编　者

2023 年 10 月

目　录

第一章 创新创业概述/1

第一节 创新的含义、原则和原理/2
第二节 创业的含义、特点和基本路径/7
第三节 创业者的能力素质与企业家精神/10
第四节 "互联网+"环境下创业的机遇与挑战/17

第二章 创业想法的发掘与筛选/21

第一节 创业想法概述/22
第二节 创业想法的发掘与来源/23
第三节 创业想法的筛选/28

第三章 创业团队的组建与分工/35

第一节 创业团队的组建/36
第二节 创业团队的分工与管理/38

第四章 创业机会的识别及创业项目的选择/45

第一节 创业机会的识别/45
第二节 创业项目的选择/52
第三节 "互联网+"环境下的创业机会/58

第五章 产品的卖点/67

第一节 产品卖点的相关概念/68
第二节 核心卖点/69

第三节　　卖点的进化/73
第四节　　卖点密码/76

第六章　　商业模式的搭建/83

第一节　　商业模式概述/84
第二节　　商业模式设计的基本方法/87
第三节　　商业模式设计工具/90
第四节　　"互联网+"环境下的创业模式/99

第七章　　创业融资/107

第一节　　创业融资概述/109
第二节　　创业融资估算/110
第三节　　创业融资渠道/114
第四节　　融资项目展示/118
第五节　　创业融资决策/123

第八章　　创业风险的防范　/129

第一节　　创业风险概述/130
第二节　　创业风险识别/135
第三节　　创业风险控制/139
第四节　　"互联网+"环境下的创业风险/145

第九章　　创业计划书的撰写/152

第一节　　创业计划书概述/153
第二节　　创业计划书的撰写步骤及方法/155

第十章　　创业项目路演　/164

第一节　　项目路演概述/165
第二节　　创业项目路演的类型、步骤及注意事项/166
第三节　　创业项目路演的技巧/171

第十一章　　创办新企业　/176

第一节　　企业的组织形式及选择/176
第二节　　创办新企业的过程/181

第十二章　　创业者权益的法律保护　/188

第一节　　大学生创业者面临的法律风险/188

第二节 大学生创业面临法律风险的成因/189
第三节 加强创业者权益的法律保障/190
第四节 大学生创业法律案例/193

参考文献/198

第一章

创新创业概述

【政策导读】

推进"大众创业、万众创新"是中国经济发展到当前阶段的一个必然选择。习近平总书记在党的二十大报告中指出："加快实施一批具有战略性全局性前瞻性的国家重大科技项目，增强自主创新能力""强化企业科技创新主体地位，发挥科技型骨干企业引领支撑作用，营造有利于科技型中小微企业成长的良好环境，推动创新链产业链资金链人才链深度融合。"创业创新在中国经济中的地位正被提到前所未有的高度，也正在获得空前的大力支持。

【案例导读】

在美国伊利诺伊州的哈佛镇，有群孩子经常利用课余时间到火车上卖爆米花，一个10岁的小男孩也加入了这一行列。他往爆米花里加入了奶油和盐，使其味道更加可口，因此，他的爆米花比其他小孩的都卖得好。因为他懂得如何比别人做得更好，创优使他成功。

当一场大雪封住了几列满载乘客的火车时，这个小男孩便赶制了许多三明治拿到火车上去卖，虽然他的三明治做得并不怎么样，但还是被饥饿的乘客抢购一空。因为他懂得如何比别人做得更早，抢占先机使他成功。

当夏季来临，小男孩又设计出一个能挎在肩上的半月形的箱子，在边上刻出一些小洞，刚好能堆放蛋卷，他又在蛋卷中部的小空间里放上冰淇淋。结果，这种新鲜的蛋卷冰淇淋备受乘客欢迎，他的生意火爆一时。因为他懂得如何比别人做得更新，创新使他成功。

当车站上的生意红火以后，参与的孩子越来越多，这个小男孩意识到好景不长，便在挣了一笔钱后果断地退出了竞争。结果，孩子们的生意越来越难做，不久，车站又对这些小生意进行了清理整顿，而他却因及早退出而没有受到任何损失。因为他懂得如何比别人保持更清醒的头脑，及时抽身使他成功。

一个比别人做得更好、更早、更新，且头脑更清醒的人，一个懂得如何创优创新、抢占先机、及时抽身的人，怎么可能不成功呢？后来，这个小男孩果然成为一个不平凡的人，他就是摩托罗拉公司的创始人保罗·高尔文。

创新是人类特有的认识能力和实践能力，是人类主观能动性的高级表现，是推动民族进步和社会发展的不竭动力。一个民族要想走在时代前列，就一刻也不能没有创新思维，一刻也不能停止各种创新。创新在经济、技术、社会学以及建筑学等领域的研究中举足轻重。从本质上说，创新是创新思维蓝图的外化、物化、形式化。

资料来源：佚名. 卖爆米花小男孩的成功之路［EB/OL］.［2020-02-18］. https://wenku.baidu.com/view/702c39b90640be1e650e52ea551810a6f524c8b9.html.

第一节　创新的含义、原则和原理

一、创新的含义

什么叫创新呢？创新是指以现有的思维模式提出有别于常规或常人思路的见解为导向，利用现有的知识和物质，在特定的环境中，本着理想化需要或为满足社会需求，而改进或创造新的事物、方法、元素、路径、环境，并能获得一定有益效果的行为。

创新（innovation）起源于拉丁语。它是一个非常古老的词，原有三层含义：一是更新，就是对原有的东西进行替换；二是创造新的东西，就是创造出原来没有的东西；三是改变，就是对原有的东西进行发展和改造。美国哈佛大学教授熊彼特在1912年第一次把创新引入了经济领域，他在其著作中提出：创新是指把一种新的生产要素和生产条件的"新结合"引入生产体系。它包括五种情况：引入一种新产品，引入一种新的生产方法，开辟一个新的市场，获得原材料或半成品的一种新的供应来源，建立新的组织形式。熊彼特的创新概念包含的范围很广，如涉及技术性变化的创新及非技术性变化的组织创新。

美国管理学大师彼得·德鲁克在20世纪50年代把创新引进管理领域，有了管理创新。他认为，创新就是赋予资源以新的创造财富的能力的行为。

对创新我们有多方面的理解，有时说别人没说过的话叫创新，有时做别人没做过的事叫创新，有时想别人没想到的东西叫创新。有的东西我们之所以认为它是创新，是因为它改善了我们的工作质量、生活质量，或提高了我们的工作效率，或巩固了我们的竞争地位，或对我们的经济、社会、技术产生了根本性的影响。但是创新不一定非得是全新的东西，把旧的东西以新的形式包装一下叫创新，旧的东西找到新的切入点叫创新，总量不变改变结构叫创新，结构不变改变总量也叫创新。

【小案例1-1】一家公司有4个车间，公司老板通过很多方法来提高劳动生产率，可是当提高到一个临界点时，再提高就非常困难。要怎么实现突破呢？有人给他出了个主意，即分析这4个车间的员工构成。结果发现，第一个车间都是男员工，于是老板加了几个女员工进去，效率得到了提高。这正应了我们经常说的"男女搭配，干活不累"。第二个车间都是年轻员工，于是老板加了几个中老年员工进去，老成持重，效率得到了提高。第三个车间都是中老年员工，于是老板加了几个年轻员工进去，有新鲜活力，效率得到了提高。那么第四个车间呢？老的少的、男的女的都有，怎么提高效率？分析后发现，这个车间都是本地人，于是老板加了几个外地人进去，大家都拼命地干，效率得到了提高。还是这么多人，只把结构变换一下，这就叫创新。所以创新到处有，创新就在我们身边。

资料来源：佚名. 创新与创新思维［EB/OL］.［2017-11-23］. https://wenku.baidu.com/view/a74c5046dcccda38376baf1ffc4ffe473368fdc7.html.

二、创新的原则

创新的原则就是开展创新活动所依据的法则和判断创新构思所凭借的标准。

（一）遵守科学技术原理原则

创新必须遵守科学技术原理，不得有违科学发展规律。因为任何违背科学技术原理的创新都是不能获得成功的。比如，近百年来，许多才识卓越的人耗费心思，力图发明一种既不消耗任何能量又可源源不断对外做功的"永动机"。但无论他们的构思如何巧妙，结果都摆脱不了失败的命运。其原因在于他们违背了"能量守恒"的科学原理。为了使创新活动取得成功，在进行创新构思时，必须做到以下几点：

1.对创新设想进行科学原理相容性检查

创新的设想在转化为成果之前，应该先进行科学原理相容性检查。如果关于某一创新问题的初步设想，与人们已经发现并获得实践检验证明的科学原理不相容，则不会获得最后的创新成果。因此与科学原理是否相容，是检查创新设想有无生命力的根本条件。

2.对创新设想进行技术方法可行性检查

任何事物都不能离开现有条件的制约。在设想变为成果时，还必须进行技术方法可行性检查。如果设想所需要的条件超过现有技术方法的可行性范围，则在目前的条件下该设想还只能是一种空想。

3.对创新设想进行功能方案合理性检查

任何创新设想，在功能上都有所创新或有所增强。但一项设想的功能体系是否合理，关系到该设想是否具有推广应用的价值。因此，必须对其合理性进行检查。

（二）市场评价原则

为什么有的新产品登上商店柜台却逐渐销声匿迹了呢？从创新设想到获得最后的成功，必须经受市场的严峻考验。爱迪生曾说："我不打算发明任何卖不出去的东西，因为不能卖出去的东西都没有达到成功的顶点。能销售出去就证明了它的实用性，而实用性就是成功。"

创新想要经受市场的考验，实现商品化和市场化，就要按市场评价的原则来分析。市场评价通常是从市场寿命观、市场定位观、市场特色观、市场容量观、市场价格观和市场风险观六个方面入手，考察创新对象的商品化和市场化的发展前景，而最基本的要点是考察该创新的使用价值是否大于它的销售价格，也就是要看它的性能、价格是否优良。但在现实中，要估计一种新产品的生产成本和销售价格不难，要估计一种新发明的使用价值和潜在意义则很难。这需要在进行市场评价时把握评价事物使用性能的最基本的几个方面，然后在此基础上得出结论：

（1）解决问题的迫切程度；

（2）功能结构的优化程度；

（3）使用操作的可靠程度；

（4）维修保养的方便程度；

（5）美化生活的美学程度。

（三）相对较优原则

创新不可盲目追求最优、最佳、最美、最先进。创新的产物不可能十全十美。在创新过程中，利用创造原理和方法获得许多创新设想，它们各有千秋，这时，就需要人们按相对较优的原则，对设想进行判断选择。

1.从创新技术先进性上进行比较

可从创新设想或成果的技术先进性上进行各自之间的分析比较，尤其是应将创新设想同解决同样问题的已有技术手段进行比较，看谁领先和超前。

2.从创新经济合理性上进行比较

经济的合理性也是评价判断一项创新成果的重要因素，所以对各种设想的可能经济情况要进行比较，看谁更合理和经济。

3.从创新整体效果性上进行比较

技术和经济应该相互支持、相互促进，它们的协调统一构成事物的整体效果。任何创新的设想和成果，其使用价值和创新水平都主要是通过它的整体效果体现出来的。因此，要对它们的整体效果进行比较，看谁更全面和优秀。

（四）机理简单原则

在现有科学水平和技术条件下，如不限制实现创新的方式和手段的复杂性，所付出的代价可能远远超出合理程度，导致创新的设想或结果毫无使用价值。在科技竞争日趋激烈的今天，结构复杂、功能冗余、使用烦琐已成为技术不成熟的标志。因此，在创新的过程中，要始终贯彻机理简单原则。为使创新的设想或结果更符合机理简单原则，可进行如下检查：

（1）新事物所依据的原理是否重叠，超出应有范围；

（2）新事物所拥有的结构是否复杂，超出应有程度；

（3）新事物所具备的功能是否冗余，超出应有数量。

（五）构思独特原则

我国古代军事家孙子在《孙子兵法·势篇》中指出："凡战者，以正合，以奇胜。故善出奇者，无穷如天地，不竭如江河。"所谓"出奇"，就是"思维超常"和"构思独特"。创新贵在独特，创新也需要独特。在创新活动中，关于创新对象的构想是否独特，可以从以下几个方面来考察：

（1）创新构思的新颖性；

（2）创新构思的开创性；

（3）创新构思的特色性。

（六）不轻易否定、不简单比较原则

不轻易否定、不简单比较原则是指在分析评判各种产品创新方案时应注意避免轻易否定的倾向。在飞机被发明出来之前，科学界曾从"理论"上进行了否定的论证；过去也曾有权威人士断言，无线电波不可能沿着地球曲面传播，无法成为通信手段。显然，这些结论都是错误的，这些不恰当的否定之所以出现是由于人们运用了错误的"理论"，而更多不应该出现的错误否定，则是由于人们主观地给某项发明规定了若干用常规思维分析证明无法达到的技术细节。

在避免轻易否定倾向的同时，还要注意不要随意在两个事物之间进行简单比较。不同的创新，包括非常相近的创新，原则上不能以简单的方式比较其优势或劣势。

不同创新不能简单比较的原则，带来了相关技术在市场上的优势互补，形成了共存共荣的局面。创新的广泛性和普遍性都源于创新具有的相融性。如市场上常见的钢笔、铅笔就互不排斥，即使都是铅笔，也有普通木质的铅笔和金属或塑料壳的自动铅笔之分，它们之间也不存在排斥的问题。

总之，我们应在尽量避免盲目地、过高地估计自己的设想的同时，注意珍惜别人的创意和构想。简单的否定与批评是容易的，闪烁着希望的创新构想却是难得的。

【小案例1-2】 法国心理学专家约翰·法伯曾经做过一个著名的实验：把许多毛毛虫放在一个花盆的边上，首尾相连，围成一圈，并在花盆周围放了一些毛毛虫比较爱吃的食物。毛毛虫开始一个跟着一个，绕着花盆的边缘一圈一圈地走，一个小时过去了，一天过去了，又一天过去了，这些毛毛虫还是夜以继日地绕着花盆的边缘转圈。一连走了七天七夜，它们最终因为饥饿和精疲力竭而相继死去。约翰·法伯曾设想：毛毛虫会很快厌倦这种毫无意义的绕圈而转向它们爱吃的食物，遗憾的是，毛毛虫并没有这样做。导致这种结果的原因就在于毛毛虫的盲从，总习惯于固守原有的本能、习惯、先例和经验。如果有一条毛毛虫能破除尾随的习惯而转向去觅食，就完全可以避免悲剧的发生。人的思维也一样，人一旦形成了习惯的思维定式，就会习惯性地顺着定式思维思考问题。

资料来源：根据百度百科相关资料整理.

以上是在创新活动中要注意并切实遵循的创新原则，这是根据千百年来人类创新活动成功的经验和失败的教训提炼出来的，是创新智慧和方法的结晶。它体现了创新的规律和性质，按创新原则去创新并非束缚你的思维，而是把创新活动纳入安全可靠、快速运行的大道上来。

在创新活动中遵循创新原则是提升创新能力的基本要素，是攀登创新云梯的基础。有了这个基础就握住了开启创新大门的"金钥匙"。

三、创新的原理

（一）综合原理

综合是在分析各个构成要素基本性质的基础上，综合其可取的部分，使综合后所形成的整体具有优化的特点和创新的特征。

（二）组合原理

这是将两种或两种以上的学说、技术、产品的一部分或全部进行适当叠加和组合，用以形成新学说、新技术、新产品的创新原理。组合既可以是自然组合，也可以是人工组合。在自然界和人类社会中，组合现象是非常普遍的。

爱因斯坦曾说："组合作用似乎是创造性思维的本质特征。"组合创新的机会是无穷的。有人统计了20世纪以来的480项重大发明创造成果，经分析发现，三四十年代是以突破型成果为主而以组合型成果为辅；五六十年代两者大致相当；从80年代起，组合型成果占据主导地位。这说明，组合原理已成为创新的主要方式之一。

（三）分离原理

分离原理是把某一创新对象进行科学的分解和离散，使主要问题从复杂现象中暴露出来，从而理清创造者的思路，便于抓住主要矛盾。在发明创造过程中，分离原理提倡将事物打破并分解，鼓励人们冲破事物原有面貌的限制，将研究对象予以分离，创造出全新的概念和产品。例如，隐形眼镜是眼镜架和镜片分离后的新产品。

（四）还原原理

这个原理很重要，也十分经典。还原原理要求我们善于透过现象看本质，在创新过程中，能回到设计对象的起点，抓住问题的原点，将最主要的功能抽取出来并集中精力研究其实现的手段和方法，以取得创新的最佳成果。任何发明和革新都有其创新的原点。创新的原点是唯一的，寻根溯源找到创新原点，再从创新原点出发去寻找各种解决问题的途径，用新的思想、新的技术、新的方法重新创造该事物，从本原上去解决问题，这就是还原原理的精髓所在。

（五）移植原理

这是把一个研究对象的概念、原理和方法运用于另一个研究对象并取得创新成果的创新原理。"他山之石，可以攻玉"就是该原理能动性的真实写照。移植原理的实质是借用已有的创新成果进行创新目标的再创造。

例如，想想拉链还有什么用途？想起来就记下来，以后再想起其他用途仍可写在这里，积累多了，就能创新。

创新活动中的移植按重点不同，可以分为沿着不同物质层次的"纵向移植"、在同一物质层次内不同形态间的"横向移植"，以及把多种物质层次的概念、原理和方法综合引入同一创新领域的"综合移植"。新的科学创造和新的技术发明层出不穷，其中有许多创新是运用移植原理取得的。

（六）换元原理

换元原理是指创造者在创新过程中采用替换或代换的思想或手法，使创新活动内容不断展开、研究不断深入的原理。这通常指在发明创造过程中，设计者可以有目的、有意义地去寻找替代物，如果能找到性能更好、价格更低的替代物，这本身就是一种创新。

（七）迂回原理

迂回原理具有实用性。在很多情况下，创新会遇到许多暂时无法解决的问题。迂回原理鼓励人们开动脑筋、另辟蹊径，不妨暂停在某个难点上的僵持状态，转而进入下一步行动或进入另外的行动，带着创新活动中的这个未知数，继续探索创新问题。不要钻牛角尖、走死胡同，因为有时通过解决侧面问题、外围问题以及后继问题，可能会使原来的未知问题迎刃而解。

（八）逆反原理

逆反原理首先要求人们敢于并善于打破头脑中常规思维模式的束缚，对已有的理论方法、科学技术、产品实物持怀疑态度，从相反的思维方向去分析、去思索、去探求新的发明创造。实际上，任何事物都有正反两个方面，这两个方面相互依存于一个共同体中。人们在认识事物的过程中，习惯于从显而易见的正面去考虑问题，因而阻塞了自己的思路。如果能有意识、有目的地与传统思维方法"背道而驰"，往往能得到极好的创新成果。

（九）强化原理

强化就是对创新对象进行精练、压缩或聚焦，以获得创新的成果。强化原理是指在创新活动中，通过各种强化手段，使创新对象提高质量、改善性能、延长寿命、增加用途，或使产品体积缩小、重量减轻、功能强化。

（十）群体原理

大学生创新小组就是群体原理的一种运用。科学的发展，使创新越来越需要发挥群体智慧才能有所建树。早期的创新多是依靠个人的智慧和知识来完成的，但随着科学技术的进步，要想"单枪匹马、独闯天下"去完成像人造卫星、宇宙飞船、空间实验室和海底实验室等大型高科技项目的开发设计工作，是不可能的。这就需要创新者们摆脱狭窄的专业知识范围的束缚，依靠群体智慧的力量、科学技术的交叉渗透，使创新活动从个体劳动的圈子中解放出来，焕发出更大的活力。

在创新活动中，创新原理是运用创造性思维分析问题和解决问题的出发点，也是人们选择使用何种创新方法、采用何种创新手段的凭据。因此，掌握创新原理，是人们取得创新成果的先决条件。但创新原理不是包治百病的"万应灵丹"，不能指望在浅涉创新原理之后，就能对创新方法了如指掌并运用自如，就能解决创新的任何问题，只有在深入学习并深刻理解创新原理的基础上，人们才有可能有效地掌握创新方法，也才有可能成功地开展创新活动。

第二节　创业的含义、特点和基本路径

创新是创业的动力和源泉，是创业的本质体现。创业通过创新拓宽商业视野、获取市场机遇、整合独特资源、推进企业成长。创新能力是最重要的创业资本，创业者在创业过程中需要具有持续旺盛的创新精神、创新意识，需要独特、活跃、科学的思维方式，这样才可能产生富有创意的想法或方案，才可能不断寻求新的思路、新的方法、新的模式、新的出路，最终获得创业成功。

一、创业的含义

什么是创业？在创业界有不同的意见。一些专家、学者认为：创业是一个发现和捕捉机会并由此创造出新颖的产品或服务和实现其潜在价值的复杂过程。创业必须要投入时间和付出努力，承担相应财务、精神和社会的风险，才能获得金钱的回报、个人的满足和独立自主。霍华德·H.斯蒂文森认为：创业是一种管理方式，即对机会的追踪和捕获的过程，这一过程与创业者当时控制的资源无关。他进一步指出，创业可由以下七个方面的企业经营活动来理解：发现机会、战略导向、致力于机会、资源配置过程、资源控制理念、管理理念和回报政策。杰弗里·A.蒂蒙斯则认为：创业是一种思考、推理和行为方式，这种行为方式是机会驱动、注重方法和与领导相平衡的。创业导致价值的产生、增加、实现和更新，不只是为所有者，也为所有参与者和利益相关者。科尔提出：把创业定义为发起、维持和发展以利润为导向的企业的有目的性的行为。

美国学者帕尔特·蒂·维罗斯教授把创业的概念延伸到从人们创业意识产生之前到企业成长的全过程。他认为创业应该分为四个阶段：未成年；创业行动开始之前；开始创办企业；企业成长。未成年就是创业意识萌芽阶段，创业者心里有创业的冲动，只是还没有找到合适的机会。当机会出现后，创业欲望加强，开始进行各种准备活动，进入了第二个阶段。接着，创业者或独自一人，或组建创业团队，开始进行市场调研、拟订创业方案、融资、注册登记、建厂生产、提高产品或者服务质量。最后，企业进入发展期，进入第二次创业阶段。

综上所述，创业是一个人们发现和捕捉机会并由此创造出新颖的产品或服务和实现其潜在价值的复杂过程，即从人们创业意识产生之前到企业成长的全过程。

二、创业的特点

（一）创业是一个复杂的创造过程

创业者创造出某种新事物，这种新事物必须是有价值的，不仅对创业者本身有价值，而且对社会也要有价值。价值属性是创业的重要社会属性，同时也是创业活动的意义和价值。创业者必须要贡献必要的时间和大量的精力，付出极大的努力。要完成整个创业过程，要创造新的有价值的事物，就需要付出大量的时间，而要获得成功，没有极大的努力也是不可能的，很多创业活动在初期是在非常艰苦的环境下进行的。

（二）创业要承担必然的风险

创业的风险可能有各种不同的形式，取决于创业的领域和创业团队的资源。但通常的创业风险主要有人力资源风险、市场风险、财务风险、技术风险、外部环境风险、合同风险、精神方面的风险等几个方面。创业者应具备超人的胆识，甘冒风险，勇于从事多数人望而却步的风险事业。

（三）创业将给创业者带来回报

作为一个创业者，最重要的回报可能是其从中获得独立自主，以及随之而来的个人的物质财富的满足。对于追求利润的创业者，金钱的回报无疑是重要的，对其中的许多人来说，物质财富在某种程度上是衡量成功的一个尺度。通常，风险与回报呈正相关关系。

【小案例1-3】 19世纪末，美国加利福尼亚州发现了黄金，出现了淘金热。有一位17岁的少年来到加州，也想加入淘金者的队伍。可他发现金子没那么好淘，淘金的人很野蛮，他很害怕。这时，他看到淘金人在炎热的天气下干活口渴难熬，就挖了一条沟，将远处的河水引来，经过三次过滤后变成清水，然后卖给淘金人喝。金子不一定能淘到，而且有一定的危险性，卖水却十分保险。他很快就赚到了6 000美元，然后回到家乡办起了罐头厂。

这个少年就是后来被称为美国食品大王的亚尔默。成功者往往都是有独到见解的人，他们总是从不同的角度看问题，从而能不断产生创意，发现新的需求；不仅能看到市场需求，还能注意事物间的联系。

资料来源：佚名.亚尔默：与其追随潮流，不如另辟蹊径，美国食品大王的成功路 [EB/OL].[2017-12-03]. https://www.kanzhun.com/news/zc_1678784.html.

一件事许多人在做，即使看起来利润非常可观，也要慎重介入。创业也是如此，与其追随潮流，不如另辟蹊径。

三、创业的基本路径

【小案例1-4】 12岁那年，当其他小伙伴还沉浸在游戏当中时，马克·扎克伯格就已经搭建了一个家庭网络；上高中时，当同学都想着如何交女朋友时，扎克伯格却设计出了一款人工智能的音乐播放器；20岁时，作为哈佛大学的一名学生，他创建了名为Thefacebook.com的网站，走上了创业之路。

2012年2月1日，Facebook正式向美国证券交易委员会（SEC）提出首次公开发行（IPO）申请；2012年5月18日，当时全球最大的社交网站Facebook正式上市。Facebook将其IPO的售股规模上调至大约4.21亿股，成为硅谷有史以来规模最大的IPO。持有公司28.4%股份的创始人扎克伯格身家达到近300亿美元。Facebook逐渐成长为拥有超过10亿注册用户的社交网站。

资料来源：佚名."成功源于自信"全球最大社交网站的成功之路［EB/OL］.［2019-09-06］. https://www.yinlingw.com/caijing/31648.html.

（一）产生创业灵感

一个新企业的诞生往往伴随着一种灵感或一个创意。诺兰·布什内尔在兔岛游艺场工作过，在犹他大学玩过电子游戏机，这使他预见到电子游戏未来巨大的市场潜力，因此他开办了阿塔里公司。美国著名的联邦快递（Federal Express）的发起人当时只是脑子里有一个想法，这是个有很大风险却孕育着希望的想法。风险投资专家非常欣赏其传递的想法，因此投入了大量的资金，在经历了连续29个月每月损失100万美元的痛苦过程后，联邦快递终于宣告成立。

在做任何生意之前，你都需要一个创业的想法。这应该是你的激情所在，因为你的新生意会消耗大量的时间和金钱。在没有开始创业之前，先想想你的想法是否合理，人们是否真的愿意为之花钱，它是否会带来足够的收益以使其在经济上可行。

（二）建立合作班子

企业的创办者不可能万事皆通，他可能是技术方面的天才，但对管理、财务和销售可能是外行；他也可能是管理方面的专家，但对技术却一窍不通。因此，建立一个由各方面的专家组成的合作班子，对创办风险企业来说是十分必要的。一个平衡的和有能力的班子，应当包括有管理和技术经验的经理和财务、销售、工程以及软件开发、产品设计等其他领域的专家。为了建立一个精诚合作、具有献身精神的班子，创办者必须使其他人相信跟他一起干是有甜头的。当电子游戏公司"活影"1979年开张时，它的主要创办者是来自唱片工业的吉姆·利维，他很快招来另外4个合伙人，他们是被阿塔里公司解雇的电子游戏设计师。活影公司得到了70万美元的风险资本，研发出了一种影像游艺机，风靡一时，在1981年其销售额迅速达到6 000万美元。利维说，如果他的班子里没有那4个合伙创办人，他很难得到能确保活影公司开张的风险资本。

（三）企业初步定型

通过获得现有的关于顾客需要和潜在市场的信息，一班人马着手开发某种新产品。在硅谷，这个阶段的工作通常是在某人的家里或汽车房里完成的。如普卡特和惠利特就是在他们公寓后边的车库里开发音频振荡器的，苹果公司的乔布斯和沃兹尼克也是在其车库里开始其创业生涯的。当Sequoia的合伙人麦克·莫利茨第一次造访Yahoo工作间时，只见杨致远和他的同伴坐在狭小的房间里，服务器不停地散发热量，电话应答机每隔一分钟响一下，地板上散放着比萨饼盒，脏衣服到处乱扔。在这个阶段，创业者们一般每天工作10~14小时，每周工作6~7天，并且往往没有任何报酬，主要靠自己的积蓄过活。风险资本公司很少在这个阶段就向该企业投资（这种最原始的创业资本叫种子资金），支撑创业者奋斗的主要动力是创业者的创业冲动和对未来的美好向往。

（四）制订企业计划

一份企业计划书，既是开办一个新公司的发展计划，也是风险投资人评估一个新公司的主要依据。一份有吸引力的企业计划书要能使一个创业家认识到潜在的障碍，并制定克服这些障碍的战略对策。在硅谷，有些公司的计划书带有传奇色彩。例如，坦德姆公司在1974年制订的企业计划书中所做的销售额预测，与该公司1982年实现的销售额（2亿多美元）惊人地接近。

（五）寻找资本支持

大多数创业班子没有足够的资本创办一个新企业，他们必须从外部寻求风险资本的支持。这就需要跟熟悉的银行沟通，看其能提供哪种创业贷款以及如何让他们的生意受益。一个熟悉的银行会很容易查到创业班子的财务记录，也会更相信他们。

如果银行贷款不够，可以找当地的投资者。可能会有当地的富豪对创业者的生意感兴趣，创业者可以查一查所在地区有哪些人可能会有资本和兴趣来帮助他们。

创业者往往通过朋友或业务伙伴把企业计划书送给一家或多家风险资本公司。如果风险投资人认为企业计划书有前途，就会与这个企业班子举行会谈。同时，风险投资人还通过各种正式或非正式渠道了解这些创业者以及他们的发明情况。往往2～5家风险资本公司联合起来进行投资，在硅谷，风险资本界就像一个乡村俱乐部，如果一项特别有吸引力的投资只由一个风险投资人单干，那会被认为是贪婪、自私的行为。

（六）企业开张

如果创业者的企业计划书（一般是经过某种修正之后的）被风险投资人所认可，风险投资人就会向该创业者投资，这时，创业者和风险投资人的真正联合就开始了，一个新的企业也就诞生了。之所以说创业者和风险投资人的联合是真正的联合，是因为风险投资人不仅是这个新成立公司董事会的成员，而且要参与新公司的经营管理。帕洛阿尔托的财产经营公司经理皮彻·约翰逊说：风险投资人的作用就像牧师，对创业者起到了心理按摩的作用。旧金山的风险投资家比尔·汉布雷克特是37个风险企业董事会的成员，他说：我们不仅把骰子投出去，我们还吹它们，使劲地吹。当新公司的规模和销售额扩大时，创业家往往要求风险投资人进一步提供资金，以便壮大自己，在竞争中占上风。随着时间的推移，风险降低，常规的资金来源（如银行）就会大举进军高技术公司。这时，风险投资人开始考虑撤退。

（七）上市

在创业公司开办五六年后，如果获得成功，风险投资人就会帮助它走向社会，办法是将它的股票进行销售。这时，风险投资人往往收起装满了的钱袋回家，到另一个有风险的新创企业去投资。大多数风险投资人都希望在5年内能得到相当于初始投资10倍的收益。当然，这种希望并不总是能够实现的。在新创办的企业中，有20%~30%会夭折，60%~70%会获得一定程度的成功，只有5%的新企业大发其财。

第三节　创业者的能力素质与企业家精神

一、创业者的能力素质概述

创业者的能力素质是指结合创业者的心理素养与文化教育，在特殊环境影响下形成的一种综合素质，包括创业者心理素质、创业者技能素质以及创业者处事素质等。这些综合能力素质，能够使创业者在创业过程中对自己有更清楚的认识，适度地降低创业过程中的风险，为企业的稳健运营提供帮助。可以从以下几方面具体理解。

（一）成功欲望

松下幸之助创立的松下集团，以其过硬的技术设备和独到的技术产品在家用电器领域闻名世界，不得不说松下幸之助是成功的企业家，而其创业经历也值得我们品鉴学习。同很多普通百姓一样，松下出生在一个小山村，5岁之前过着不错的生活，5岁后父亲做生意失败，全家生活陷入困顿。为了维持生计，9岁的松下辍学来到大阪做学徒。看到别的孩子上学读书，松下心里很是难过，但父亲总是开导他："历史上每位成功的名人，都是从做学徒开始的，保持一颗积极向上的心，总有一天会出人头地的。"于是他开始了白天打工、晚上读夜校的生活。到了24岁，松下开始认真考虑自己的人生，急切的成功欲使他有了创业的想法。起初，松下运用多年所学，以电灯插座打开创业大门，其初始创业时四处碰壁，后来通过空调插座生意才勉强维持，而此时，来自同行的排挤又为企业的前行增添路障。1929年经济危机的爆发，使松下集团面临巨大挑战，而他却又一次化险为夷，重新腾飞。成功后的松下在接受访问时回忆道："日子确实比想象的艰难，每当熬不下去的时候，我都在想是什么支撑我走到今天，父亲的话起到了很大的作用，但我觉得更重要的是我那颗从未变过的渴望成功的心。"

从松下幸之助的创业历程中不难看出，强烈的成功欲可以拓展思维、爆发活力、推动创新，燃起希望之火，是一个创业者打开创业大门的基础。成功欲是我们内心沉睡的巨人，一旦被唤醒，你会发现身上无限的潜力。

（二）情绪管理

情绪是个体对外界刺激的主观的有意识的体验和感受，具有心理和生理反应的特征。不同的心境下人会产生不同的反应，也会做出不同的决策。例如人在接受某种刺激后，可能精神萎靡，可能乐极生悲，可能怨天尤人，也可能心如止水。情绪并无好坏之分，不同的情绪表达都透露着每个人的心境和处世态度。情绪也不会被完完全全地消灭，但可以通过调节与梳理的方式管理情绪。既然无好坏之分，我们又为何要管理情绪以保持稳定呢？那是因为情绪虽无好坏之分，但因不同的情绪而产生的行为后果是有好坏之分的。我们知道，没有人的创业是一路坦荡、没有一丝一毫曲折的，在面对这些曲折磨难时，好的情绪管理是成功的催化剂。学会稳定自己的情绪，保持清醒的头脑，有助于在大喜大悲时对自我、对公司、对员工负责，这也是每一位创业者必不可少的能力素质之一。

（三）解决问题

心理学中，对解决问题的定义是：由一定的情境引发的，依照某种目标，运用自己的知识、认知和技能，结合思维操作，使面临的问题得以解决的过程。创业过程包括发现问题、分析问题和解决问题三个阶段。从我们找到一个好的创业项目，到将这一计划变为现实，再到企业的推广和盈利，都需要不断地发现问题、寻找对策，从而解决问题。所以解决问题的能力是一个创业者所必不可少的，丢掉它，企业甚至无法起步，而做到它，企业就会一步步做大做强。

（四）为人处世

创业者终日在社会中打拼，为人处世的作风对创业活动具有重要影响。为人处世包括多个方面，良好的作风尤其重要，这往往可以减少工作中的矛盾与摩擦，增强客户的信任，有助于办公效率的提高。同时，在工作过程中的友好相处，往往可以为创业者积累大量的人脉和资源，有助于创业者在遇到危机时可以得到帮助，及时化解危机。创业一定要从用户细分开始，比如性别、年龄、收入、职业、行业等，而且要去评估规模有多大，太大无处着力，太小无法使企业做得很大，投资人也不会太感兴趣。同时，应尽量细分目标客户群，重点列出种子用户，锁定潜在的早期使用者，通过他们获取客户需求痛点、提出解决方案。

【小案例1-5】 云南红塔集团有限公司和玉溪红塔烟草（集团）有限责任公司原董事长、褚橙创始人褚时健，先后经历两次成功的创业人生，被誉为"中国烟草大王""中国橙王"。褚时健原名褚时俄，因特别喜欢"天行健，君子以自强不息"这句话，在中学时期他就把自己的名字改为褚时健。褚时健的一生，都在践行这句话。这句话，也成了他一生最真实的写照。褚时健经历了战争、牢狱、疾病，实际上顺境的时候并不多。91年的人生岁月里也就是在烟厂的17年算是顺境，其他时间总是遭遇不同的坎坷。但是，无论外部环境如何变化，他总是在不停地用自己的行动改变、改善着周围的小环境，也改变、改善着家人和周围人的生存状况，战争也好、牢狱也好、疾病也好……他一直都在自强不息。

褚时健的一生和他们那一代人一样，可谓历尽坎坷。但是，无论经历什么样的坎坷，面对什么样的困难，他始终没有消极过，始终没有躺平过。

褚时健的一生，一直在尽可能用自己的行动，改善着自己身边的环境，以及身边人的生活。逆境中，小改变小改善；顺境中，则大改变大改善。

他也确实做到了：失去顶梁柱的家庭被改变了，他成了家里新的顶梁柱；沉闷无望的红光农场被改变了，绝望之境有了希望之光；曼蚌糖厂被改变了，成了灾难时代的幸福之地；玉溪卷烟厂被改变了，由一个地区小厂变成云南省的财政支柱；大营街因他而改变，从一个贫困村成为云南省第一村；新平县因他而改变，原来的荒山野岭变成了金山银山……这就是企业家的力量，企业家精神的力量。

资料来源：王祥伍. 褚时健：用一生践行企业家精神本质［EB/OL］.［2023-08-22］. https://www.bbtnews.com.cn/2023/0822/485869.shtml.

二、创业者能力素质的培养

创业者的能力素质，有一些是与生俱来的，但更多的是通过后天的学习和培养形成的。创业的过程，不仅是奋斗拼搏的过程，同样也是学习和培养的过程。我们可以从书本中学习理论、可以从失败中反思总结、可以从别人的经历中学习经验，还可以从摸爬滚打的实践中自我总结。随着慢慢的积累，最后由量变引起质变，从一个青涩的创业者慢慢成长为一个准备充足的创业者。

（一）创业者的健康心理

创业过程可以说是一次充满新奇的大冒险，在这次冒险中，有赢有输，有起有伏，只有调整好心理状态，才有可能完成冒险，登顶夺旗。如何培养一个创业者健康的心理素质，可以尝试从以下三方面入手。

1.树立良好品德

所谓育才先育人，育人先育德。良好的品德，包括诚实守信、勤俭节约、善良勇敢、有所担当等，都作为优质的意识形态，推动着人类的发展和社会的进步。德与才是相辅相成的，缺一不可。只有才而无德的创业者，如为了自身利益而有损他人利益、做生意过程中偷奸耍滑等，那他一定会亲手毁了自己的企业和人生。

2.清楚认识自己

古往今来，无数的典故告诉我们，没有人是生来的将才，也没有人是生来的士兵。同样，对创业者而言，没有天生的创业者。每一位成功的创业者都要经历种种磨难和考验，这是他们的必经之路。识时务者为俊杰，不是一定要赚多少钱就是成功，也不是赔掉多少钱就是失败。成功的创业者，能分辨形势，能看清自己，懂得把握分寸。老话说，没有金刚钻，别揽瓷器活。这无关家境、背景，只要清楚地认识自己的能力，在能力范围内尽力而为，就是一个成功的人。

3.做情绪的主人

在生活中，适时地培养、调度、调控自己的情绪，有助于更好地掌控和把握情绪。若你在经营过程中遇事而无法自持，做出情急之下的错误判断，则既是对自己不负责，也是对员工和客户不负责，同时，也是对竞争对手不负责。

（二）创业者的领导能力

创业者的领导能力是一家企业能否有立足之地的重要考察方面，创业者对自身的管理以及对员工的领导都是领导能力的体现。具体培养领导能力应着重从以下几方面入手。

1.加强学习

学习是不断使人进步的过程。在企业创立过程中，创业者需掌握专业技术、人才培养以及经营管理等相关知识。这并不仅仅是简单的几摞书的问题，而是创业者思考与实践的过程。实践是检验真理的唯一标准。理论的学习，可以在面临选择与困难时为创业者提供思路，但若不加以实践运用，终是纸上谈兵。

2.塑造良好的个人形象

创业者的个人形象和品质是创业行为的精神核心。其包括两个大的方面，即对自己的管理和对员工的管理。

于自身而言，创业者的意志、信念、人格都是自我形象的展现。正直诚信、不屈不挠、坚韧执着、敢于担当都是人格魅力的具体表现，这些精神会随着创业者注入企业文化中，为企业的发展带来更多生机。

个人形象是可以传染的，领导者的工作作风与为人处世态度也会影响员工的工作热情及工作信心。好的领导者懂得引导、管理、爱护、尊重员工，与员工并肩作战，让员工感觉温暖。

3.实行良好的工作机制

一个好的团队，光靠一位品行端正的领导者是远远不够的，企业需要企业文化，团队也需要团队机制。其中最为重要的是用人机制和赏罚分明的奖惩机制。创业者只有牢牢掌握这两点不动摇，一视同仁，才真正地掌握了领导权，才是对企业和员工负责。

（三）创业者把握机遇的能力

机遇就像肥沃的土壤，只有将能力这棵小树培植于此，小树才能成长为参天大树。对于创业而言也是这样，好的创业项目遇到正确的机遇，小企业会成长为具有竞争力的大企业。但机遇有时候往往也代表着挑战，没有把握好分寸，挑战失败，也会使企业走上下坡路。因而，以下这些把握机遇的能力素质也是一位合格的创业者应具备的：

（1）产生兴趣；

（2）敏锐的洞察力；

（3）立足实际，解放思想，勇于创新；

（4）出现机遇，审时度势，牢牢把握。

不同的人往往对机遇有着不同的理解，就像硬币的两面，在很多人看来是深渊的机遇，却被一些人认为是天堂；或者某些看起来不错的机遇，背后却是重重陷阱。因此，对待机遇，我们一定要结合自身的能力，善于听取他人意见，保持客观理性的态度，抓住适合自己的机遇，努力奋斗，实现价值。

（四）创业者的交际能力

交际能力是一个创业者综合能力的外在展现，也在日常事务的处理中显得越来越重要。良好的交际能力，不仅可以使自己得到更多的理解，也会使他人加深对你的认识，有助于形成健康的心理，树立正确的世界观、人生观、价值观。创业者交际能力的提升可从下述方法着手。

1.读书，听讲

读书和学习的过程，对不同阶段各个领域的每个人，都会产生帮助，都会使其对问题的判断和处理产生新的理解与认识。尤其对创业者来说，掌握说话的技巧，往往会获得更多的机会。

2.积极参加活动

创业者应积极主动参加晚宴、交流会等聚会，在这些聚会中，尝试结识各类前辈或朋友，多听取他人的意见和见解，开阔眼界、拓宽思路。从别人的实践经历中吸取精华，择其善者而从之，其不善者而改之。

3.大胆尝试，主动交流，向别人介绍你的想法

想必很多人对电影《国王的演讲》中结巴口吃的艾伯特有着深刻的印象。从起初的断断续续，到后来的流利自如，这段演讲鼓舞了士兵，赢得了民众的赞扬，但更多的是他战胜了自己。学习、读书、听讲座、听取他人见解只是提升交际能力的输入过程，但一个人对交际能力的展现最终是要落在输出渠道的。针对此，好的办法就是多说。只有不断锻炼，大胆尝试，让别人了解你的想法，才能真正提升自我，完善创业过程。

（五）创业者的信息处理能力

互联网的普及和大数据的广泛运用，早已使我们的社会变为信息化社会。信息量之大，信息价值之高也是前所未有的。信息对社会的政治、经济、文化格局都产生了极为深远的影响，同时也与我们每个人的生活息息相关。因而对信息的准确处理也成为创业者的一门必修课。

1.信息分析，明辨是非

明辨是非，首先，要求我们树立正确的"三观"，不要贪图蝇头小利，不要相信天上掉馅饼的故事。其次，在做出决定前，要多咨询或者进行实地考察，听取他人意见，避免上当受骗。

【小案例1-6】宋国有个小民得到一块璞玉，献给本国的大夫子罕。子罕不受。于是这个小民说："这是宝玉呀，最适宜给君子做用具，留给我们地位低下的人是不合适的。"子罕回答："尔以玉为宝，我以不受子玉为宝。我们何不各守其宝？"

小民以"璞玉"为宝，子罕以"不贪"为宝。许多人听了这个故事以后，都鄙小民而赞子罕。其实仔细想想，这个小民之语也不无道理。"不贪"是宝，"宝玉"也是宝。"不贪"是"精神之宝"，而"宝玉"则是"物质之宝"。

人们既需要"精神之宝"，也需要"物质之宝"。在很多人眼里，"物质之宝"比"精神之宝"更为重要。子罕的可贵，不在于他鄙视宝玉，而在于他能够明辨是非。

2.掌握必要的信息处理工具

在进行信息处理时，需掌握一些必要的信息处理工具。作为创业者，必须清楚企业的账面信息与实际财务状况，除此之外，要对所从事行业的专业知识信息有一定的判断。例如，从事装修行业，要对各种涂料的好坏、适用情况有所掌握；从事摄影行业，要对不同的相机、镜头以及图片色彩的处理有所掌握等。

3.学会独立思考，分析结果

创业者既是公司的创始人，也是企业的领导者。当企业面临决策选择时，一方面要听取智囊团的意见；另一方面，也要学会独立思考，有自己的见解，不能对员工、顾客完全听之任之，要有自己的判断。这就要求创业者在创业过程中有意识地培养、锻炼自己。一时失误并不可怕，久而久之，不仅能提高自己的判断力，也有助于企业的发展。

三、企业家精神

（一）企业家精神的定义

"企业家精神"是由英文单词Entrepreneurship翻译而来的。著名的理论经济学家熊彼特认为，企业家精神就是一种首创精神，即不断创新的精神。新古典经济学的代表人物马歇尔认为，企业家精神是一种包括"果断、机智、谨慎和坚定"以及"自力更生、敏捷并富有进取心"的心理特征。管理学大师彼得·德鲁克在其1985年出版的《创新与企业家精神》一书中指出："企业家精神既不是一门科学也非一门艺术，它是一门实践。"从企业发展的角度来看，除了创新因素外，任何一个充满活力和竞争力的企业背后通常都有一位杰出的企业家，如微软公司的创始人比尔·盖茨、通用电气的杰克·韦尔奇、松下之父松下幸之助等。从一定程度上可以说，企业成长与企业家精神密切相关。

企业家精神是一个非常广泛的概念，随着时代的变迁会有不同的定义。所谓企业家精神，是指企业家在所处的社会人文环境和特定的经济制度下，在企业经营管理和市场竞争中形成的心理素质、价值取向、思维方式和精神状态。企业家精神通过企业家的一个个具体的行为表现出来，体现在企业家日常的商品生产和经营活动中。而且这种精神通常是优秀企业家共同的基本特征。企业家精神是一个企业管理者所具有的竞争"软实力"，是一个企业区别于其他企业的主要标志。企业家精神不仅包括个体层面的企业家精神，而且包括组织层面和社会层面的企业家精神。

个体层面的企业家精神是狭义的企业家精神，是个体企业家所具有的区别于普通人的特质，仅指企业创始人和少数管理者的精神。个体层面的企业家精神是企业家在长期生产实践活动中形成的，既有个人先天的因素，也有社会发展的印记，是自身与企业、社会共同作用的结果；是以企业家自身特有的个人品质为基础、以创新精神为核心，包括冒险精神、敬业精神、合作精神和强烈的社会责任感等在内的一种多元的精神品质。

组织层面的企业家精神主要是指一个企业或一个组织所具有的创新、进取、合作等价值观和经营理念，是个体层面的企业家精神在组织层面的拓延和表现，属于较高层次的企业文化。组织层面的企业家精神是企业的核心竞争力之一，它是在企业长期发展实践中形成的，对企业的发展会产生深远的影响。组织层面的企业家精神可以帮助企业形成企业文化，增强员工的向心力和凝聚力，形成"企业性格"，提升企业竞争的软实力。

社会层面的企业家精神，是指引导地区、社会乃至整个国家创建具有企业家精神特征的文化。社会层面的企业家精神是最为广义的企业家精神，反映了整个国家和社会对于创业创新的态度，其作用在于最大限度地激发整个社会的创新、创业热情，培育经济增长点，解决就业，加快国家创新能力的形成。

（二）创业者企业家精神的培育

企业家精神和个人修养一样，不是与生俱来的，而是需要后天培育的。毋庸置疑，可能有的人身上企业家精神的品质多一些，有的人则少一些，但无论如何，企业家精神都是可以通过后天的努力培养起来。

彼得·德鲁克在《创新与企业家精神》一书中回答为什么美国的经济可以持续繁荣时说，因为美国社会诞生了一种人，这种人叫"企业家"。美国出现了企业家经济，使得美国出现了一个繁荣和令人兴奋的社会现象。同样令人兴奋的是，中国的经济可以持续增长40年，中国的确也诞生了这个"企业家群体"。这些企业家之所以能推动世界各国经济繁荣持续增长，其核心就是"创新"。企业家精神包含的内容很多，可从以下几个方面来着重培育。

1.创新

在竞争激烈的商业环境中，创业者是否具有创新精神事关企业的生死存亡。创业者要敏锐地把握市场所需，应用最新的科学技术，不断改进消费者所需的产品，在市场变革中下先手棋，领跑行业的发展。

2.勤奋

古语云"业精于勤，荒于嬉"。卓越的产品品质，人性化的一站式服务，这些都需要从业者辛勤的汗水和艰辛的付出。作为企业家，勤奋是其获得成功不可或缺的关键要素。事业维艰，奋斗以成，企业家必须有顽强的拼搏精神对待各种挑战，为员工带好头、领好路，企业才有可能取得长足的发展。

3.感恩

企业家所获得一切成就都是社会赐予的，没有人可以独自完成复杂、艰巨的工作，企业家应当从内心感谢社会和他人给予的厚爱，只有懂得感恩的人才能不断地开拓进取，做有益于国家和人民的事，实现自我价值和社会价值的统一。

4.仁爱

企业家要有"仁爱之心，同情之心"。企业家要爱自己的员工，热爱社会，关心弱势群体。"爱人者，人爱之；敬人者，人敬之"，仁爱是消除企业家与员工隔膜，走进员工内心世界的金钥匙。有仁爱之心的企业家才能打造出一流的企业，服务于社会，无愧于内心。

5.慷慨

人的社会性要求在权利与义务、索取与奉献、为人与利己面前要符合国家的、集体的价值取向。财富取之于社会，也要用之于社会，财富只是企业家追求的目标之一，而不应该是唯一的目标。企业家要积极承担起自己应尽的社会责任，做自己力所能及的贡献。

6.正直

正直是企业家必须具备的品质之一。唯有正直的企业家才能公正地面对自己的员工和社会，才能从容地面对各种诱惑和挑战，在波涛汹涌的商海中扬帆远航。心术不正的人是不能也做不成企业家的。

7.慎独

所谓"修和无人见，存心有天知"，在没有监管和监管薄弱的区域，慎独是保证企业家不偏离正确方向的法宝。高级管理人员如没有慎独的品质，根本无法授之以权力，委之以重任。

第四节 "互联网+"环境下创业的机遇与挑战

变革的时代通常是颠覆与嬗变齐飞，机遇与挑战并存。"互联网+"是创新创业的利器，在帮助创业者实现自身梦想的同时，也创造出巨大的财富效应。在"互联网+"创业的浪潮中，创业者需要更好地把握机遇，应对挑战，实现在创业时代的大海中稳步扬帆。

一、把握"互联网+"创业机遇

"大众创业、万众创新"的提出不仅让企业充满活力，也激发了整个社会创新潜能和创业热情。创业成本高，创业机会不足的缺点在"互联网+"的时代得到大大的改善。互联网时代下资源的共享、信息的开放、渠道的削减，让产品可以直达消费者。互联网发展带来的长尾效应，只要在某一个细分领域获得成功就能够生存，这些都是传统创业未曾想到的改变。

（一）国家创业政策的大力支持

"互联网+"将开启新一轮创业机遇。2015年1月，国务院常务会议决定设立400亿元的新兴产业创业投资引导基金，为产业创新加油助力；国务院办公厅印发的《关于发展众创空间推进大众创新创业的指导意见》给创新以指导和鼓励。2014年年初，修正后的《中华人民共和国公司法》开始实施，其中规定，以后1元钱就可以注册公司；申请时无须硬凑资本，只要诚实承诺；松绑公司登记，不需要提交验资报告。创业门槛的降低，创业起步的资金支持，各类创新创业政策的相继出台，对激励创新创业，扩大社会就业，增加社会财富，促进创新型经济成长具有重要意义。

（二）"互联网+"环境下创业门槛降低

互联网技术的应用极大地降低了人们在物质和时间两方面的试错成本；互联网时代的很多产品，真正进入了边际成本趋近于零。中国信息经济学会发布的《微信社会经济影响力研究报告》指出，2013年7月至2014年6月，微信带动直接就业人数192万人，间接就业人数815万人，共计1 007万人。与此同时，腾讯开放平台上的创业团队超过500万，提供的就业岗位远远超过500万个。小型创业者总数同比增长400%。事实证明，互联网以其开放、包容的特点，大大降低了全社会就业、创业的综合要求，大量新型工作岗位被创设。

（三）互联网经济下创业机会的激增

互联网的普及，特别是移动互联网技术的强劲发展，已经悄然改变了人们的生活状态。互联网技术深深嵌入经济社会生活的方方面面，解决了传统生活中衣、食、住、行、游、购、娱、学等诸多问题，也因此创造了大量的就业创业机会。互联网的发展，使传统行业突破时空局限性，并且有广泛的信息和数据资源使用。互联网带来的市场细分，使衣食住行、生活服务各类O2O创业机会层出不穷，只要发现市场刚需，就能找到创业突破点。更多的专业化企业在某一个极小的细分领域内获得成功，并且把大部分的成本放到企业之外。

【小案例1-7】700Bike是一家新消费品品牌，主要提供具有城市美学的自行车和运动周边产品。在"互联网+"的背景下，700Bike把位置加入了电子组件和OLED屏幕，从而实现自动防盗预警、GPS定位、数据同步等功能。自行车内置的GSM芯片可以通过GPRS保持实时在线，随时同步数据到云端，并保证重要信息的通信，从而实现了远程布防的作用。通过配套的App，还有更多的数据产品和服务提供给用户。700Bike就是针对现代城市生活情境塑造出一个新的品类——城市自行车，并归结出"产品六维"体系的产品哲学，分别从设计感、舒适性、安全性、易维护性、适应性、互联网六个维度上重新定义了最适合城市出行的自行车。

此外，700Bike新一代城市自行车的"黑科技"创新亦亮点颇多，如：内置自动变速器、用防子弹的技术防钉子、用方程式赛车的材料做车架、巧妙设计的新型后叉、高级皮带替代链条、全球首款一体化屏幕等高端技术，被认为用"黑科技"强烈冲击了传统自行车市场。

资料来源：佚名. 四个令你脑洞大开的"互联网+"创新案例［EB/OL］.［2015-08-16］. http：//www.360doc.com/content/15/0816/00/11636231_492029657.shtml.

（四）"互联网+"环境下创业资源更易集聚

过去，初创公司要想启动创业项目，银行贷款高不可攀，天使基金和风投遥不可及，而现在，互联网经济下众筹、众扶体系的发展，创业孵化链如雨后春笋般发展起来。IDG资本创始合伙人熊晓鸽说："对于我们这些做投资的人来说，怎么把民间和政府的钱用到最好的领域中去，用到成长最快的企业中去，这对我们既是机遇也是挑战。"现在有不少投资者拎着钱袋子四处寻觅创业项目，只要发展前景好就不愁资金支持。另外，众筹也为企业研发、个人创业融资提供了巨大的便利，成为众多中小微企业早期发展、募集资金的重要途径。众扶为创业者提供商业性平台所无法提供的资源和帮助，也为创业者提供重要安全保障。

（五）更加平等的创业环境

互联网是一个开放的大平台，没有空间、时间、身份等差异限制，所以不会由于创业成本、人脉等受到影响。此外，在"互联网+"创业时代，女性创业者可以积极地投身于互联网，拥有公平、平等的创业机会。相关数据显示，在互联网上女性从业者占比达55%。因此，在互联网大环境下，就业创业环境趋向公平和平等，推动了社会经济的平稳发展。

二、应对"互联网+"创业挑战

2012年8月，有着"中国家居行业第一品牌"之称的红星美凯龙网络平台——红美商城正式在"线上"运营。红星美凯龙方面负责人称要把红美商城打造成"行业领先的建材家居类网上购物商城"。理想与现实总有差距，半年左右，红美商城交易额还不到4万元，这个"线上"网站的先期投入是2亿美元。红美商城之后更名为"红星美凯龙星易家"，开始进军O2O平台，力图打造一个线上宜家。

之前案例中提到"毛毛虫效应"，导致这种结果的主要原因在于没有任何一只毛毛虫选择离开圆圈，它们盲目跟从大部队，习惯于固守本能、先例和经验，最终全军覆没。新的机遇已经来临，可有些创业者仍像毛毛虫那样墨守成规，自认为传统行业与互联网无关，延续过时的创业方法创业道路，陷入失败的死循环。有些创业者急功近利，不假思索使用官网、微信公众号运营，开发App，盲目跟从，不考虑现实状况，一味地随大流，只顾线上线下活动，让企业发展陷入危险境地。

在创业层面，"互联网+"市场不再是仅有一个创意就可以加入战局，如何在市场细分的情况下发现商机，如何组建创业团队，如何在纷杂的融资渠道中吸引投资人，如何面对行业竞争对手，如何继续壮大发展，这些都是难题。

新一轮创业浪潮在中国激荡，近年中国初创企业数量已经领先全球，但熬过3年的初创公司少之又少。"项目选择盲目跟风，还未盈利，资金已经枯竭""股权分配、组织内部纷争""急速扩张、融资困难""单一模式、错误转型"等，各类创业挑战潜伏在创业路上的各个路段。李开复在自己的书《向死而生》中列举了创业失败的10类原因：市场需求不足、创业心态浮躁、创业团队的矛盾、创业相关领域的了解不深、产品淘汰率高、资金链断裂等。这些都是企业新创时期的各种"地雷"。对于不少创业者来说，与其说是创业，其实更像是赌博，头脑一热奋不顾身地勇往直前，结果可能身陷囹圄。虽是借"互联网+"的东风，创业也不应该盲目跟风，无论身处多么好的创业环境都不能掉以轻心。

著名作家村上春树在他的作品《海边的卡夫卡》里曾有这样一句话：大凡事物必有顺序。在创业路上对创业者们的考验是全方位的。从最初追求技术创意与资本结合，到后来力求产品与市场的结合，再到后来寻求价值与利益的平衡。在"互联网+"时代背景下，创业既富有机遇，也充满挑战，创业者更应把握机遇，应对挑战，实现创业成功。

【案例分析】

戴志康，Discuz!软件创始人，康盛创想科技有限公司总裁兼CEO。

2000年，戴志康考上了大学，那时候互联网火起来了，戴志康通过互联网认识了外面的世界，他对把陌生人联系在一起的网络社区很感兴趣，于是想开发一套能自动生成社区的软件，让不懂技术的人也能管理。如果有人在自己设计的社区里聊天和认识朋友，应该是一件特有成就感的事情。

为了做软件，大二那年，戴志康搬出了学校，在外面找到一间月租金300块钱的房子，一天差不多15个小时都坐在电脑前面。软件设计好了，他给取了一个名字叫"Discuz!"，就挂在网上，免费给人用。

起初，这个软件是免费的，在积累了相当数量的用户，又跟其他的同类软件产品进行对比之后，戴志康决定对这个软件进行收费。

收费给戴志康带来了意想不到的烦恼，网上对他一片谩骂声讨，有一阵，戴志康连网都不敢上。

经历较长时间的等待后，戴志康的收费计划开始奏效了。随后，戴志康推出新版本，加入新的功能和技术，容纳能力是同类产品的好几倍。打这以后，Discuz!就进入高速发展轨道，销售量平均每个月增加30%。戴志康淘到了自己的第一桶金——到毕业时，他有了50万元。

揣着自己赚来的第一桶金，戴志康来到北京，创办了康盛创想科技有限公司。在跑了几十个部门，盖了50多个公章之后，公司开张了。刚开始招人的时候，速度很慢。"一个月面试十几个人，才能招到一个人，不过这样筛出来的都是真正值得一起干事情的人。"经过2年的发展，公司从最初的几个人扩张到60多人，其中80%都是程序员，产品份额也在业界市场内占到了50%，2005年的营业额达到了500万元。

戴志康一直把自己的公司定性为技术型公司，他认为只有把技术做专做精才能实现自己的价值。"我经常跟程序员说，你会10样东西也不如精通一样东西。做一件事情要非常专注、投入，哪怕一个时期只做一件事情，做到最好、最精通、最深入，做到这个领域的一流高手，或者把自己的产品做成这个行业最顶尖的产品，这才是我们追求的目标。"

资料来源：根据百度百科相关资料整理．

问题：

1.请结合案例分析，创业者需要具备什么样的素质？

2.以上案例对你有什么启发？请说一说如何看待青年创业？

案例分析
要点

【课后思考】

课后思考
参考答案

1.在创新活动中要注意并切实遵循的创新原理和创新原则有哪些？

2.创业与创新有何关系？

3.创业的特点有哪些？

4.创业包括哪些基本路径？

【启思明理】

创新引领发展，青年开创新局

党的十九大报告中提出，创新是引领发展的第一动力，是建设现代化经济体系的战略支撑。到2035年我国跻身创新型国家前列的目标将激励全社会积极实施创新驱动发展战略，擦亮中国创造、中国智造的闪亮名片，而高校大学生无疑是其中最具有活力和热情的群体，是引领创新创业的主力军。创新创业的重点在于创新，党的十八大以来，特别是全国高校思想政治工作会议、全国教育大会的召开，对我国高校教育工作提出了更高的要求，要求高校思想政治工作能够进一步贯彻落实习近平新时代中国特色社会主义思想和党的十九大精神，要以政治站位的高度觉悟感，以立德树人的高度责任感，完善"三全"育人体制机制建设，强化价值引领作用的发挥，明确创新创业教育的目标导向。要在创新创业教育及实践中蕴含思政理念、渗入思政元素、强化思政功能，全方位服务于学生的健康成长成才。青年强则国强，青年强离不开创新精神。在网络高度发达的大数据时代，"互联网+"依托互联网信息技术与传统产业相结合，极大地增强了社会发展动力，给青年创新创业提供了强大的网络平台。在这一时代背景下，创业青年的主观能动性可以得到最大程度的发挥，互联网所带来的便利性也会被最大可能地利用。

实训互动1　　　实训互动2　　　实训互动3

相识有创造力的我　创业者特质自我评估　创造力小测试

第二章

创业想法的发掘与筛选

【政策导读】

习近平总书记在党的二十大报告中强调，必须坚持科技是第一生产力、人才是第一资源、创新是第一动力，深入实施科教兴国战略、人才强国战略、创新驱动发展战略，开辟发展新领域新赛道，不断塑造发展新动能新优势。大学生要扎根中国大地了解国情民情，在创新创业中增长智慧才干。大学生是大众创业万众创新的生力军，在新征程中，要以实际行动贯彻落实党的二十大精神，要牢记习近平总书记嘱托，胸怀"国之大者"，投身强国建设、民族复兴伟业，把创新创业的理想追求融入党和国家事业之中。

【案例导读】

备受年轻消费者喜爱的国际快餐连锁品牌西少爷再次引起轰动。为庆祝进入加拿大市场2周年，西少爷推出跨国联动新品"加拿大牛肉薯条"及周年限定冰箱贴。这次的限定冰箱贴及徽章再次击中年轻消费者的审美点，一经推出便又遭疯抢，许多热爱西少爷的粉丝纷纷前往门店排队"抢购"。

加拿大因其枫叶元素与美丽的自然风光而被誉为"枫叶之国"，西少爷这款周年限定冰箱贴及徽章以"枫叶"及"登机牌"为设计灵感精心制作而成，极具纪念意义。据了解，在国内或加拿大门店购买新品的消费者均可获得一枚周年纪念周边，但因数量有限，两款周边在开售后不久便被抢购一空。

近年来，坚持本土化革新的西少爷因不断灵活调整自身产品及营销策略，满足了国内外消费者的需求和喜好，实现了进一步成长与发展。在国内市场，西少爷门店已覆盖北京、上海、天津、沈阳、西安、太原以及石家庄等城市，"五一"期间北京西站店单日10万元销售额的业绩表现一度引发市场关注和讨论。而在加拿大市场，无论是加拿大首店还是新开业的Yorkdale店，火爆的营业情况都印证了西少爷已被西方的主流市场所接受。关于后续布局，西少爷创始人孟兵透露，未来3年计划进入全球20个国家和地区，进一步推动中国品牌的全球化进程。

资料来源：佚名. 跨国联动活动来袭 西少爷加拿大周年限定周边又火了［EB/OL］.［2023-08-07］. https://fashion.sohu.com/a/709655859_120268273.

第一节　　　　　　　　　　**创业想法概述**

一、创业想法的含义

创业难，最难的是创业想法，它是创业过程中最困难、最关键、最无规律可循的一个环节。即使你具有强烈的创业动机，感觉到周围的世界充满了各种需求与机遇，但是，并非所有的想法都蕴含着良好的商机，成功创业的魅力往往在于一个神秘想法的产生过程。

那么，什么是创业想法？有人说，创业想法就是一个构想、一个计划、一种意图或者一种意向。这种说法是不完整的，只能算是一个点子。创业想法就是用简洁的语言对未来将要创办的企业的基本业务的一个明确描述。因此，创业想法和点子不同，其区别在于创业想法具有创业指向，好的点子有可能是创业想法的最初阶段。一个有价值的创业想法的发现是创业者实现愿望和创造商业机会的关键步骤。

【小案例2-1】超级课堂的联合创始人杨明平是典型的大学生创业者，并且是一位连续创业者。杨明平毕业于中欧国际工商学院。2005年，大三的他接手了学校边上的一家川菜馆，后来发展到拥有400多平方米、一年200多万元营业额规模的火锅店。大学的创业经历为他赢得第一桶金。而后杨明平决定朝着更大的市场发展，进入在线教育领域，创建超级课堂（super class）。

超级课堂成立于2010年10月，杨明平将线下教育搬到线上，为中小学生提供好莱坞大片式的网络互动学习课程。

每一个有梦想的年轻人都有一颗热忱的创业心，而很多年轻人把这份热忱更好地付诸行动，做出了非常出色的成绩，让自己的人生更加精彩。

资料来源：文商汇. 大学生创业成功的十大案例［EB/OL］.［2021-01-13］. http://jyfww.asu.edu.cn/info/1061/8789.htm.

二、创业想法的要素

企业是进行商品经营活动并以营利为目的经济组织，因此，一个好的创业想法必须满足两方面的要求，即不仅要使自己的商品（产品或服务）能够满足消费者的需求、为消费者带来价值，而且要使自己能够盈利。换句话说，就是要向人们提供他们想要的产品或服务，又要为自己的企业带来利润。所以，创业想法应当包含四个要素（3W1H）。

企业将销售什么样的产品或服务？（what）

企业将向谁销售产品或服务？（who）

企业将如何销售产品或服务？（how）

企业将满足顾客的哪些需求？（which）

（一）销售什么样的产品或服务

企业将销售什么样的产品或服务？这是创业想法中首先要考虑的问题。那么，创业想法应该是基于你所了解的产品或所擅长的服务，而且必须是人们愿意付钱购买的产品或服务。分析创业想法的要素，将有助于筛选出你擅长的企业类型。下面来看产品和服务的区别。

产品是人们需要付钱购买的有形物品。它可能是自己制作的物品，也可能是进货之后再销售出去的物品，如日常生活用品、服装、手机等都是产品。

服务是无形的商品，是为别人所做的一些事情，因为你的付出，他们愿意因此而付钱给你。如电器产品的售后维修、法律咨询、美容美发、快递业务等，就是通过劳务付出或智力付出的形式获得应有的报酬，都属于服务的范畴。

销售什么样的产品或服务是创业想法的重要因素。

（二）将向谁销售产品或服务

确定了将要销售的产品或服务，紧接着需要考虑的是向谁销售产品或服务，就是企业拟推出的产品或服务的购买者是谁。产品或服务能否被消费者认可、接受和购买，是企业生存、发展、成功的决定性因素，没有顾客，企业将无以立足。顾客就是企业的上帝！

与产品或服务直接打交道的人或群体都是顾客，是向某一类特定的顾客销售，还是向某一地区的人销售？要清楚产品或服务是谁使用、谁买单，即谁是直接消费者、谁是间接消费者。与此同时，还要清楚地了解并开发潜在顾客。总之，要有足够的人能够并愿意花钱购买产品或服务，否则企业将无利可图。

（三）如何销售产品或服务

采取什么方式销售产品或服务？对于制造型企业或服务型企业而言，有很多不同的销售方法，既可以直接向顾客销售，也可以向批发商销售，怎样销售取决于产品或服务的类型及决策。那么，怎样让顾客知道产品或服务，进而了解、喜欢并购买产品或服务呢？需要制订详细的销售计划，包括销售价格、销售程序、分销渠道、人员雇佣及分工、促销手段等。只有形成生产和销售的良性循环，企业才能有钱可赚。

（四）将满足顾客的哪些需求

《孙子兵法·谋攻篇》中说："知彼知己，百战不殆；不知彼而知己，一胜一负；不知彼，不知己，每战必殆。"所以，即便是你认为自己已具备了创业的许多有利条件，也必须清楚地知道顾客为什么要购买你的产品或服务。或者说，你的产品或服务能满足顾客的哪些需要。你的创业想法应该始终定位于顾客的需求和为顾客带来独特的价值。因此，当思考创业想法时，调查未来的顾客想要什么是很重要的。

认真研究分析创业想法所包含的要素，可以发现客观、真实、有价值的创业想法。

第二节　创业想法的发掘与来源

创业想法是一个创业者进行创业的源头，创业想法从哪里来？它不是空想出来的，大多来源于现实生活。具有创业想法的人一般都具有敏感性，创业想法容易被触动。本节将介绍几种方法，帮助你发掘创业想法。

一、创业想法的发掘

在产生创业想法时，应尽量放开自己的思路。想法应该越多越好，便于优中择优，要把能够想到的所有创业想法列在一张单子上，以备后期进行筛选。这里介绍几种常见的发掘创业想法的渠道和方法。

（一）爱好和兴趣

爱好是指在业余生活中喜欢从事的活动。很多人在追求兴趣和爱好的过程中产生了创业想法。尤其是大学生创业者，因为缺乏社会经验和人脉关系，从兴趣爱好中寻找创业项目，不失为一种好策略。一来因为关注过，所以对此创业项目相对比较熟悉，知道相关产业的动向；二来选择爱好和兴趣作为自己奋斗的事业，不仅增加了创业的激情和动力，而且在无形中提升了大学生创业的成功率。如有计算机专长的学生因对计算机的熟悉和兴趣可以在计算机维修、网页制作等方面产生创业想法；旅游管理专业的学生因对旅游法规的熟知可以在创办小型旅行社上多一些思考和探索，并把它发展成为一种好的创业想法。

但是，我们经常对自己的兴趣和爱好难以确定，尤其是在大学阶段，有些学生兴趣和爱好广泛，在此情况下，要想从兴趣和爱好出发产生创业想法有时也不容易。你可以列出几个问题，不妨对熟悉自己的人做一个小小的调研，如：我的兴趣和爱好是什么？你认为我擅长做什么？把你肯花时间做的事罗列出来，仔细分析确认哪些才是自己真正的兴趣所在，确定一下列表中你最想把哪一件事发展成你的生意。因为你若不是真心地为你的生意着迷，成功就会变得虚无缥缈。

每个人的天赋都不尽相同，我们应该更多地去发现和挖掘个人的优势所在。当然，有些兴趣爱好适合创业，有些兴趣爱好因市场空间狭小或其他原因，不适合进行创业。因此，在通过自己的兴趣和爱好选择创业项目时，一定要将自己的兴趣和爱好放之市场进行可行性分析。

【小案例2-2】 聚美优品的CEO陈鸥也是一名标准的大学生创业者，他的大学生创业经历要追溯到他的上一个创业项目GG游戏平台。陈鸥16岁的时候考上了新加坡南洋理工大学，作为一个资深游戏爱好者，在大四的时候陈鸥决定在游戏领域创业，凭着有限的资源做出了后来影响力巨大的GG游戏平台。作为当时没有任何资源的大学生创业者，那时的创业经历是非常艰苦的，据陈鸥回忆，那时候他为了节省成本，不得不每天都吃最便宜的鱼丸面。后来，陈鸥出售GG平台，获得了上千万元的收益，也为自己后来的创业道路做了极好的铺垫。而他创造的GG游戏平台，现在仍然是东亚地区最受欢迎的游戏平台之一，全球拥有超过2 400万个用户。

资料来源：文商汇. 大学生创业成功的十大案例［EB/OL］.［2021-01-13］. http://jyfww.asu.edu.cn/info/1061/8789.htm.

（二）技能和经验

个人的技能和经验也是产生创业想法的重要途径，也可以说技能和经验在创业想法的产生与实现过程中扮演着至关重要的角色，它将成为创业过程中的重要资源，无论在创业想法的产生上还是在新企业的运作上都有优势。例如，一个曾就业于大型汽车制造厂并且积累了丰富经验的机械技工，创办一个汽车修配厂的可能性就非常大。又如，你知道怎样去做糕点，也有烤制设备，则尝试开一家蛋糕店就是不错的想法。真正想创业就要做有把握的事，因此，一定要对某一行业越熟越好，不要光凭想象和冲劲做事。所以说，任何的阅历和背景都是一笔宝贵的财富。

国家现在一直倡导要发挥工匠精神，不论在哪个岗位上，只要兢兢业业、精益求精、追求完美，必然会掌握该行业的高超技能，并发现更多的创新点，为实现自我创业提供更大的可能。

（三）市场调查

创业的核心是把产品或服务销售出去且做到产销的基本平衡，因此，消费者的需求及需求量是创业想法的重要内容，对市场进行充分的调研是验证创业想法不可缺少的重要环节。市场调查是收集市场上消费者的问题和需求情况并进行统计分析的一种科学的方法，通过对市场的现状及发展趋势进行数据的收集、记录和整理，可以为创业想法的产生及经营决策的制定提供较准确的信息资料。

当然调查的方式是多种多样的，常见的有巡街法、人际关系法、异地领悟法等。如可以通过实地考察同时设计调查问卷收集想要的信息资料，可以组织正式或者非正式的会议进行调查，当你与朋友、家人或他人聊天的时候也可以了解是否有一些需求还未被满足。例如，你发现周边很多人在使用计算机，但经常需要维修和更新配置，这对他们来说非常困难，那么开办一家小型计算机维修店是一个不错的想法。预先做一个调查，既可以把握当前市场的消费需求又可以在与消费者交谈的过程中找出相关行业或企业目前存在的问题，从而产生新的创业想法。通过市场调查来对产品做出市场分析或者寻找新的创业想法是一种科学且普遍使用的方法，是许多想进入市场的企业或者企业在研发推广新产品时经常采用的一种方式，这样的例子比比皆是，科学且行之有效。

通过这一系列多方位的调查分析，你可以找到消费群体的需求点和对某种产品的偏爱程度；还可以拉近与消费者及渠道成员的关系。同时，根据调查的结果进一步对想要创业的产品或服务做出改善，让创业想法更现实，为进入市场提供更加可靠的依据。而且，市场调查从创业初期开始应贯穿在创业的全过程。例如，手机市场日新月异，品牌、型号、款式五花八门，让人眼花缭乱，然而智能手机的出现，以其完全大屏的全触屏式体验、可自由安装各类软件、优秀的操作系统等特性，为消费者带来了各种便捷，深得消费者喜爱，迅速占领手机市场，几乎完全终结了之前的键盘式手机。创业者进入市场前必须能够准确地描述市场，市场调查方法的运用，对创业想法的发掘而言不失为一种好的途径。

（四）互联网

互联网是现今浏览量最多的大众电子媒介，它的兴起反映了大众传播媒介的更新，极大地改变了人们的工作、学习、生活和交往方式。目前，人们正通过互联网方便地获取自己想要的任何信息。因此，可以通过互联网来捕捉大量的信息和机会，来促使创业想法的产生。在浏览网页的过程中，从敏感的创业者角度出发，通过网页上五花八门的时事新闻、政策形势、突发事件、商业广告等，察觉到市场的流行趋势和消费者需求的变化，这些都是获得创业想法很好的途径。例如国家经济的转型发展、新型特区的设立、人们对健康的态度、对环境保护的看法、对经济发展的统筹等类似有用的信息，一定会使创业者得到启迪。

对于创业者来说，也可以有意进行网络调查，把调查问卷放在网上进行信息收集，或通过搜索引擎，搜索创业想法的有关信息，使抽象的想法得以进一步完善和清晰，最终捕捉到有价值的、适合自己的好想法。

总之，互联网的快捷便利和所传递出的大量信息有助于激发创业想法，找到创业的方向。

【小案例2-3】一个品牌能做大做强必定有其过人的优势和超凡的远见，尤其是在商品经济发达、企业间竞争激烈的现代经济条件下。

PRADA在奢侈品行业具有举足轻重的地位，其之所以能拥有如此高的市场地位和知名度，除了有悠久的历史沉淀外，还善于利用一切来促成营销。

PRADA在纽约的旗舰店中每件衣服上都有RFID码。每当一个顾客拿起一件PRADA进试衣间，RFID会被自动识别，试衣间里的屏幕会自动播放模特穿着这件衣服走台步的视频。模特的身材气场，会衬托出那件衣服比拿在手里单看更美，再加上移情作用，顾客会下意识地美化穿了同款衣服的自己。

RFID 码被识别的同时，数据会传至 PRADA 总部。每一件衣服在哪个城市、哪个旗舰店、什么时间被拿进试衣间、停留多长时间，数据都被存储起来加以分析。和以往某款衣服销量低就直接停产的做法不同，如果 RFID 传回的数据显示这件衣服虽然销量低，但进试衣间的次数多，那就能另外说明一些问题，比如哪儿设计有待改善、哪儿细节处理不太好影响了整体。通过分析找出存在的问题，也许在某个细节的微小改变就会创造出一款非常流行的产品，那么这件衣服的销量就会截然不同。

数据的价值是不可限量的，对于一个企业的发展尤其重要，通过收集利用数据，PRADA 能找出现存的问题，及时改善从而促进品牌销量。但是大数据的作用不仅局限于此，大数据技术可以使公司对市场嗅觉敏锐并及时创新。大数据分析不仅使企业能够跟随瞬息万变的潮流而不断更新，还具有预测未来发展趋势的能力，提高企业核心竞争力，使企业占据竞争优势。

资料来源：佚名. PRADA 成为行业翘楚的秘密：衣服也有大乾坤，哪怕只是小标签 [EB/OL].
[2020-09-01]. https://www.sohu.com/na/415941348_120134475.

（五）问题导向

问题的产生或者解决都不是单独存在的，就像一个链条一样，一个问题的提出往往会引发其他问题的出现。为什么会出现这样的问题？问题出现的原因在哪里？有什么样的解决方案？哪种解决方案是最好的？在以后的过程中应如何避免类似情况的发生？等等。这些是我们在思考过程中经常会遇见的一连串问题。以问题为导向，试着去想解决这些问题的办法，这些办法就是创业想法的萌芽状态，尽量与自己的专长和经验相结合，创业想法就隐藏在这些解决办法之中。

几年前，经常有人抱怨"手机屏幕过小、上网速度太慢、像素太低、内存太小、充电时间长……"等一系列问题，然而现在看来这些还是问题吗？是的，手机是一个更新换代很快的产业，仍以手机市场发展为例，从最开始的诺基亚、摩托罗拉垄断手机市场到现在华为、小米、VIVO 等国产手机的兴起，以及苹果、三星这样的国外手机品牌的引进，通信技术的竞争已经转变为软件技术的竞争，短短几年，依然定位在传统通信领域的诺基亚和摩托罗拉两大巨头在手机市场上几近销声匿迹，令人唏嘘，而且手机市场百家争鸣，过去一家独大的时代也一去不复返。

谁能把消费者的抱怨和使用过程中面临的问题作为研发目标，谁就能在市场中站稳脚跟，手机市场的风云变幻就是例证。因此，试着解决消费者面临的问题，在创业初期创业想法的产生以至企业运行的每个阶段都至关重要。

（六）头脑风暴

在创造性地解决问题以及产生创业想法时，头脑风暴不失为一种很好的技术方法。头脑风暴法又称智力激励法、BS 法、自由思考法，是由美国创造学家奥斯本（A.F.Osborn）于 1939 年首次提出的一种激发创造性思维的方法。"头脑风暴"一词最早是精神病理学上的用语，指精神病患者的精神错乱状态，现在指无限制进行自由联想和讨论，目的在于短时间内产生新观念或激发创新设想。其最大特征是异想天开、胡思乱想、奇思妙想、非分之想，思接千里、视通万里。头脑风暴法分为一般性的头脑风暴法和结构性的头脑风暴法。

1.一般性的头脑风暴法

一般性的头脑风暴法是从一个词或一个问题开始，将脑海中闪现的所有与企业有关的想法都写出来。你可以像滚雪球一样一直写下去，能写多少就写多少，尊重每一个想法，即使某个想法异想天开或者毫不相干。然后，从写出的有关企业的想法中，想一想哪些想法自己可以做，哪些不能做。不能做的是因为什么。癞蛤蟆能不能吃到天鹅肉？不想肯定吃不到，想吃首先就要敢想，并且想了去做才有可能。你可以试着一个人进行，但是和别人一起使用此方法效果会更好，这也是很多大公司在进行新产品开发时的常用做法。

2.结构性的头脑风暴法

结构性的头脑风暴法不是让你从任意一个词组开始，而是从一个特定的产品开始，在该产品的制造线、销售线、副产品线、服务线四个产业链条上，把能想到的所有相关的企业想法都写出来。同样，你可以一直想下去，不论你想起什么都要将其写下来，直到不再有任何新的想法为止。全部写下来之后，再去分析这个想法是否有价值，是否正确。

制造线一般包含生产设备、原料、辅料、配料、佐料、燃料、成品、半成品、包装材料、包装设计等。

销售线一般包含销售人员、商店、零售商、顾客、销售方式的选择等。

副产品线一般包含产生的废料、残次品的处理和利用等。

服务线一般包含生产设备的维修与保养、运输、广告、产品的售后服务等。

当然在运用此方法时，需要遵守一定的原则：

——不要局限于个别的想法，越多的想法选择性越大；

——不要轻易打断、批评或否定他人的想法；

——鼓励天马行空、看似疯狂、作风大胆的设想；

——要懂得相互协作、相互启发，在他人的想法基础之上产生新的想法。

以上每一种技巧的运用都不是独立存在的。当应用这些技巧时，你可以从家人、朋友那里得到支持和帮助。此外，不要随便否定任何一个看似不合逻辑和疯狂的想法，只要存在想法不妨把它记录下来，就好像"人人都应该拥有梦想，万一实现了呢"。想法也一样，万一可以变为现实呢？

二、创业想法的来源

通过以上学习，创业想法概括起来有三大主要来源。

（一）从创业者自身角度出发

通过分析自我的兴趣、特长、经验，来挖掘自己可以在哪些领域进行创业。可以尝试问自己一些问题，如：我的兴趣爱好是什么？我学过什么？我做过什么？我能做什么？我做什么比别人做得好？等等。不少创业者对某行业本身就深谙其中的门道，甚至是行业中的佼佼者，很容易在这些方面产生创业想法，而且创业想法的成熟度也会很高，只是要注意角色的转换，过去是打工者，现在要从创业者角度出发。

（二）从满足顾客需求的角度出发

当人们遇到问题能及时解决时，就不会有太多的后患，而且会让事情更加简单。通过市场调查或对周围环境趋势的分析，你可能会发现一些尚待解决的问题，"怎样办？"人们总是迫切希望有人能够找到解决的办法，当你开始思考这些问题的时候，实际上一些好的创业想法就会因此而诞生。

例如，小学阶段孩子放学早，双职工家庭没有时间及时接送或照顾小孩，于是小学旁就有了"小课桌""小书房"等，孩子不仅能及时就餐，还可以在这段时间做作业、培养兴趣爱好等，既可以满足家长需求，又可以让孩子得到很好的照顾。

【小案例2-4】唱吧是陈华的第二次创业项目，也是多次试错的产物。

什么产品能够满足几千万用户的需求？这个产品应该具有哪些特征呢？陈华认为：第一它的潜在用户规模要足够大，至少几千万甚至几个亿；第二，这个产品要有自我传播能力，可以快速找到新的用户；第三，它要有商业价值；第四，它处于一个蓝海市场，而不是红海市场。

陈华及其团队筛了大概十几个方向，发现有一个"唱歌"的方向，完全符合陈华创业意识体系中的用户、传播、商业化和竞争模式等。于是，唱吧诞生了。

这个品牌，堪称出道即巅峰，上线第一天，注册用户就突破了10万，直接导致服务器崩溃；仅仅一周，用户数突破了100万；2个月零4天，用户就达到了1 000万。

唱吧上线不到一年半，用户量已经突破1亿。

唱吧不仅在产品体验上大幅赶超同类App，更为重要的是，陈华为唱吧这个产品创造了成功的自我传播能力。在陈华看来，产品的自我传播能力是非常重要的。

在陈华那里有一套生命力的产品公式，就是实在的需求+炫酷的功能。唱吧就是把传统KTV的东西搬到手机上来，在手机这个生态圈里很新，在用户的现实生活中也有实在的价值。

资料来源：佚名. 唱吧创始人陈华："K歌王"出道即巅峰，陪伴一代人的青春［EB/OL］.［2022-08-22］. https：//baijiahao.baidu.com/s？id=1740018214634573579&wfr=spider&for=pc.

（三）利基市场的识别

在进行创业想法的发掘时，利基市场的识别是不容忽视的方法。利基市场即通常被大企业忽略的某些细分市场，市场利基者通过专业化经营获取利润。利基市场的识别就是选定一个很小的产品或服务领域，集中力量进入，寻找尚存余地的市场。在初始阶段，比较好的切入点是选择那些国内具有比较优势，而且你想创办的企业自身的潜在优势能够与这种比较优势很好结合起来的行业，利基市场的识别非常关键。

在过去20年中，中国企业已经在这方面得心应手，如在计算机行业，新产品不断涌现，竞争可谓刀光剑影。深圳市朗科科技有限公司总裁邓国顺看到，人们常用的从几兆到几百兆之间的数据交换需求被广大计算机公司忽略，他利用这一潜在的社会需求，发明了体积小、容量大、便于携带的移动存储器——U盘，并获得国家知识产权局正式授权，该专利的获得引起了整个存储界的极大震动，也让朗科公司得到更好的发展。

第三节　　　　创业想法的筛选

创办一家企业不是一件容易的事，需要做大量的前期工作。许多新创企业失败的原因，不是创业者不尽心、不努力，而是没有筛选到有价值的创业想法。一家成功的企业始于一个好的创业想法，可以说一个好的创业想法是构成一个企业最基本的要素之一。可以通过对创业想法的分析，从中选择一个最适合且能盈利的想法，将它创建为好的项目。否则，在创办企业的过程中所付出的全部努力和投入的资金可能都会白费。

一、创业想法的初筛

在你产生想法的过程中，会有一些好的、有用的想法，当然也不可避免地会有一些你不太了解的想法或一些不太靠谱的念头。前面讲过，不管是什么想法都要把它记下来，那么，这一步的任务就是在理性分析的基础上进行初步筛选，只留下最适合你的那些想法。值得注意的是，在进行初筛时，一定不要把创业想法仅仅看作一个想法，而应该把它当作"企业"来看待。初筛创业想法时需要考虑两大方面因素。

（一）创业资源

要想创办企业，就需要仔细思考你所拥有的创业资源。创业资源包括资金、顾客、人才、时间等方面，概括起来主要有以下几类。

1.资金资源

对于将要创办的企业，你是否已经具备足够的启动资金和一定量的流动资金？因为企业运行需要一定的空间、设备及基础性的办公用品，资金将从哪里筹得？预留多少流动资金？资金资源是核心资源，它关系着企业能够走多远。

2.顾客资源

顾客包括前来购买产品或服务的组织和个人。顾客是支撑企业生存的灵魂，因此，创办企业时一定要对顾客来源进行分析，如，哪些顾客对计划创办的企业有需求？谁将成为企业的顾客？顾客会足够多吗？顾客有能力购买产品或服务吗？是否具备能吸引顾客并拥有一定顾客的能力？等等。仔细分析顾客资源将有助于对将要创办的企业的规模、盈利能力有一个较为准确的判断。

3.人力资源

当企业开始运行时需要分管财务、营销、人事等的各类专业人才，那么，你是否拥有专业性的人才来组建团队？多大规模？如何分工？这些都需要有具体的方案。

4.时间资源

作为一个创业者，你将面临的一大问题是工作时间和精力是否有保障。一般来说创业者尤其是在起步阶段既要完成当前的工作又要进行业务的开发，在工作时间的分配上往往会顾此失彼。时间能否有保障是需要考虑的问题。

当然还有知识资源、行业资源、技术资源、人脉资源及经营管理能力等。你是否对此行业有丰富的市场经验和分析判断能力？你是否具备一定的智商和行业管理技巧？你将通过怎样的运作模式来实现盈利？你是否能提供让客户满意的产品或服务的技术保证？你是否具备一定的人际关系网？等等。做管理就是要做决策、带队伍、做指导，需要拥有一定的经营管理能力来保证企业的持续健康发展。因此，这些都是新创企业和运营的必要条件。

以上资源作为创业者不需要百分之百具备，但至少应该具备其中的一些重要条件，如资金资源，如果创业初期需要每天为资金四处奔走，则不仅影响经营状况，也可能会改变你的创业初衷；还有如客户资源，没有了客户，企业将成为无源之水。

（二）竞争对手

在对创业想法进行筛选时，需要对那些现在或将来对将要创办的企业产生重大影响的主要竞争对手进行简单的战略性分析。如：将要创办的企业在本地区有没有类似的企业？

哪些是现有的直接竞争对手？哪些是潜在的竞争对手？和这些竞争对手比你的优势在哪里？你打算如何与他们进行竞争等。你的创业想法中应该重点考虑主要的直接竞争对手，尤其是那些与自己类似、可能与自己同增速，甚至比自己增速快的竞争对手。如果你执意要选择这个创业想法，还必须注意现有直接竞争对手的任何竞争优势的来源，同时，分析潜在的竞争对手是否会给你的企业带来威胁。

仔细分析每一个创业想法，通过筛选努力把创业想法表中的想法减少到3个左右。切记，如果你发现选择的这几个想法存在不确定性，可以随时返回来重新筛选。

二、确定创业想法的优先等级

因为任何一个想法在转变为现实的过程中都必然会面临很多的阻碍，包括自身的原因，以及外界的阻力，所以确定创业想法的优先等级是非常重要的环节。

通过初步筛查，你对自己的创业想法有了进一步的了解，且已经将你认为最合适的创业想法减少到了3个左右。对于这些想法，还需要从不同侧面收集更多信息，通过理性分析确定这些想法的优先等级。可以从以下方面入手：

（一）实地调研

对创业想法进行有效的评估分析，最根本一点是深入市场进行实地调研。你需要了解市场的供求状况及变化趋势；你的创业想法中涉及的顾客的需求是否已经得到了满足；你的竞争对手有哪些长处与不足等。要多看、多听、多记、多想，常言道："见多识广，识多路广。"

实地调研方法有多种，如设计调查问卷、组织非正式小组讨论、邀请相关人士进行座谈等，你必须根据创业想法的实际情况确定将要采取的调研方法。在调研前要做好充分的准备工作，如确定访谈的地点、访谈的对象、设计访谈的问题、需要注意的事项等，有计划地收集想要的信息，且要在调研之后做好资料的整理和相关资料的分析论证工作。

多看、多听、多记、多想能使你广泛地获取相关信息，及时从别人的知识经验中汲取有益的东西，从而对创业想法的可行性有一个正确理性的评估。你的目的是通过考察论证，排出创业想法的优先等级，将优先等级最高的创业想法付诸行动。并且，当你在创办企业时，也可以从你在调研中访问过的一些人那里获得有益的帮助和支持。

【小案例2-5】农夫山泉成功上市，市值高达3 700亿元，一度将钟睒睒推上"中国首富"的宝座。但是，你知道农夫山泉家喻户晓的广告语是怎样产生的吗？

镜头要拉回到1997年的初夏，在上海这个被选作第一个试销市场的宝地，一向重视第一手客户信息的董事长钟睒睒亲自带队开展市场调研。在静安寺附近一户居民家中，他亲手打开农夫山泉邀全家试饮，家中的小朋友刚喝完第一口就脱口而出"有点甜！"这句话一下就击中了钟睒睒敏锐的神经，"农夫山泉有点甜"，既传递出产品的核心特质，又自然可亲；既呆萌可爱、又张力十足；既有识别度、也有穿透力；既朗朗上口、又有诗书雅韵，这不正是他苦苦追寻、梦寐以求的那句响亮的品牌口号吗？

但是，他深深地知道，一个人感觉好不能代表它就真的好，只有大家都说好才是真的好，市场是检验一切营销创意的唯一金律！稳健务实的作风让钟睒睒决定对这句品牌口号启动大规模的市场测试，把它和在这之前策划好的两句广告语"好水喝出健康来"和"千岛湖源头活水"（注：专门针对上海人喝的黄浦江江河尾水，上海自来水厂取水口就在黄浦江杨浦大桥边）放在一起进行对比，让消费者评判是否真的好。结果是：无论从整体喜好还是各细分测试项指标来看，"农夫山泉有点甜"都完胜其他两个选项。1998年农夫山泉在全国正式上市，全面启用"农夫山泉有点甜"作为主广告语，自此，农夫山泉一路高歌猛进。

当然，不能说一个口号就能造就一个财富神话，但从这个故事我们可以看到，作为公司董事长的钟睒睒，他对市场的敬畏和谦卑、科学务实的求是原则、犀利敏锐的职业本能、亲躬前线的扎实做派、孜孜以求的执着坚守，以及对信息收集工具高超的驾驭能力，铺就了他走向财富巅峰的大道，成功从来都不是没有理由的！

资料来源：根据百度文库相关资料整理.

（二）SWOT分析

在对创业想法进行分析评估时，SWOT分析法是一种较准确和明晰的分析方法，它能较客观地分析和研判创业想法的现实情况。

SWOT是优势（strength）和劣势（weakness）、机会（opportunity）和威胁（threat）的第一个英文字母的缩写。

优势和劣势是存在于企业内部的要素，是企业内部的物质、文化环境的总和，一般包括企业的文化、资源、组织结构等。

机会和威胁是存在于企业外部的要素，是企业外部的政治环境、经济环境、社会环境、技术环境等的总称，具有复杂性和不确定性，由存在于企业组织外部、短期内不为企业企业所控制的变量所构成。

针对每一个创业想法，在通过实地考察，收集到想了解的相关企业的有关信息后，就可以进行SWOT分析了。

1.企业内部的优势和劣势分析

根据实地考察，了解计划创办的企业的内部情况，分类整理有关信息资料，确定哪些是计划创办的企业的积极方面，与同类企业和竞争对手进行对比，这些积极的方面就是企业的优势，如充足的财政来源和技术力量，良好的企业形象、成本优势、市场份额等。确定哪些是计划创办企业的消极方面，与同类企业和竞争对手进行对比，这些消极的方面就是企业的劣势。劣势是企业的不利方面，具体包括设备老化、资金短缺、产品积压、缺少关键技术、经营不善等。它们是企业在其发展中自身存在的因素。

2.企业外部的机会和威胁分析

其中机会因素具体包括：新产品、新需求、新市场、竞争对手失误等；威胁因素具体包括：替代产品增多、新的竞争对手、市场紧缩、突发事件、经济衰退等。这些外部环境对公司发展产生的有利和不利影响，属于客观因素。了解计划创办企业的外部环境情况，哪些方面对将要创办的企业发展有利，是机会；哪些方面会对企业产生不利影响，是威胁。

将SWOT分析结果建立一个四种要素的组合矩阵（如图2-1所示），其中：

SO组合（优势+机会）为最佳的创业想法；

WO组合（劣势+机会）为可以改进的创业想法；

ST组合（优势+威胁）为考虑调整的创业想法；

WT组合（劣势+威胁）为必须放弃的创业想法。

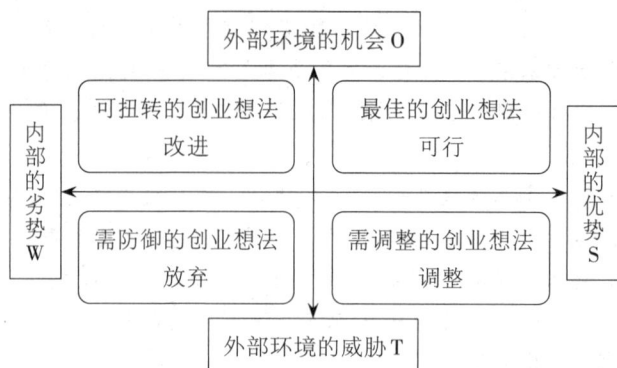

图2-1 SWOT分析要素组合

分析的基本思路是：发挥优势因素，克服弱势因素，利用机会因素，化解威胁因素。根据分析结果，依次排出创业想法的优先等级。SWOT分析法又称自我诊断法，在战略分析中，它是最常用的方法之一。

选择的几个创业想法做SWOT分析，找出每个想法中有利且值得肯定的优势和机会，以及不利的需要回避的劣势和威胁，并建立相应的SWOT矩阵。将几个创业想法依次通过SWOT方法进行分析，对比分析所有SWOT矩阵，排出这些创业想法的优先等级。

（三）环境影响评估

在对创业想法进行优先等级分析时，一定不要忘记进行环境影响评估。一个企业对其环境的影响既可以是积极的，也可以是负面的。例如，企业一方面向人们提供了就业、收入或便利，对环境产生了积极影响；另一方面，企业可能会利用大量的非再生资源，或者在生产过程中对环境造成污染。小的如饭店、洗车行，大的如煤炭企业、化工企业等，都可能对环境产生负面影响。企业环境内的员工在生产过程中也可能会受到环境卫生、职业安全等的影响，每个企业都是环境中的一分子，维护优良环境，保持环境的生态平衡有利于人们的身心健康和提升人们的生活质量。

因此，针对将创办的企业，要将可能对环境产生的不利影响和需要采取的措施，预先进行评估，不仅要了解相关的政策法规，还要征求企业所在地政府和居民的意见，进而对原计划进行修改，直到达成一致意见再开始投产。如果无视企业对环境造成的负面影响，将会遇到很多麻烦，不仅会影响计划创办企业的生存和可持续发展，甚至不能注册。

综合分析每一个想法，排出创业想法的优先等级，最终做出理性的规划和决策。

三、调整创业想法

尽管进行了一系列的筛选和评估，但是，考虑到想法和现实之间的巨大差距，在筛选一个有价值的好想法时一定要慎之又慎。因此，在好想法付诸实施前，一定要综合考量各种因素。你会面临三种抉择：

一是坚持创业想法并继续进行全面的可行性研究。通过一系列的分析筛选、评估论证，你若欣喜地发现自己找到了一个有价值的好想法，不仅拥有很多资源，和同行相比又有很多的积极因素，那么你就可以坚持自己的创业想法，一步一步去实现自己的创业梦想。

二是对创业想法进行修改。在分析过程中，你可能会发现一个创业想法是好的，但是其中的某些环节不切实际，这就需要进行一定的修改。比如你想开蛋糕店，本地已有好几家，经实地考察经营惨淡，且本地区不久将面临拆迁，如果你执意要开一个蛋糕店，就需要对自己的选址进行调整。

三是完全放弃这个创业想法。通过对筛选得到的几个创业想法进行考察分析，你发现这几个想法中各有一些问题没有办法解决。比如A想法选址面临拆迁，因种种原因你又不能去别处经营；B想法的融资还没有着落；C想法面临的环境污染问题没办法解决等。那么，需要你重新发掘新的好想法，或者暂时放弃你的创业念头。

大学生创业不可一意孤行，抱着走一步看一步的错误想法，要避免"空想"和"错想"的产生。更不可感情用事，要在筛选过程中及时发现创业想法中存在的问题并进行纠正，使其更好地呈现到现实之中，这才是发掘一个有价值的好的创业想法真正的魅力所在。总之，及时调整自己的创业想法至关重要，可以避免在实现梦想的过程中偏离方向，越走越远。

创业想法是一个创业者进行创业的源头，无论哪种想法，它的实现都是为了进一步惠及人们的生活，满足人们日益增长的美好生活的需要。只有本着这样的原则，创业想法才是有价值的，实现创业项目才可能盈利。

【案例分析】

在"餐饮+社群"时代，我们发现曾经充满烟火气、环境嘈杂的传统餐饮形象，也正在变得年轻化、时尚化、娱乐化。而社群互动是为数不多能通过社交场景使人、产品、餐厅等实现线上线下联结的方式之一，也是餐饮行业展开互联网社群思维应用的关键节点。

霸蛮米粉原名伏牛堂，由北大法学硕士张天一于2014年毕业时创立，是一个大学生创业品牌，也是国内具有代表性的新兴餐饮企业。通过"餐饮连锁+电商"的"互联网+"经营模式创立的新餐饮零售品牌"伏牛堂"，让湖南牛肉米粉这一传统美食受到越来越多年轻人的欢迎。

霸蛮社是一个优质的在京湖南人社群，在偌大的北京住着众多的湖南人，他们远离家乡，时刻思念家乡的味道。霸蛮社的出现，解决了许多在京湖南人的思乡之苦。2014年，伏牛堂首先在霸蛮社发出召集令，发起吃辣米粉活动，向消费者传达出其餐品的两大价值点：正宗湖南牛肉粉、正宗湖南辣。张天一要做的就是正宗的湖南牛肉粉，这里赋予了传统美食传递出来的那一份乡情，通过社群的互动，伏牛堂将这一点做到了极致。

"好的食品，必须坚持本味。"在张天一的坚持下，伏牛堂一直坚守高汤高辣的湘味，在北京轻快餐中可谓独树一帜。但这让产品的强特质直击目标人群的同时，也在一定程度上缩小了用户范围。线下堂食往往只能辐射周围3千米，而伏牛堂创立初始启动资金有限，选址偏僻，客流量堪忧，更对精准营销提出要求，因此，伏牛堂一开始就异常重视聚拢用户的认同感，并借助互联网赋能。

全北京共30多万湖南人，通过籍贯湖南、现居北京、粉丝数大于1000等三个指标，张天一将这批湖南老乡中的意见领袖从微博上筛选出，挨个关注、发私信、聊天约饭、拉群运营，最终，这批人成为霸蛮社群的最早期的种子用户。

吃饭、爬山、老乡会……这是霸蛮社群的日常主题。乍看之下，伏牛堂的做法颇为"不务正业"，毕竟似乎一切活动都应该奔着更多单量和更高利润而去，霸蛮做了许多完全和餐饮无关的"闲事"——这些活动甚至都没有放到店里开展。正是这一系列与本业无关的活动，一次次地加强和用户的联系，一遍遍巩固品牌在用户心目中的印象，一点点积累在消费者心智中企业的价值体现。

2017年，霸蛮聚拢的社群人数已经扩大到100万人，社群建设初步完成。手握百万可触达粉丝的张天一意识到，点对点覆盖每个用户的成本巨大。"UV价值比UV数量更重要"，结合电商复购、净值等数据，张天一果断放弃了70万浅层用户，留下30万资深用户深度运营。"移动互联网时代，话语权从媒体下沉到自媒体甚至个人。核心用户的话语权体量可能不大，但总量不可小觑，也能长期稳定发声。"

早期，霸蛮在微博上筛选意见领袖，以期快速找到精准受众，进行高效营销；中期，霸蛮通过社群运营，试图从各个角度用各种活动来和用户建立联系，多维度更全面地了解用户的兴趣偏好，并将麦克风牢牢握在自己手里；而2018年4月，在完成B轮融资的同时，品牌也正式更名为"霸蛮"，着力打造人设，再度升级产品的情绪传递。

在如今的消费市场中，任何一个细分领域中消费者都已有太多选择。在琳琅满目的商品中，能让消费者冲动购买的，一定是那些打动他们情感和认同的产品。消费本质已经成为人的社会阶层自我身份的表达，霸蛮就是这样一个有情绪、有人设、有信念的词，湖南方言说"吃得苦，霸得蛮，耐得烦"，一看就让人联想到热辣的感觉，让人在脑海中塑造一个积极、年轻、正向、拼搏的形象。

资料来源：常少英. 霸蛮CEO张天一：创业是一场向天借命的认知游戏［EB/OL］.［2023-04-02］. https://www.sohu.com/a/662185676_120971910.

问题：

1. 创始人张天一为什么选择湖南米粉，为什么起名霸蛮？
2. 结合案例分析如何运用社群打造餐饮行业。

案例分析
要点

【课后思考】

1. 创业想法的要素有哪些？
2. 创业想法的来源有哪些？
3. 如何进行创业想法的筛选？

课后思考
参考答案

【启思明理】

青年强　则国家强

"有责任有担当，青春才会闪光。"新时代的中国青年理想信念内植在思想深处，外显于担当作为的实际行动。党的十八大以来，中国青年在各自岗位上奋斗奉献，在急难险重的任务中冲锋在前，在创新创业中走在前列，在重要领域和重要岗位上攻坚克难，展现出不怕苦、不畏难的青春风采。近年来，一批批具有国际竞争力的青年科技人才脱颖而出，在"天宫""蛟龙""天眼""悟空""墨子""天问""嫦娥"等重大科技攻关任务中担重任、挑大梁。"航空报国、航空强国，矢志不渝"是这一群体年轻人的座右铭，他们在学思践悟中坚定理想信念，用肩膀扛起如山的责任，为强国建设积极贡献力量。

实训互动1　　　　　实训互动2　　　　　实训互动3

产生创业想法　　　　寻找创业机会　　　　激活创新思维

第三章

创业团队的组建与分工

【政策导读】

　　凝聚产生力量，团队诞生希望。在创业初期有一个好的团队会让你在创业的路上少走许多弯路。习近平总书记在党的二十大报告中指出："加快建设国家战略人才力量，努力培养造就更多大师、战略科学家、一流科技领军人才和创新团队、青年科技人才、卓越工程师、大国工匠、高技能人才""完善促进创业带动就业的保障制度，支持和规范发展新就业形态。"打造一个精英创业团队，吸引优秀创业人才，是创业成功的必然要求。

【案例导读】

　　2 000多年前，楚汉相争，项羽勇猛无比，力大能拔山，然而最终得天下的，不是项羽，而是刘邦。因为刘邦网罗了很多人才，有"三杰"之称的韩信、张良和萧何，赶车的夏侯婴，帮人做丧事的周勃，还有陈平、英布等，组成了一个人才济济的团队。但是项羽生性多疑，不能够任人唯贤，连一个范增都留不住，最后落得个兵败身亡的下场。刘邦建立了一个人才各得其所、才能适得其用的团队；而项羽仅靠匹夫之勇，没有建立起一个人才得其所用的团队，失败也是情理之中的事。所以说，刘邦的胜利，是一个团队对单个人的胜利。

　　资料来源：佚名. 打造团队协作精神［EB/OL］.［2020-04-18］. https://wenku.baidu.com/view/b9815e95d3f34693daef5ef7ba0d4a7302766cfe.html.

　　创业团队是指在创业初期（包括企业成立前和成立早期），由一群才能互补、责任共担、愿为共同的创业目标而奋斗的人所组成的特殊群体。它使各成员联合起来，在行为上形成彼此影响的交互作用、在心理上感受到其他成员的存在及彼此相互归属的工作精神。这种集体不同于一般意义上的社会团体，它存在于企业之中，因创业的关系而连接起来，却又超乎个人、领导和组织之外。优秀创业团队的基本因素有：一个胜任的团队带头人；彼此十分熟悉，能够很好地相互配合的团队成员；创业所必需的足够的相关技能。

　　　　　　　　　　　　　　创业团队的组建

一、创业团队的组成要素

一般而言，创业团队由四大要素组成。

（一）目标

目标是将人们的努力凝聚起来的重要因素，从本质上说，创业团队的根本目标在于创造新价值。

（二）人员

任何计划的实施最终还是要落实到人的身上。人作为知识的载体，所拥有的知识对创业团队的贡献程度将决定企业在市场中的命运。

（三）团队成员的角色分配

即明确每个人在新创企业中担任的职务和承担的责任。

（四）创业计划

即制订成员在不同阶段分别要做哪些工作以及怎样做的指导计划。

二、创业团队组建的基本原则

（一）目标明确合理原则

目标必须明确，这样才能使团队成员清楚地认识到共同的奋斗方向是什么。与此同时，目标也必须是合理的、切实可行的，这样才能真正达到激励的目的。

（二）互补原则

创业者之所以寻求团队合作，其原因就在于能弥补创业目标与自身能力间的差距。只有团队成员相互间在知识、技能、经验等方面实现互补，才有可能通过相互协作产生"1+1>2"的协同效应。

（三）精简高效原则

为了减少创业期的运作成本、最大比例地分享成果，应在保证企业高效运作的前提下，使创业团队人员构成尽量精简。

（四）动态开放原则

创业过程是一个充满不确定性的过程，团队中可能因为能力、观念等多种原因不断有人离开，同时也不断有人加入。因此，在组建创业团队时，应注意保持团队的动态性和开放性，使真正完美匹配的人员能被吸纳到创业团队中来。

三、创业团队成员的选择

（一）创业团队成员的性格选择

没有任何两个人是性格完全相同的，但是可以把人群大致分为四种性格群体：领导型、和平型、完美型和活泼型。一个优秀的、长远的创业团队应该是能够集合这四种性格的人的团队，这就是大家常说的性格互补策略。在团队里，领导型人员有助于公司冲锋，和平型人员有助于团队的稳定，完美型人员有助于团队严谨和计划的推进，活泼型人员有助于气氛活跃和公司形象的推广。但是需要注意的是，一个成功的创业团队之中，绝对不能有两个核心成员位置重复的可能性，也就是说，不能有两个人的主要能力完全一样，否则只会不停出现矛盾而导致创业失败。

（二）创业团队成员的年龄要求

如何平衡创业团队中成员的年龄是很多创业群体还未重视的事情之一。一个创业团队，除了性格要互相补充之外，年龄互补也非常重要。年轻人拥有无限的创业热情和信心，但是容易冲动，又缺少资源和人脉；年长者虽然偏于保守、容易安于现状而失去激情，但却有很多社会经验和社会资源。所以，最佳的创业团队，其成员年龄构成应该保持一种激情与现实的平衡关系。

（三）创业团队成员的资源要求

纵然是白手起家的创业团队也并不代表就真的一无所有，因为想要创业就必须拥有一定的社会资源。这里的社会资源包括客户资源、资金资源、供应链资源、市场资源、政府资源等。在创业初期，怎样开拓市场是首要难事，这时就要依靠创业团队成员的现有资源了。

四、创业团队组建的程序

（一）明确创业目标

创业团队的总目标就是要通过完成创业阶段的技术、市场、规划、组织、管理等各项工作，实现企业从无到有、从起步到成熟。总目标确定之后，为了推动团队最终实现创业目标，应将总目标加以分解，设定若干可行的、阶段性的子目标。

（二）制订创业计划

在确定多个阶段性子目标以及总目标之后，接着要研究如何实现这些目标，这就需要制订周密的创业计划。创业计划是在对创业目标进行具体分解的基础上，以团队为整体来考虑的计划。创业计划确定了在不同的创业阶段需要完成的阶段性子目标，通过逐步实现这些阶段性子目标来最终实现创业总目标。

（三）招募合适的人员

招募合适的人员是创业团队组建的最关键的一步。关于创业团队成员的招募，应主要考虑两个方面：一是考虑互补性，即考虑其能否与其他成员在能力或技术上形成互补。这种互补性的形成既有助于强化团队成员间彼此的合作，又能保证整个团队的战斗力，更好地发挥团队的作用。一般而言，创业团队至少需要管理、技术和营销三个方面的人才。只有这三个方面的人才形成良好的沟通协作关系后，创业团队才可能实现稳定、高效。二是考虑适度规模，适度的团队规模是保证团队高效运转的重要条件。团队成员太少则无法实现团队的功能和优势，而过多又可能会产生交流的障碍，团队很可能会分裂成许多较小的团体，进而大大削弱团队的凝聚力。一般认为，创业团队的规模控制在 2～12 人为最佳。

【小案例3-1】李彦宏、徐勇、刘建国、郭眈、雷鸣、王啸、崔珊珊人称百度七剑客。该团队形成于世纪之交，致力于搜索引擎技术的研发及应用。

1999年年底，李彦宏回国创业组建团队，第一个搭档是刘建国。李彦宏与刘建国结缘是在1998年夏天。当时，李彦宏打算在清华大学搞一个有关搜索引擎的讲座，从技术上来说，天网是当时国内搜索引擎做得最好的，作为天网的主要开发者的刘建国自然成为李彦宏邀请的对象。不过，后来由于种种原因，刘建国没能参加那次讲座。虽然没有机会见面，但是李彦宏心里已经记下了这个人。在李彦宏的强烈且不懈地邀请下刘建国加入百度成为百度第一位员工。后续来自中国科学院研究生院的崔珊珊、北京交通大学的郭眈等在校学生是百度招聘的第一批实习生。

当时，百度刚刚在北大资源宾馆租了1414和1417两间套房作为办公室。1417是李彦宏和徐勇的办公室，里面还隔了一个小会议室。当大家从北大资源宾馆那个小房间里走出来的时候，或许并没有意识到，他们已经不经意地走上了中国互联网发展史上最重要的征程。接下来的9年时间里，他们经历了诸多艰难、压力和风险，同时也收获了成功、愉悦和激动。2009年，百度员工已超过7 000人，平均年龄28岁。"百度"这个名字成了拥有自主知识产权的民族品牌的象征。可能连当初的创业者都不会想到，短短9年时间，百度就缔造了一个"神话"。

资料来源：根据百度百科相关资料整理.

（四）职权划分

为了保证团队成员执行创业计划、顺利开展各项工作，必须预先在团队内部进行职权的划分。创业团队的职权划分就是根据执行创业计划的需要，具体确定每个团队成员所要履行的职责以及相应所享有的权限。团队成员间职权的划分必须明确，既要避免职权的重叠和交叉，也要避免职责无人承担造成工作上的疏漏。此外，由于还处于创业过程中，面临的创业环境又是动态复杂的，会不断出现新的问题，团队成员可能不断出现更替，因此创业团队成员的职权也应根据需要不断地进行调整。

（五）构建创业团队制度体系

创业团队制度体系体现了创业团队对成员的控制和激励能力，主要包括团队的各种约束制度和激励制度。一方面，创业团队通过各种约束制度（主要包括纪律条例、组织条例、财务条例、保密条例等）指导其成员避免做出不利于团队发展的行为，实现对其行为的有效约束，保证团队秩序稳定。另一方面，创业团队要实现高效运作，就需要有效的激励机制（主要包括利益分配方案、奖惩制度、考核标准、激励措施等），这样团队成员才能看到随着创业目标的实现，其自身利益将会发生怎样的改变，从而达到充分调动成员的积极性、最大限度发挥团队成员作用的目的。要实现有效的激励，首先必须把成员的收益模式界定清楚，尤其是股权、奖惩等与团队成员利益密切相关的事宜。需要注意的是，创业团队的制度体系应以规范化的书面形式确定下来，以免带来不必要的混乱。

（六）团队的调整融合

完美组合的创业团队并非在创业一开始就能建立起来，很多时候是在企业创立一定时间以后随着企业的发展逐步形成的。随着团队的运作，团队组建时在人员匹配、制度设计、职权划分等方面的不合理之处会逐渐暴露出来，这时就需要对团队进行调整融合。由于问题的暴露需要一个过程，因此团队的调整融合也应是一个动态持续的过程。在完成了前面的工作步骤之后，团队调整融合工作专门针对运行中出现的问题不断地对前面的步骤进行调整，直至满足实践需要。在进行团队调整融合的过程中，最为重要的是要保证团队成员间经常进行有效的沟通与协调，培养并强化团队精神，提升团队士气。

第二节　创业团队的分工与管理

一、创业团队的类型

一般说来，创业团队大体上可以分为三种类型：星状创业团队（star team）、网状创业团队（net team）和从网状创业团队中演化来的虚拟星状创业团队（virtual star team）。

这和网络拓扑结构极其相似。

（一）星状创业团队

一般在团队中有一个核心主导人物（core leader），充当了领军人的角色。这种团队在形成之前，一般是核心主导人物有了创业的想法，然后根据自己的设想进行创业团队的组建。因此，在团队形成之前，核心主导人物已经就团队组成进行过仔细思考，根据自己的想法选择相应人员加入团队，这些加入创业团队的成员也许是核心主导人物以前熟悉的人，也有可能是不熟悉的人，但这些成员在企业中更多时候扮演支持者（supporter）的角色。

这种创业团队有如下几个明显的特点：

（1）组织结构紧密，向心力强，核心主导人物在组织中的行为对其他个体影响巨大。

（2）决策程序相对简单，组织效率较高。

（3）容易形成权力过分集中的局面，从而使决策失误的风险加大。

（4）当其他团队成员与核心主导人物发生冲突时，由于核心主导人物的特殊权威，其他团队成员在冲突发生时往往处于被动地位，在冲突较严重时，他们可能会选择离开团队，因而对团队的影响较大。

这种团队的典型例子：太阳微系统公司（Sun Microsystems）创业之初就是由维诺德·科尔斯勒（Vinod KhMla）确立了多用途开放工作站的理念，接着他找到了 Joy 和 Bechtolsheim 两位分别在软件和硬件方面的专家，和一位具有实际制造经验和人际技巧的麦克尼里（McNeary），组成了 Sun 的创业团队。

（二）网状创业团队

这种创业团队的成员一般在创业之前都有密切的关系，比如同学、亲友、同事、朋友等。一般都是在交往过程中，共同认可某一创业想法，并就创业达成共识以后，开始共同进行创业。在创业团队组成时，没有明确的核心人物，大家根据各自的特点进行自发的组织角色定位。因此，在企业初创时期，各位成员基本上扮演着协作者或者伙伴（partner）的角色。

这种创业团队有如下几个明显的特点：

（1）团队没有明显的核心，整体结构较为松散。

（2）组织决策时，一般采取集体决策的方式，通过大量的沟通和讨论达成一致意见，因此组织的决策效率相对较低。

（3）由于团队成员在团队中的地位相似，因此容易在组织中形成多头领导的局面。

（4）当团队成员之间发生冲突时，一般都采取平等协商、积极解决的态度消除冲突。团队成员不会轻易离开。但是一旦团队成员间的冲突升级，使某些团队成员撤出团队，就容易导致整个团队的涣散。

这种创业团队的典型例子：微软的比尔·盖茨和童年玩伴保罗·艾伦，惠普的戴维·帕卡德和他在斯坦福大学的同学比尔·休利特等，多家知名企业的创建是源于相识的关系，基于一些互动激发出创业点子，然后合伙创业，这种例子比比皆是。

（三）虚拟星状创业团队

这种创业团队是由网状创业团队演化而来的，基本上是前两种团队类型的中间形态。在团队中有一个核心成员，但是该核心成员地位的确立是团队成员协商的结果，因此该核心人物从某种意义上说是整个团队的代言人，而不是主导型人物，其在团队中的行为必须充分考虑其他团队成员的意见，不像星状创业团队中的核心主导人物那样有权威。

二、创业团队的分工

在组建团队时，需要根据团队类型及结构物色成员，实行分工协作。在团队中，每个成员都扮演着不同的角色：有的人是团队的领导，有的人是技术人员，有的人擅长对外进行有效的协调和沟通。一个团队只有在具备了权限适当、作用平衡的团队角色时，才能充分发挥高效的协作优势。一般来说，团队需要的角色有如下八种类型：

（一）主导者

主导者能够耐心听取别人的意见，但在反驳别人的意见时会表现出足够强硬的态度；能很好地授权于他人，是一个好的咨询者，一旦作了决定不会轻易改变。

（二）策划者

策划者是一个"点子型的人才"，知识面广，思维活跃并且发散，喜欢打破传统。

（三）协调者

协调者能够引导一群不同技能和个性的人向着共同的目标努力；成熟、自信，办事客观，不带个人偏见；除权威之外，更有一种个性的感召力；在团队中能很快发现各成员的优势，并在实现目标的过程中妥善安排。

（四）信息者

信息者的强项是与人交往，在交往的过程中获取信息；对外界环境十分敏感，一般最早感受到变化。

（五）创新者

创新者拥有高度的创造力，思路开阔，观念新，富有想象力，有挑战精神，会推动变革，爱出主意，但有时其想法往往比较偏激和缺乏实际。

（六）实施者

实施者会将主意变为实际行动；非常现实、传统，甚至有点保守；崇尚努力，计划性强；有很好的自控力和纪律性；对团队忠诚度高，为团队整体利益着想而较少考虑个人利益。

（七）推广者

推广者说干就干，办事效率高，自发性强，目的明确，有高度的工作热情和成就感；遇到困难时，总能找到解决办法，而且一心想取胜，具有竞争意识。

（八）监督者

对工作方案的实施等实行监督；喜欢重复推敲一件事情，决策时能把范围很广的因素都考虑进去；挑剔，但不易情绪化，思维逻辑性很强。

在实际工作中，一个团队不一定要完全具备以上八种类型的角色，要根据实际情况来确定。

【小案例3-2】20世纪初期，英国乡村有一套牛奶配送系统，邮递员将没有盖子的牛奶瓶送达顾客的门口，山雀鸟与红知更鸟得以不费力地享用那些漂在奶瓶上的乳脂。随着鸟类找到这些更有营养的食物，它们的消化系统也进行着某种调适，以应对特殊的养分变化。一种潜移默化的影响正在进行着。

随后的时间里，厂商开始加装铝制封装以防止鸟类偷食，这个食物通路就此关闭，但是到了50年代初期，所有的山雀鸟（约100万只）都学会了刺穿铝制封装，也就重新开启了这个通往食物的大门。但是只有少数红知更鸟学会，并且没有扩散到其他红知更鸟群体中，因此，随着时间的推移，已经习惯了牛奶养分的红知更鸟由于得不到养分的维持，数量越来越少。究其原因，之所以山雀鸟整个群体都能够学会穿破铝制封装，是因为它们在幼年时期就习惯于群体行动，以数量8~10只的编队方式，在乡间成群飞行，并能够以一个不变的队形维持大约两三个月之久；而红知更鸟是排他性较强的鸟类，势力范围内不允许其他雄鸟侵入，遭遇威胁之际，会发出叫声警告，彼此没有太多交集，基本上是以敌对方式来沟通的。因此善于集体行动、团队合作的山雀鸟彼此学习、相互帮助，较彼此持敌视态度的红知更鸟，更快地产生了加速学习的效应，从而拥有更多的生存空间和进化机会。

资料来源：佚名. 培训的价值在哪里［EB/OL］.［2021-02-17］. https：//www.yjbys.com/qiuzhizhinan/show-178664.html.

三、创业团队的管理

【小案例3-3】《西游记》中由唐僧率领的取经团队被公认为是一支"黄金组合"的创业团队。4个人的性格各不相同，却又同时有着不可替代的优势。比如说，唐僧慈悲为怀，有使命感，有组织设计能力，注重行为规范和工作标准，所以他担任团队的主管，是团队的核心；孙悟空武功高强，是取经路上的先行者，能迅速理解、完成任务，是团队的业务骨干和铁腕人物；猪八戒看似实力不强，又好吃懒做，但是他善于活跃工作气氛，使取经之旅不至于太沉闷；沙僧勤劳、踏实，平时默默无闻，关键时刻他能稳如泰山、稳定局面。

新东方的创业团队就有点类似于唐僧的取经团队。徐小平曾是俞敏洪在北大时的老师，王强、包凡一是俞敏洪在北大时的同班同学，王强是班长，包凡一是睡在俞敏洪上铺的兄弟。这些人个个都是能人、牛人。所以，新东方最初的创业成员，个个都是"孙悟空"，每个人都很有才华，而个性却都很独立。俞敏洪曾坦言：论学问，王强出自书香门第，家里藏书超过5万册；论思想，包凡一擅长冷笑话；论特长，徐小平梦想用他沙哑的声音做校园民谣，他们都比我厉害。俞敏洪敢于选择这帮牛人作为创业伙伴，并且真的在一起做成了大事，成就了一个新东方传奇，从这一点来说，他是一个成功的创业团队领导者。他知道新东方人多是性情中人，从来不掩饰自己的情绪，也不迎合他人的想法，打交道都是直来直去、有话直说。因此，新东方形成了一种批判和宽容相结合的文化氛围，批判使新东方人敢于互相指责，纠正错误；宽容使新东方人在批判之后能够互相谅解，互相合作。这就是新东方人的特点：大家互相之间不记仇，不记恨，只计较到底谁对、谁错、谁公正。

新东方的5个主要创始人在很多方面有互补之处：俞敏洪温厚，王强直接，徐小平激情，杜子华洒脱，包凡一稳重，5个人的鲜明个性让新东方总是处在一种不甘平庸的氛围当中。知识和技能的互补性是创业团队实现有效分工的重要依据，取长而非补短是重要原则。

资料来源：佚名. 创业团队案例：俞敏洪创业团队［EB/OL］.［2020-05-27］. https：//wenku.baidu.com/view/fb56965fb81aa8114431b90d6c85ec3a87c28b86.html.

（一）目标管理

创业团队一开始就必须树立明确的目标，直至团队完成使命为止。目标设置要切合实际，上下级之间要充分沟通与评估，这样双方对困难和期待也会更清晰。目标管理可以培育团队精神和改进团队合作，也正因为有目标的存在，团队中的每个人才有可能知道自己的坐标在哪里，团队的坐标又在哪里。

（二）定位管理

团队定位和团队目标是紧密联系在一起的。团队目标决定了团队的定位，明晰的战略定位是创业企业组织设计的蓝图，只有明确了战略定位，创业企业才能确定其团队的规模、产品或服务的范围、组织的结构等。

（三）计划管理

团队计划处于整个团队管理活动的统筹阶段，它为下一步整个团队的管理活动制定了目标、原则和方法。团队计划的可靠性直接关系着团队管理工作整体的成败。

（四）职权管理

领导者要真正地授权给团队成员，而不仅仅是让他们参与，准许团队成员做出长期的、战略性的决定；要善于除去矛盾的根源，尽力统一管理者与团队成员的观点，减轻压力，准许团队做出更多的决策，同时要加强对团队成员的培训，最大限度地发挥团队成员的作用。

四、创业团队的风险防范

（一）选择合理的团队成员

建立优势互补的创业团队是保持创业团队稳定性的关键，也是规避和降低团队组建模式风险的有效手段。在团队创建初期，人数不宜过多，能满足基本的需求即可。在成员选择上，要综合考虑成员在能力和技术上的互补性，基本保证具备理想团队所需的八种角色。而且，成员的能力和技术应该处于同一等级，不宜差异过大。如果团队成员在对项目的理解能力、表达能力、执行能力、获取社会资源能力、思维创新能力等方面存在较大的差异，就会产生严重的沟通和执行障碍。

此外，在选择团队成员时还要考虑创业激情的影响。在企业初创期，所有成员每天都需要超负荷工作，如果缺乏创业激情和对事业的信心，不管其专业水平有多高，都可能成为团队中的消极因素，对其他成员产生致命的负面影响。

"携程网"的成功，除了抓住互联网快速发展的契机之外，有一个良好的创业团队也是关键。"携程网"的团队成员来自美国甲骨文公司、德意志银行和上海旅行社等，是技术、管理、金融运作和旅游的完美组合。大家共同创业，分享各自的知识和经验，避开了很多创业"雷区"。

（二）确定清晰的创业目标

创业团队在实践中要不断总结经验和吸取教训，形成一致的创业思路，勾画出共同的目标，以此作为团队努力的目标和方向，鼓励团队成员积极掌握工作内容和职责，竭诚与他人合作交流，贡献个人力量。

创业团队的目标必须清晰、明确，能够集中体现团队成员的利益，与团队成员的价值取向一致，并保证所有团队成员都能正确理解，这样才能发挥鼓励和激励团队成员的作用。此外，创业团队的目标还必须切实可行，既不应太高，也不应太低，而且能够随着环境和组织的变化及时更新和调整。

1998年成立于北京的交大铭泰，主要从事研究、开发、销售以翻译软件为主的四大系列软件产品。交大铭泰在创业初期就确定了3年内成为我国最大应用软件和服务提供商的目标以及具体的发展战略。明确的创业目标保证了团队成员的稳定性,其成员自创业以来基本没有太大变化,这不仅带来了企业凝聚力的提高,也使交大铭泰在企业创新方面取得了较大突破。交大铭泰很快成为国内第一家通用软件上市公司,亚洲首只"信息本地化概念股"。

(三)制定有效的激励机制

正确判断团队成员的"利益需求"是有效激励的前提。实际上,不同类型的人员对利益的需求并不完全一样,有些成员将物质追求放在第一位,而有些成员则希望能够获得荣誉、发展机会和能力的提高等其他利益。因此,创业团队的领导者必须加强与团队成员的交流,针对各成员的情况采取合理的激励措施。

创业团队的利润分配体系必须体现个人贡献价值的差异,而且要以团队成员在整个创业过程中的表现为依据,而不仅是某一阶段的业绩。其具体分配方式要具有灵活性,既包括诸如股权、工资、奖金等物质利益,也包括个人成长机会和相关技能培训等内容,并且能够根据团队成员的期望进行适时调整。

腾讯公司马化腾的创业团队多年来十分稳定,这与其利润分配机制的有效是分不开的。虽然腾讯公司的股权多次转让,但是它的5位创办人一直共同持有公司的大部分股份。腾讯公司的上市使得创业团队的5位成员积累了更多的财富。

【案例分析】

尚阳科技成立于2003年年初,自创立起就笼罩了耀眼的光环。

首先,公司创办人及CEO是网通曾经的COO郑昌幸,管理团队中有原华为公司副总裁陈硕和网络产品部总经理毛森江,随便拎一个出来都是响当当的人物,拿到近6 000万美元的首期融资也就不足为奇了。不光创始团队超豪华,尚阳科技PR也做得好,曾被美国知名的RedHerring杂志评选为亚洲100强私人企业之一。

尚阳科技主营业务是固网增值解决方案、宽带无线解决方案和企业通信解决方案等几个领域。当时,电信运营商们也准备在增值业务上大干一把——中国电信的"互联星空"、中国移动的"移动梦网"、中国联通的"联通无限",这种转型为尚阳科技提供了巨大的发展空间。

但是,尽管"含着金钥匙出生",尚阳科技却没有抓住市场机会。2年之后,由于经营不善,郑昌幸被迫"下课",尚阳科技大幅裁员,业务也开始转型,从昔日的设备方案提供商向互联网增值业务提供商转变。在市场中不但跟声名显赫的微软MSN、SKYPE等跨国巨头竞争,还要面对腾讯等本土企业的即时通信工具的挑战。最终,尚阳科技的业务并未像其名字一样上扬,而是美梦破碎,于2006年退出市场。

据知情人士透露,尚阳科技重研发、轻市场。市场抓不住,而研发方面首期融资用完后,也没有几种像样的产品。另外,公司内部帮派严重,事业部之间各自为政。同时,从高层到员工成分极为复杂,有出身国企的也有来自外企的,有来自创业公司的,也有来自全球500强公司的,甚至从华为管理团队带来的旧部一直留在深圳,处于失控状态。

华登国际的陈立武在投资领域有丰富的投资经验,郑昌幸等人组成的更是明星级、实战派的管理团队,而10多家知名投资公司的大额注资,足以证明中国通信市场的空间和吸引力，这些积极因素加在一起更能反衬出这个案例的可惜。

　　　　资料来源：佚名. 前车之鉴：90%的创业公司会死掉，原因在哪里？[EB/OL]. [2023-10-30]. https://www.sohu.com/a/122689282_411295.

案例分析
要点

问题：

1.请进一步查阅资料，分析尚阳科技失败的原因。

2.尚阳科技的失败给你什么启示？

课后思考
参考答案

【课后思考】

1.创业团队组建的基本原则有哪些？

2.一般说来，创业团队大体上可以分为哪三种？它们分别有什么特点？

3.一个成功的创业领导者应考虑哪几方面的团队管理？

【启思明理】

<h3 style="text-align:center">坚持预示成功，团队造就奇迹</h3>

　　102颗新脉冲星！这是500米口径球面射电望远镜（以下简称FAST）试运行期间交出的成绩单。正如FAST其名，"快一点、再快一点"，让中国人尽早用上探索宇宙的利器，是"天眼"之父南仁东生前最大的愿望，也是整个FAST团队的使命。数年来，一批有个性、有想法的科学家和工程师聚到一起，一次又一次攻克难关。从选址到竣工，南仁东把人生最后的22年给了FAST，创造了奇迹，把不可能变为可能，这样的精神一直留存在贵州的大窝凼。在创建初期，1994年到2005年的12年间，南仁东及他的队员们走遍了贵州上百个窝凼，才为FAST找到了一个"安家落户之所"。即使FAST的建设困难重重，关键技术无先例可循，关键材料急需攻关，核心技术遭遇封锁，也并未阻挡FAST团队研究"中国天眼"的步伐。十几年风风雨雨一路走来，虽然南仁东团队经常能遇到"山穷水尽"的绝境，但他们依旧毫不退缩，夜以继日、废寝忘食地研究，才得以和全国人民共同分享这"柳暗花明又一村"的喜悦。正是由于FAST团队有着锲而不舍的奋斗精神，才让他们能够耐得住寂寞、坐得住板凳，在大窝凼的艰苦环境中奉献青春，打开了中国人追问宇宙的"天眼"，在世界天文史上镌刻下了新的高度。

实训互动

迷失丛林活动

第四章

创业机会的识别及创业项目的选择

【政策导读】

　　创业机会主要是指具有较强吸引力的、较为持久的有利于创业的商业机会，创业者据此可以为客户提供有价值的产品或服务，并同时使创业者自身获益。习近平总书记在党的二十大报告中指出："完善促进创业带动就业的保障制度，支持和规范发展新就业形态""支持中小微企业发展""优化民营企业发展环境，依法保护民营企业产权和企业家权益，促进民营经济发展壮大""强化企业科技创新主体地位，发挥科技型骨干企业引领支撑作用，营造有利于科技型中小微企业成长的良好环境"。只有营造了良好的创业环境才能使更多的创业者加入，兴起创业浪潮。

【案例导读】

　　2023年3月30日，小米集团公告称，公司拟成立一家全资子公司，负责智能电动汽车业务。首期投资为100亿元人民币，预计未来10年投资额达到100亿美元。集团首席执行官雷军将兼任智能电动汽车业务的首席执行官。

　　小米春季发布会上，雷军首次对小米造车进行了回应。他表示，自己对电动汽车产业非常看好，过去也投了接近10家电动汽车产业公司。今年1月15日，董事会建议研究电动汽车前景。当时雷军认为，手机这场仗还没有打完，担心造车是否会分心。不过从1月15日开始认真调研造车。

　　对于造车，雷军一直非常纠结。他表示，"有时候白天能想出100条理由造车，晚上又能想出100条理由不造车。当时小米决定造手机时，一切都是空白，而且手机行业强手如云。现在小米已经是世界500强，又担心害怕什么呢？"雷军认为，核心只有一点：今天是否还有10年前一样的勇气、决心、体力和投入。

　　资料来源：佚名. 雷军谈造车：人生最后一次重大创业 愿意押上全部声誉［EB/OL］.［2021-03-30］. https://www.yoojia.com/article/9831803567892110264.html.

第一节　　　　　　　创业机会的识别

　　1979年，纽约大学教授柯兹纳首次指出，创业是一个机会发现的活动，创业者往往对机会保持高度的警觉性，机会发现是创业中的一个重要环节。2000年，尚恩和文卡塔拉曼指出，解释如何发现和开发创业机会是创业研究领域应当关注的关键问题。创业机会识别作为创业活动的初始阶段和核心环节，对于新创企业起步与发展方向至关重要。创业机会识别源于创意的产生，但创意与机会并不能等同。

一、创业机会

（一）创意与机会

无论何种创业都要善于抓住好的创业机会。好的创业机会往往又来源于好的创意，可以说"好的创意是成功的一半"，把握住了任何一个稍纵即逝的、真正的好创意，就等于创业成功了一半，创意是创业机会的来源。

然而，"创意"并不等于"创业机会"，管理学认为创意是一种创新，其突出的标志是具有新颖性、独特性。一个创意的产生，可以天马行空，可以不必十分注重其实现的可能性。但是一个真正的创业机会必须是实实在在的、具备实施条件的，是能够用来作为新创企业的基础的。所以，创意是否具有商业价值存在不确定性。

好的创意应该具备实用性和价值性，即能够付诸实施，并能给消费者带来真正的价值，但创意的价值需要通过市场检验。这种具有商业价值的创意，往往能够点石成金，激活创业活动，推动产业升级，甚至创造出全新的产业，极大地推动社会进步，并获得巨大的经济效益。

（二）机会的内涵

创业是建立在机会基础之上的，机会发现是创业的基础和前提。不同的研究视角对机会的理解存在差异。

（1）静态角度定义创业机会（强调创业机会是客观存在的）。

柯兹纳：机会就是未明确的市场需求或未得到充分利用的资源或能力。

赫尔伯特：机会实际上是一种亟待满足的市场需求，这种潜在的市场需求如此旺盛，因而对于创业者来说，实现该需求的商业活动相当有利可图。

阿德吉费里：机会事实上意味着创业者探寻到的潜在价值。

莎拉瓦蒂：机会就是利用现有资源去更好地达到预定目标的一种可能性。

（2）动态角度定义创业机会（强调创业者的努力在机会识别中的重要作用）。

熊彼特：通过创造性地打破市场平衡，才会出现企业家获取超额利润的机会。

文卡塔·拉曼：机会并不是客观存在的，是由主动型创业者创造出来的，机会的创造诞生于想象和创造一个更美好未来的交互活动中，其结果就是创业者创造出一个新市场。

尚恩、埃克哈特：机会是个体获取、处理并解读信息价值的过程。

可见，机会是客观存在的还是主观创造出来的，学者们尚存争议。但可以肯定的是：机会总是存在的，但大多数机会不会显而易见，需要发现和挖掘。

二、创业机会的特征

美国百森商学院的蒂蒙斯教授在《21世纪创业》一书中提出创业机会的四个特征：

（1）它很能吸引顾客。创业机会要满足真实的市场需求，只有能为消费者创造新价值或增加原有价值，才能对顾客产生吸引力，才可能具有良好的市场前景，也就是说创业机会要有价值性。

（2）它能在你的商业环境中行得通。有价值的创业机会能让创业者在承担风险和投入资源之后，不仅能收回投资，还能创造更高的价值，即消费者认为购买你的产品或服务比购买其他产品或服务能够获得更高的价值，也体现了创业机会的价值性。

（3）它必须在机会之窗存在的期间被实施。机会之窗是指商业创意被推广到市场上去所花费的时间，若机会之窗存续时期正是创业的时间，即时机，所谓"机不可失，时不再来"，新产品市场建立起来，机会之窗就被打开了。机会的窗口期一般会持续一段时间，不会转瞬即逝，但也不会长久存在。随着市场的成长，企业进入市场并设法建立有利可图的定位，当达到某个时点时，市场成熟，竞争者已经有了同样的想法并把产品推向市场，那么机会之窗也就关闭了。因此，特定的创业机会仅存在于特定的时段内，创业者务必要把握好这个"黄金时间段"，这也体现了创业机会的时效性。

（4）必须有必要的资源（人、财、物、信息、时间和技能）。"在你的商业环境中行得通"是前提，说明创业机会必须适合创业者所处的市场环境，创业者才有可能开发和利用这种机会，这就是创业机会的可行性。否则，机会再好，创业者缺乏必要的资源也无法加以利用，这样的市场机会对于某些创业者而言不能称之为创业机会。

三、创业机会的来源

关于创业机会的来源，理论界尚未形成权威共识。

蒂蒙斯：创业机会主要来自改变、混乱或是不连续的状况。

德鲁克：机会的七种来源：意外之事；不协调；程序需要；产业和市场结构；人口变化；认知、意义和情绪上的变化；新知识。

谢恩：创业机会的四种变革：技术变革；政治和制度变革；社会和人口结构变革；产业结构变革。

徐本亮：我国的创业机会主要源于问题、变化、发明创造、竞争和新知识、新技术的产生五个方面。

简言之，创业机会主要来自一定的市场需求和变化。

本书认为，我国的创业机会主要来源于问题、发明创造、差异、变化。

1.问题

创业的根本目的是满足顾客需求，顾客需求在没有满足前就是问题。寻找创业机会的一个重要途径是善于发现和体会自己和他人在需求方面的问题或生活中的难处，即所谓的"痛点"。新的需求出现以及需求方式的改变往往产生新的问题，有经验的创业者就可能从中找到富有价值的创业机会。

2.发明创造

发明创造提供了新产品、新服务，更好地满足了顾客需求，同时也带来了创业机会。在人类社会发展史上，每次重大的发明创造都引起产业结构的重大变革，产生无数的创业机会。200多年前，蒸汽机推动了第一次工业革命，催生了众多产业部门；100多年前，第二次工业革命中诞生了发电机、内燃机、汽车、电话机等一批革命性创新产品，引发了全球性创业高潮；20世纪50年代之后，半导体、计算机、集成电路、互联网等的发明创造将人类带入了崭新的信息时代，开创了许多新的产业部门。即使你不能发明新的东西，但如果能跟上时代的步伐，成为销售和推广新产品、新服务或新技术的人，也会带来无限商机。

3.差异

如果你能寻求和其他企业的差异，弥补竞争对手在消费者定位中的差异或产品的差异，这也将带来新的创业机会。

4.变化

创业机会大都产生于不断变化的市场环境中，环境变化了，市场需求、市场结构必然发生变化，这就会给各行各业带来商机。变化是创业机会的重要来源，没有变化就没有创业机会，人们通过这些变化，常常会发现新的创业机会。

著名的管理大师彼得·德鲁克将创业者定义为那些能"寻找变化并积极反应，把它当作机会充分利用起来的人"。变化主要来自谢恩所说的四种变革：技术变革、政治和制度变革、社会和人口结构变革、产业结构变革。

（1）技术变革。

例如，从"低科技"中把握机会。随着科技的发展，开发高科技领域是时下热门的课题。美国近年来设立的风险型公司中电脑占25%，医疗和遗传基因占16%，半导体、电子零件占13%，通信占9%。但是，机会并不只属于"高科技领域"。在运输、金融、保健、饮食、流通这些所谓的"低科技"领域也有机会，关键在于开发。例如，当人类基因图像获得完全解决，可以预期其必然会为生物科技与医疗服务等领域带来极多的新机会。虽然大量的创业机会可以经由系统的研究来发掘，不过，最好的点子还是来自创业者的长期观察与生活体验。

【小案例4-1】2018年10月17日，当华为的余承东拿着完全自主研发的华为Mate 20稳步走上英国伦敦的世界级舞台时，全球一片沸腾！

这是首次搭载"麒麟980"这颗6项世界第一的7纳米国产芯片，融合全球最强通信基带、全球最快国产WiFi、全球最强石墨烯+水冰散热、全球最强徕卡三摄拍照、超级GPS定位、极速充电、反向充电、3D建模等很多科技创新成果的一款高端手机。

华为是一个总部位于深圳、至今都没有上市、拥有18万名员工、产品和服务遍及世界170多个国家的中国企业。华为在美国、德国等许多国家设立了16个联合创新中心和14个研究院室。华为一贯坚持围绕客户需求持续创新，致力于将最新的科技带给消费者，构建万物互联的智能世界。

华为30年来坚持自主创新，抵制诱惑，不走捷径，长期大力投入研发。截至2017年年底，累计申请中国专利64 091件，申请外国专利48 758件，其中90%以上专利为发明专利。

华为的成功案例让我们切身体会到，中国经济发展的核心动力唯有自主创新，最主要的是要有原发性的技术创新、原发性的技术进步及其产业化。

资料来源：佚名.一身冷汗！华为重磅炸弹！[EB/OL].[2018-10-24].https://www.sohu.com/a/259912242_100262431.

（2）政治和制度变革。

例如，自北美自由贸易协定生效以来，关税的减免，政府对跨国贸易管制的放松，有力地促进了地区贸易的增长。根据国际货币基金组织的数据，从1993年到2002年仅10年的发展，其成员之间的货物贸易额就增长迅速，三边贸易额翻了一番，从3 060亿美元增长到6 210亿美元。

（3）社会和人口结构变革。

随着居民收入水平的提高，私人轿车的拥有量不断增加，这就会派生出汽车销售、修理、配件、清洁、装潢、二手车交易、代驾等诸多创业机会；人口结构的变化，则催生了提供老年保健用品、养老护理项目，独生子女服务项目，年轻女性及职业女性用品提供，家庭文化娱乐用品等创业机会。

（4）产业结构变革。

例如，美国一家高炉炼钢厂因为资金不足，不得不购置一座迷你型钢炉，而后竟然出现后者的获利水平高于前者的意外结果。经过分析才发现，美国钢品市场结构已产生变化，因此，这家钢厂就将之后的投资重点放在能快速满足市场需求的迷你炼钢技术上。

例如，在市场经济自由竞争的趋势中，我们可以在交通、电信、能源产业中发掘极多的创业机会。在政府推出的知识经济方案中，也可以寻得许多新的创业机会。我国正处于经济社会发展的转型期，无论是政治制度、社会和人口结构，还是产业结构，都在发生持续而深刻的变革，从这个意义上讲，中国的创业机会远比发达国家多，这也是近些年来外国投资者纷纷到中国投资、大批海外留学人员归国创业的基本动因。

四、创业机会识别

（一）创业机会识别的过程

创业机会识别是创业领域的关键问题之一。从创业过程角度来说，它是创业的起点。创业机会识别过程是一个不断调整、反复均衡的过程。不同的创业者可能愿意关注不同的创业机会，即使是同一个创业机会，不同的人，对其评价也往往不同。

创业过程开始于创业者对创业机会的把握。创业者从成千上万繁杂的创意中选择了他心目中的创业机会，随之持续开发这一机会，使之成为真正的企业，直至最终收获成功。在这一过程中，机会的潜在价值以及创业者的自身能力得到反复权衡，创业者对创业机会的战略定位也越来越明确，这一过程称为机会的识别过程。这一机会识别过程实际上是一种广义的识别过程，因为它囊括了大部分相关研究中提到的机会搜寻、机会鉴别、机会评价等活动。

1.阶段一：机会的搜寻

创业开始的关键可能来源于一个新产品或服务的创意，而创意往往来源于对市场机会、技术机会和政策变化信息的感知和分析，来源于创业者在个人经验基础上的"灵感"。

机会搜寻阶段，就是创业者对整个经济系统中可能的创意和"灵感"展开搜索的阶段，如果创业者意识到某一创意可能是潜在的商业机会，具有潜在的发展价值，就将进入机会识别的下一阶段。

首先，根据创意明确研究的目的或目标。例如，创业者可能会认为他们的产品或服务存在一个市场，但他们不能确信：产品或服务如果以某种形式出现，谁将是顾客。这样，一个目标便是向人们询问他们如何看待该产品或服务，是否愿意购买，并了解有关人口统计的背景资料和消费者个人的态度。当然，还有其他目标，如了解有多少潜在顾客愿意购买该产品或服务，潜在的顾客愿意在哪里购买，以及预期会在哪里听说或了解该产品或服务等。

其次，从已有数据或第二手资料中收集信息。这些信息主要来自商贸杂志、图书馆、政府机构、大学或专门的咨询机构以及互联网等。一般可以找到关于行业、竞争者、顾客偏好趋向、产品创新等方面的信息。该种信息的获得一般是免费的，或者成本较低，创业者应尽可能利用这些信息。

最后，收集第一手资料信息。收集第一手资料包括一个数据收集过程，如观察、访谈、集中小组试验以及问卷等，一般来说，这种信息的获得成本都比较高，但却更有意义，可以更好地识别创业机会。

如果创业者希望主动搜寻机会，他们还可以将一些经过特别筛选和培训的有创意的消费者、非行业内专家、客户，以及创意专家集合在一起，以产生最新、最激动人心的创意。所有创意的产生都植根于对真正的消费者的洞察，以保证这些创意和商业需求息息相关。这些相关的商业目的可能会是：便于实施、适用于大部分消费者、能紧跟或反映当下的技术水平、盈利、与品牌价值相符。在产生创意和选择最好的创意的时候，所有上述商业目的都会被考虑。应该鼓励任何发散式创意，当然创意也必须具备可操作性，以便于实施。

2.阶段二：机会的识别

识别创业机会是思考和探索反复互动，并将创意进行转变的过程。相对整体意义上的机会识别过程，这里的机会识别应当是狭义上的识别，即从创意中筛选合适的机会。这一过程包括两个步骤：首先，通过对整体市场环境以及一般的行业分析来判断该机会是否在广泛意义上属于有利的商业机会；其次，考察对于特定的创业者和投资者来说，这一机会是否有价值，也就是个性化的机会识别阶段。

一般来说，有关市场中的竞争者的可获得数据，常常反过来与一个创业机会中真正的潜力相联系，也就是说，如果市场数据已经可以获得，如果数据清晰显示其巨大的潜力，那么大量的竞争者就会进入该市场，该市场中的创业机会也就会随之减少。因此，对收集的信息进行结果评价和分析，识别真正的创业机会是非常重要的一步。

一般而言，单纯地对问题的答案进行总结，可以得出一些初步印象；接着对这些数据信息交叉制表进行分析，则可以获得更有意义的结果。也就是说，对创业者来说，收集必要的信息，发现可能性，将在别人看来仅仅是一片混乱的事物联系起来以发现真正的创业机会，这是非常重要的。

3.阶段三：机会的评价

评价是仔细审查创意并分析其是否可行的阶段，主要包括技术方案评价、市场潜力评价和成本收益评价。评价是机会识别中的关键环节，要求创业者对创意的可行性进行客观、公正的评判。

（二）创业机会识别的技巧

创业机会的识别技巧和把握创业机会的一般行为技巧包括如下几个方面：

1.从国家经济发展趋势中判断商机

创业者一定要眼界开阔，关注并研究国家宏观经济政策和行业发展态势，这是大势。国家鼓励发展什么，限制发展什么，行业未来发展趋势如何，都与创业机会密切相关。例如，国家近年来放宽准入标准，鼓励民间资本进入铁路、市政、教育、金融等领域，创业者就可以放手在这些产业中发掘机会。

2.市场环境变化孕育商机

变化中常常蕴藏着商机，许多创业机会产生于不断变化的市场环境中。环境变化将带来产业结构的调整、消费结构的升级、思想观念的转变、政府政策的变革、市场利率的波动等。例如，循环经济、绿色制造的理念将变革传统的生产和消费模式，带来节能减排、废物回收、材料更新、循环利用等领域的创业机会；移动互联网、3D打印技术、"云计算"等高新技术的出现，必将引发新一轮产业革命。任何变化都能引发甚至创造出新的创业机会，需要创业者凭着自己敏锐的嗅觉去发现和识别。

3.资源整合创造无限商机

创造性地整合资源，不仅可以创造出新的价值，还可以带来无尽的商业机会。柯兹纳认为，机会是一种通过对资源的创造性整合，满足市场及客户需求的渠道。

4.科技发展催生商机

世界产业发展历程告诉我们，几乎每一个新兴产业的形成和发展，都是技术创新的结果。产业转型、技术创新、产品换代，都会带来前所未有的创业机会，创业者如果能够及时了解最新的科技发展动态，持续跟踪产业发展、技术创新的步伐，即使不发明新的东西，也会从其推广、应用、销售、维护、开发和咨询等服务中开发出新的市场机会。

【小案例4-2】"偌大的一个中国伴随着互联网和移动生活的日趋成熟，芝麻信用高分和良好的个人征信记录，不仅可以办理贷款、申请信用卡延伸你的财富，更能大大便利我们的生活。怎样就出不了一个特斯拉呢？"

多少年来，何小鹏心里不断在揣摩这个问题，但很长时间也找不到答案。

作为中国最早的特斯拉车主，开着那辆不时带给他惊喜，推翻对汽车认知的白色Model S，何小鹏不断在想，中国降生不了特斯拉，究竟差在哪里呢？

带着对电动汽车的好奇，小鹏汽车的故事拉开了序幕。

资料来源：佚名. 小鹏汽车：中国新能源汽车产业的崛起与发展［EB/OL］. [2023-08-04]. https://news.yiche.com/hao/wenzhang/84378999/.

5.市场"空缺"蕴含商机

市场的"缺口"或"边角"往往蕴含了大量被人们忽略而未被满足的市场需求，充分开发利用这些机会空间，另辟蹊径，人无我有，人有我新，就一定能够出奇制胜。

6.解决问题过程中发掘商机

问题往往隐含了被精巧掩饰的商业机会。许多创业者都是从发现问题开始，在解决问题的过程中找到满足消费者需求、能为消费者创造价值的方案后，进而捕捉到极具市场前景的商机的。

【小案例4-3】在20世纪60年代，德国的海因茨发明了净水过滤器，率先用重金属和石灰对自来水进行净化。当时还没有同类产品，因此，并不被人重视。

随着环境污染的加剧和人们健康意识的提高，这一市场日渐壮大，并且很快出现了同类产品。如今饮用过滤后的纯净水已成为一种消费习惯，并且这一概念几乎被全世界的人所接受。

资料来源：李肖鸣. 大学生创业基础［M］. 北京：清华大学出版社，2013.

7.竞争对手的缺陷隐藏商机

研究竞争对手，从中寻找其产品或服务的弱点，若能有效弥补其缺陷和不足，就很可能从中找到重要的创业机会，在激烈的竞争中胜出。

第二节 　　创业项目的选择

一、创业项目选择过程

创业项目的确定一般需要经过这样几个步骤：创业环境分析、创业市场调研、创业机会评估。下面对各个阶段的具体操作方法和实施思路进行详解。

（一）创业环境分析

创业环境是指创业者周围的境况，围绕着创业企业的生存和发展变化，对其产生影响或制约创业企业发展的一系列外部因素及其组成的有机整体。

1.创业环境的内容

（1）政府政策。这包括对创业活动和创业企业成长的规定、就业的规定、环境和安全的规定、企业组织形式的规定、税收的规定等，还包括政策的执行情况、落实情况和事实上的效率情况等。

（2）政府项目。提供项目支持是政府政策的具体化。这种支持，既包括提供服务支持和建立扶植创业企业的相关组织和机构，也包括通过这些组织和机构举办和开发的大量创业项目。

（3）金融支持。创业的金融支持最主要的来源是私人权益资本，包括自有资金、亲戚朋友投资或其他的私人股权投资。

（4）教育与培训。教育与培训是创业活动得以开展的必要条件，也是创业者将潜在商机变为现实商机的基础。

（5）研究开发转移。研究成果的转移过程是否顺利，不仅表明我国商业化步伐的快慢，而且表明创业研发和研发后转化为生产力的效率和水平，更反映出创业者能否抓住商业机会。目前，我国的研究开发成果能很好地从发源地通过创办企业向市场转化。

（6）切入时机。在一个市场正处于增长率高、变化率高的阶段，这对创业企业来说是个难得的机遇，创业企业进入成本相对较低。

（7）商务环境和有形基础设施。我国整体环境正在朝着有序、规范的方向发展，诚信意识在增强，硬件环境在改善，服务意识在提高。消费者的理性消费意识和消费观念有了明显变化。

（8）文化和社会规范。我国目前的文化和社会规范鼓励创业和创业者，鼓励人们通过个人努力取得成功，也鼓励创造和创新精神，更鼓励通过诚实劳动致富，让创业者勇敢地承担和面对创业中的各种风险。

2.我国创业环境的特点

（1）法律、政策、社会环境持续改善。

我国目前民营经济发展的法律环境逐步优化，创业门槛不断降低、资本市场日趋活跃，创业载体和创业服务机构发展加快，创业者的后顾之忧将会越来越少。

（2）创业扶持政策不断推出。

为了促进创业，国家和地方各级政府纷纷出台了相关政策，给予创业者更多的支持。例如，人力资源和社会保障部已经在全国百家创业试点城市搭建创业平台，通过开展免费创业培训、强化创业指导、优化创业环境、培育创业文化、进行创业激励等途径进行重点扶持。

（3）提供了广阔的发展空间。

知识经济时代最根本的变化是资金让位于知识，知识成为最宝贵的资源、最重要的资本，这为受过良好教育并具有相应专业知识的人才提供了无限的机会。第三产业投资少、见效快，十分适合普通大众创业，成为我国一个极具魅力的投资领域，可以为创业者提供大显身手的舞台。

3.创业环境分析的方法

（1）PEST分析法。

PEST分析法是战略外部环境分析的基本工具，它通过对政治、经济、社会和技术四个方面的因素进行分析，从总体上把握宏观环境，并评价这些因素对企业战略目标和战略制定的影响。

P：政治（political system），是指对组织经营活动具有实际与潜在影响的政治力量和有关的法律、法规等因素。

E：经济（economy），是指一个国家的经济制度、经济结构、产业布局、资源状况、经济发展水平以及未来的经济走势等。

S：社会（society），是指组织所在社会中成员的民族特征、文化传统、价值观念、宗教信仰、教育水平以及风俗习惯等因素。

T：技术（technology），不仅仅包括那些引起革命性变化的发明，还包括与企业生产有关的新技术、新工艺、新材料的产生，发展趋势以及应用前景。

（2）SWOT分析法。

SWOT分析法又称态势分析法，它是由旧金山大学的管理学教授海因茨·韦里克于20世纪80年代初提出来的，是一种能够较客观而准确地分析和研究个体或者企业的现实情况的方法。

SWOT中的四个英文字母分别代表：优势（strength），劣势（weakness），机会（opportunity），威胁（threat）。从整体上看，SWOT可以分为两部分：一是SW，主要用来分析内部条件；二是OT，主要用来分析外部条件。利用这种方法可以从中找出对个体（企业）有利的、值得发扬的因素，以及对个体（企业）不利的、要避开的东西，发现存在的问题，找出解决办法，并明确以后的发展方向。

（二）创业市场调研

1.创业市场调研的内容

创业市场调研是指为创业项目的相关决策提供依据或者为验证创业决策中的相关推断和策划而进行的各种市场信息的收集、整理、分析和应用的过程。因此，市场调研对创业项目的前期规划和设计有着关键性的支持作用。

（1）政策调研。

创业者只有熟悉政策，利用好政策中对自己有利的因素，规避不利因素，才能少走弯路，从而更快地让企业启动起来，事半功倍地打好创业这场战役。

（2）行业调研。

创业者对自己即将从事的行业，需要有一个全面、充分、系统、细致的考察与评估。比如，你即将进入的行业是属于成长型行业，还是属于已经成熟，甚至达到饱和状态的行业？主要的合作商和客户是谁？未来的发展趋势如何？只有对此类问题有了深入的了解，你才会知道如何更好地进入特定的市场。

（3）产品和服务调研。

对同类产品的调研，主要解决以下问题：这些同类产品的外观、色彩等有什么特点？其产品具有什么样的特点和优势，是质量取胜，还是功能取胜？同行业中失败的产品存在什么样的问题？对这些问题的答案都是你创建未来产品特色和优势的有效依据。对目标消费人群的调研分析，着重需要了解：哪类人群可能是你的长期客户？他们更看重同类产品的什么功能和服务？他们期望得到什么样的服务？

（4）客户调研。

进行客户调研就是了解客户需求的过程，了解即将开发的产品和服务能否满足客户和市场的需求。客户调查包括对客户的消费心理、消费行为等特征进行调查分析，研究社会、经济、文化等因素对购买决策的影响，同时还要了解潜在顾客的需求情况、影响需求的各因素变化的情况、消费者的品牌偏好等。

（5）商业模式调研。

商业模式，就是企业通过怎样的模式和渠道来盈利。商业模式是企业生存的根本，因此，在企业启动之前，需要去了解成功企业的盈利模式是怎样的，失败企业的盈利模式又是怎样的。只有这样才能在确立自己企业的盈利模式时有所借鉴、扬长避短。

2.市场调查的方法

创业者收集市场信息的方法有两种：一种是间接调查法；另一种是直接调查法。

（1）间接调查法。

采用间接调查法收集市场信息，就是收集已存在的、别人调查整理的二手信息、情报、数据或资料。这些间接的信息可以从各个渠道得到，如报纸、杂志、互联网、行业协会、研究机构、政府部门、统计机构、银行、财税部门、咨询机构等。

（2）直接调查法。

收集市场信息最直接的方法就是直接观察或者向相关人员调查有关问题或感受，根据得到的答案或信息整理出有用的市场信息。通常直接收集信息的方法有问卷调查法、面谈访问法、电话询问法、观察调查法、实验法等。

（三）创业机会评估

1.市场基础

一个好的创业机会，必然具有特定市场基础，专注于满足顾客需求，同时能为顾客带来增值的效果。因此评估创业机会的时候，可由市场定位是否明确、顾客需求分析是否清晰、顾客接触途径是否流畅、产品线是否可以衍生等，来判断创业机会可能创造的市场价值。能够带给顾客的价值越高，则创业成功的概率也会越高。

2.市场结构

针对创业机会的市场结构进行六方面的分析，包括进入障碍、上游厂商、顾客、渠道商的谈判力量、替代性竞争产品的威胁以及市场内部竞争的激烈程度。由市场结构分析可以得知新创企业未来在市场中的地位，以及可能遭遇竞争对手反击的程度。

3.市场规模

市场规模的大小与成长速度，也是影响新创企业成败的重要因素。一般而言，市场规模大者，进入障碍相对较低，市场竞争激烈程度也会略为下降；但如果要进入的是一个十分成熟的市场，那么纵然市场规模很大，由于已经不再成长，利润空间必然很小，因此这个创业机会恐怕就不值得投入。反之，一个正在成长中的市场，通常会是一个充满商机的市场，所谓水涨船高，只要进入时机正确，必然会有获利的空间。

4.市场渗透力

对于一个具有庞大市场潜力的创业机会，市场渗透力（市场机会实现的过程）是一个非常重要的影响因素。聪明的创业者知道选择在最合适的时机进入市场，也就是当市场需求正要大幅增长之际，创业者已经将产能备好，等着接单。

5.市场占有率

通过创业企业预期可达成的市场占有率目标，可以显示这家新创公司未来的市场竞争力。一般而言，要成为市场的领导厂商，需要拥有20%以上的市场占有率。如果市场占有率低于5%，这家新创企业的市场竞争力显然不高，自然也会影响未来企业上市的价值。尤其处在具有赢家通吃特质的高科技产业，新创企业必须拥有能够成为市场前几名的能力，才更具有被投资的价值。

6.产品的成本结构

产品的成本结构可以反映该项创业机会是否具有发展前景。例如，由物料与人工成本的比重、变动成本与固定成本的比重以及经济规模产量的大小，可以判断这项创业机会能够创造附加价值的幅度以及未来可能的获利空间。

二、适合大学生的创业项目

国内的学者和创业者普遍认为，中国的创业机会非常多，很多留学海外的人员以及外企高级管理人员也正是被这一点所吸引而在国内走上创业道路。

实际上，中国丰富的创业机会是由深刻的社会经济结构因素所支撑的。中国人口众多，众多产业还处于初级发展阶段或者寻求转型发展阶段，人们多方面的基本需求远未得到满足，而且需求越来越呈现出多样化等，这些为创业者提供了无限可能。对于想创业的大学生来说，最好是依托自身的优势，以此起步，进而逐渐提高创业、活动的层次。大学生创业者了解年轻人市场，有较强的信息收集能力和丰富的创意等，这些能够帮助大学生创业者找到适合自己的创业机会。这里总结出大学生创业的七种典型的商业机会。

（一）满足大学生学习和生活需求的产品和服务

大学生创业者对学生市场的需求是最为了解的，这是多数大学生开始创业时首先考虑的方向。创业者可以通过回顾自己在大学生活中遇到的问题或不满的地方，也可以通过访谈在校大学生了解他们的各种重要需求，然后从中挑选出最适合自身资源特点的创业机会。做校园代理是大学生常见的创业方式，如考研、考证辅导，旅游中介等大学生常用的服务，这些业务的成本和风险都较低。

【小案例4-4】某高校会计专业的一位硕士生，基于自己三次考研的经历，开拓了该校考研辅导服务项目，以会计相关专业考研为主打，主要以销售历年考研试卷和考研辅导笔记获得利润，通过建立考研QQ群来维护客户关系和开发新客户，形成了良好的口碑。这一项目每年为他带来了5万多元的净利润，毕业之后，他一边工作一边经营这一项目，收益基本保持稳定。

（二）特色零售店或服务项目

零售和服务行业的进入门槛不高，对资金、技术和团队配置的要求较低，服务对象又非常广泛，随着消费需求的持续变化，商业机会层出不穷，每年都会有新的模式和新的企业迅速崛起，这一行业适合于多数大学生创业。零售和服务行业最需要的就是商业模式和服务的创新，创业者把自己的独特创意融入其中，就有可能开创出新的零售模式或特色服务项目。在长沙市太平街有一个特色小店，该店主要销售年轻人喜欢的各种个性化小商品，尤其是店里的特色服务项目——蜗牛慢递，非常有创意。蜗牛慢递的特色在于客户可以任选送到的时间，内容可以是任何东西（甚至可以是无形产品），并且慢递的物品均具有创意或特色。

（三）网上开店或网络服务

"90后""00后"大学生对互联网非常熟悉，互联网上的创业机会也异常丰富，最普通的网上创业就是开网店。浙江省的义乌工商学院就非常鼓励甚至要求学生开网店进行网上创业。网上开店的秘诀在于透彻理解网上购物行为，从合理规划产品的品类，高水平地展示产品，积极管理客户评价等方面来提高网店的利润。大学生还可以创造具有特色的网络服务，以低成本实现客户价值。例如，财客在线当初就是通过满足年轻人理财记账的需要而获得成功的，通过会员付费和广告收入来实现盈利。

（四）处于同质商品阶段的小产品的品牌化经营

成熟行业给大学生带来的创业机会比较少，毕竟行业格局已经形成，因此可以向一些零散的市场寻找创业机会，比如那些处于商品化阶段的日常用品或农产品。这些行业内竞争层次很低，产品同质化、价格不相上下，很难做大企业和打造品牌，企业的利润也很微薄。创业者需要转换经营思路，进行品牌化运作，将产品的档次提升，甚至加入一些创意元素。创业者可以从杯子、镜子、梳子、玩具等日用品以及农产品中选择创业项目，将这类产品打造出特色，形成品牌，就像梁伯强的指甲钳品牌——圣雅伦指甲钳。这类创业的进入门槛比较低，风险也不高，需要大学生以高端化或回归自然的品牌运作理念来从小产品中开发出大市场。

（五）提供个性化的产品或服务

现代消费者对产品或服务的个性化程度要求越来越高，收入水平的提高和市场需求的多样化为个性化产品或服务的需求提供了坚实的购买基础。"90后""00后"消费者对个性化产品或服务的需求更高、更敏感，而这类产品的创业成功关键在于具有准确和快速掌握市场需求的能力，这为大学生开展个性化产品或服务的创业提供了天然的优势。创业者除了要把握基于个性化需求的定位，还要从商业模式上进行创新，在提供个性化服务的同时寻求规模化经营，并保持较低的成本。个性化的创新机会有可能通过将其他行业的特点引入新行业中，以满足客户的多重需求，甚至开发出全新的市场，形成新的商业模式。

（六）开发具有技术含量的新产品

大学生创业者（尤其是理工科专业的硕士生和博士生）可以开发出新产品，以创新技术作为创业的关键资源，组建公司来生产和销售创新产品（或提供技术服务）。新产品的开发是很难靠某个人就能成功的，它需要一个团队来协作开发，一般以导师为核心的研究团队有可能开发出更高技术含量的新产品。创业者如果自身无法开发新产品，那么就要寻找可以合作创业的新产品开发者，这需要创业者与研发人员的能力形成互补。这种创业可以获得政府相关机构的大力支持，尤其是与政府产业扶持政策相关的战略性新兴产业和其他重点产业，更是有可能成为政府关注与扶持的典型创业项目。

（七）国外最新成功模式的移植

发达国家的经济与技术走在我国的前面，它们曾经历的商业机会也很可能在今天的中国出现。这就需要用历史的眼光来看待经济和技术的发展，找出不同经济阶段的典型商业形态，从而借鉴发达国家成功把握这些机会的商业成功经验。携程网创始人之一的季琦说过："中国式的创新更多是继承式的创新，在借鉴欧美发达国家商业模式的情况下，结合中国具体情况，进行改造式创新和应用。因为人类的物质、精神需求和享受，总是从低级到高级，从简单到复杂，欧美的服务业已经先于我们发展，已经经过客户的需求选择，中国的服务业也大体会遵循它们的发展轨迹。因此，在服务行业，继承欧美的成熟商业模式特别有价值；研究它们成长的轨迹和成败的原因，对于我们这些后来者也非常有益。"在高科技领域（尤其是互联网），这一滞后发展模式更加明显，美国等先进国家最先开发出新技术和新商业模式，国内创业者迅速跟进，在模仿中进行再创新。

国内目前知名的互联网公司大多是从美国借鉴或模仿过来的。例如2011年广受关注的团购网站发源于美国，拉手网、团宝网、美团网等迅速崛起的团购网站都是模仿美国网络团购业的领导者Groupon公司。

三、创业项目与个人匹配

创业活动是创业者与创业机会的结合，影响创业机会识别的既有主观因素，也有客观因素。由于创业者个性特质有所差异，更由于各个创业者所面临的创业环境和资源约束条件不同，创业者尽管发现了创业机会，但这并不意味着要创业，更不意味着成功就在眼前，因为并非所有机会都适合每个人。

（一）机会特征与个人特质的匹配

学者们普遍认同，一方面，创业者识别并开发创业机会；另一方面，创业机会也在选择创业者。只有当创业机会和创业者之间存在着恰当的匹配关系时，创业活动才最有可能发生，也更可能取得成功。

【小案例4-5】张大勇性格开朗，待人热情，头脑灵活，善于社交，有一定的管理能力。他既酷爱钻研电脑又做着电脑的生意，手里也有一些积蓄，身边还结识了众多的电脑爱好者。由于当今的网络已成为年轻人生活的一部分，张大勇就瞄准了一个挣钱的机会——开一家网吧。但是，自己积蓄的钱又不够。经过仔细分析和市场调研后，在一个交通便利又比较热闹的地段，张大勇和几个朋友一起开了一家规模较大的网吧。一年后，张大勇不仅收回了本钱，还开了一家分店。

张大勇的成功归功于他对自己有清醒的认识，对市场需求有充分的了解，同时借助于和朋友合作，既解决了资金问题，又壮大了创业的实力，将自己的优势有效地与外部条件结合起来，成为一个成功的创业者。

资料来源：佚名."敢"创业比"能"创业更重要［EB/OL］.［2022-04-21］. https://www.yjbys.com/chuangye/gushi/anli/543331.html.

（二）个人特质和机会特征的匹配

2009年，张爱丽在借鉴多学科有关创业机会研究成果的基础上，提出个人特质和机会特征匹配理论，为创业机会的识别过程提供了有价值的见解。个体能否感知到创业机会的存在，取决于他们是否拥有相关知识去甄别外部信息，这意味着掌握特定领域的知识对识别创业机会至关重要。显然，个人因素（如先前经验）有助于创业者感知和识别机会因素（如新信息的价值）。

从个人特质和机会特征匹配的视角看，创业机会识别过程大体可分为以下两个阶段：

1.识别"第三人机会"阶段

所谓"第三人机会"，是指对于某些市场主体而言感知到的某种潜在机会。创业者依据先前经验和认知因素，对外部信息进行收集、分析和甄别，通过增补型匹配、互补型匹配和结构性匹配三种匹配方式，识别出第三人机会。

增补型匹配，是指有关顾客信息与创业者所掌握的知识相同或相似，或者有关技术的信息与创业者所掌握的技术知识相同或相似，从而能产生类似于成员-组织匹配理论中的增补型匹配的效果，这种匹配会增强创业者的创业意图。

互补型匹配，是指个人因素或机会因素能在一定程度上改善创业环境或者补充创业环境所缺少的东西，从而产生类似于成员-组织匹配理论中的互补型匹配的效果。例如，创业者掌握了有关顾客需求的先前经验，外部环境提供了相关新技术的信息，如果这种新技术信息能用来解决创业者认知的顾客需求，那么，创业者先前掌握的关于顾客问题的知识与外部环境提供的关于新技术的信息就属于互补型匹配。显然，互补型匹配有利于识别创业机会。

结构性匹配，是指已知某种知识关系（如某种技术或服务适合应用于某类顾客），通过直接推理、类比推理、相似性比较、模式匹配等方式，把这种知识关系应用于改进新的措施或实际的顾客需求与创业者所拥有的知识、技术和服务方法或新技术之间的匹配上，这与认知领域结构匹配理论中的结构性匹配相类似。

2.识别"第一人机会"阶段

"第一人机会"阶段是指对于创业者本人而言有价值的机会的阶段。根据创业意图理论，创业者在考察创业机会时会重点考察机会特征中的营利性和不确定性，而机会的创新性与机会的营利性和不确定性密切相关；创业者个人的认知因素、成就需要、自我效能感被认为是最重要的个人特质。

因此，在识别出第三人机会的基础上，该机会的创新性、营利性和不确定性程度，若能与创业者个人特质中的认知因素、成就需要、自我效能感相匹配，那么创业者就可能感知和识别出第一人机会。如果两者不能匹配，那么，创业者就会放弃第三人机会。可见，创业机会是否适合自己的主要依据在于机会特征与个人特质的匹配。

第三节　　"互联网+"环境下的创业机会

"互联网+"行动计划的提出，标志着我国迎来了"互联网+"时代，也迎来了"互联网+"环境下的创业大潮。互联网思维渗透到各行各业，改变着企业的经营模式。互联网与其他领域的互相渗透和融合成为一种新常态，使得传统行业在新技术的支持下不断焕发出新的生机从而带来更多的创业机会。放眼时下，通过互联网创业已成为低成本、低门槛的创业手段。随着行业变革与创新日益深入，创业环境和条件出现了更复杂的变化，行业的势头在变，竞争格局、客户群体、消费行为、产品和服务需求等也在改变。互联网打破了信息的不对称格局，对大数据进行整合利用，以革新思维对已有行业进行再次挖掘，创造了大批新生机会。创业者以信息技术为手段，以满足和挖掘客户需求为主，着眼当下、解决问题、观察趋势、创造需求，仔细甄别可把控并实际可行的创业项目。

一、"互联网+"环境下创业机会概述

互联网通过打破信息不对称，为用户提供个性化服务的同时，也改变了原有的创业模式，产生了更多的创业机会。在政策的支持和互联网技术迅速发展下，创业门槛降低，创业成本迅速下降；这些因素也使得创业者更加积极主动地去寻找创业机会。

（一）"互联网+"环境下创业机会的新变化

"互联网+"行动计划为"大众创业，万众创新"提供了新的实施环境，成为中国企业转型和国家创业创新战略的驱动力。放眼时下，通过互联网创业已成为低成本、低门槛的创业手段，只要拥有一技之长，即使缺少产品、渠道、资金等资源，都可以通过互联网平台弥补，将创业想法付诸实践。在"互联网+"的驱动下，创业机会有了新的变化，创业机会来源倍增、时机性更强，创业机会与挑战并存更加明显。

1. "互联网+"环境下创业机会来源更加多元化

传统环境下的创业机会多数属于发现型创业机会，多为市场需求满足不充分而产生的创业机会，或者是技术的革新带来某个新的产品。而互联网环境下的创业机会不仅来自未满足的市场需求和技术进步，还来源于互联网与传统行业融合、行业间跨界合作、市场更加细分下的个性化需求等。

2. "互联网+"环境下创业机会贯通性更强

"互联网+"把原本孤立的各传统产业相联，通过大数据完成行业间的信息交换，其深层目的则是实现产业升级和经济转型。通过互联网化，传统产业依托互联网数据实现用户需求的深度分析，调整产业模式，形成以产品为基础，以市场为导向，为用户提供精准、个性化的服务，改变了原有的创业模式，在产业融合中发现了新的机会。

3. "互联网+"环境下创业机会时机性更强

互联网推动了信息流通、环境变化和技术发展。在这快速发展的时代，创业机会瞬息万变，今天的创意或许就是明天的创业机会；今天的创业机会也可能不再是机会或已被其他创业者捷足先登。所以在互联网这个"快餐"时代下，创业机会的时机性更强，这就需要创业者具有很强的洞察力去发掘创业机会，同时，及时付诸实践，去开发创业机会。

4. "互联网+"环境下机会与挑战并存

"互联网+"环境下，信息的透明在使创业机会倍增的同时也更具挑战性。机会面前并不是人人平等。机会只会青睐那些及时发现并有能力开发它的创业者。在机会和挑战并存的环境下，创业者需要马不停蹄，积极寻找创业机会，并提供优于竞争者的特定产品或服务。否则，创业者只会是"互联网+"环境下为他人做"嫁衣"的创业过客。

5. "互联网+"环境下创业机会需要不断发掘

在传统环境下，或许创业者拥有好的创业机会并一直做好就能"称霸一方"，但互联网环境下，创业者靠一个机会就想"永存"几乎是天方夜谭，创业者需要在开发创业机会的同时不断发掘出更多的创业机会，在机会的发掘上始终走在别人前面，才能在创业中立于不败之地。所以互联网环境下的创业机会不是一次性的，而是持续并不断延伸的。

（二）"互联网+"环境下创业机会新特点

"互联网+"时代的到来给创业者提供了更多的创业机会，这些机会与传统环境下的创业机会相比，具有一些新的特点：依附性、大众化、个性化、复制+创新化。把握"互联网+"环境下创业机会的新特点，将有助于创业机会的发现与识别。

1.依附性

"互联网+"环境下的创业机会来源和开发多数是依赖于互联网技术的发展，互联网的发展打破了信息的不对称，加强了企业与消费者之间的联系，扩展了交易平台，带来了更多的创业机会。创业机会的开发多数也是借助互联网来实现的，机会来自互联网、机会识别与评价依靠互联网、机会实现借助互联网，创业机会对互联网产生了更强的依附性。

2.大众化

大众化是指创业机会越来越大众化。创业机会的大众化缘于两个方面：一是政策的大力支持，降低了创业的门槛，使得人们更加积极地去寻找创业机会。二是"互联网+"环境减少了行业间的界限，加强了企业间的信息交流，减少了资源闲置，塑造了新资源分配模式，改变了企业间的竞争方式，在这一系列的改变中创业机会剧增，创业成本也在不断下降，创业机会将越来越大众化。

3.个性化

互联网思维给人们带来了新的思考，人们不再只是关注现行的产品或服务，而是开始分析市场，细分市场，寻找群众的个性化需求。长尾理论指出，只要存储和流通的渠道足够大，需求不旺或销量不佳的产品共同占据的市场份额就可以和热卖品所占据的市场份额相匹敌甚至更大。唯品会就是抓住女性对中高端品牌折扣的需求发现创业机会并成功创业的典例。在未来的创业活动中，需要越来越多的创业者关注细分市场下个性化的需求，发掘别人看不到的创业机会。

4.复制+创新化

随着互联网技术的发展，互联网为创业者提供了许多简单可复制的创业机会，这种复制并不是全盘复制，而是在借鉴别人成功经验的基础上找到自身的优势，实现创业。"互联网+"环境下创业机会应该是跟风但不跟随，既要跟着大趋势走，又要找到自己的独特之处。比如京东主打电子产品，唯品会专做品牌折扣，这些创新经营特点和经营模式是成功创业的典型案例。

二、"互联网+"环境下产业融合成为新趋势

农业、工业、服务业是我国的三大产业，随着互联网技术的发展和互联网思维的不断影响，三大产业都与"互联网+"有了或多或少的融合，比如"互联网+农业"="褚橙""柳桃""丁家猪"，新模式实现了农业市场信息化、网络化，带来了农业产品的创业好时机；"互联网+工业"="工业4.0"、智能制造，这促使工业产业走向在线化、数据化、智能化，实现从增量到存量的大改变；"互联网+服务业"是融合最多最为深入的产业，如"互联网+金融"=余额宝，"互联网+交通"=滴滴打车、Uber，"互联网+"服务业实现了服务方式的全面升级，消费者消费习惯发生颠覆式改变。"互联网+"与产业的融合已经成为产业转型、经济发展不可抵挡的趋势。

（一）"互联网+农业"——现代农业形成

农业作为中国的传统产业，一直存在着农产品过剩、价格起伏不定、国外农产品进口冲击等问题，互联网的应用打破了这些束缚，实现农业的进一步发展。"互联网+农业"主要是将互联网技术运用到传统农业生产、销售等环节中，通过互联网提升农业生产水平和农产品质量控制能力，进一步畅通农业信息渠道、流通渠道，使农业的生产效率、品质、效益等得到明显改善。未来，农业将在互联网的影响下走上一条智能化的发展道路，现代农业将表现出以下新特征：

1.彻底改变信息不对称现象

通过互联网实现农业信息与市场需求的对接。互联网时代的新农民不仅可以利用互联网获取先进的技术信息，也可以通过大数据掌握最新的农产品价格走势，从而决定农业生产重点，避免供应与需求严重失衡导致类似于"蒜你狠"和"蒜你贱"的情况产生。

2.农业销售模式发生改变

农业电商是一种全新的销售模式，它减少了中间环节，实现了顾客与农民的直接对接，实时服务大规模分散的用户，同时也拓宽了农产品的销售渠道，增加了农产品销量。与传统农产品销售模式相比，"互联网+"环境下的农产品销售模式是可以实现全网覆盖的新渠道模式，如：团购模式、订单农业模式、"抢先购"营销模式、品牌营销模式和O2O多平台营销模式。

3.提升农业生产效率

利用互联网信息技术对农产品生长的土壤、肥力、气候等进行大数据分析，并提供种植、施肥相关的指导方案，能提升生产效率，提高农产品的产量和质量。

"互联网+农业"已经取得一定的成效，并进入快步发展的阶段，比如曾经的烟草大王褚时健栽种"褚橙"；联想集团创始人柳传志培育"柳桃"；网易CEO丁磊饲养"丁家猪"等。专注于农产品领域的新兴电商品牌也获得了巨大成功，例如三只松鼠、新农哥，都是在细化农产品大品类中找到机会推出特色农产品。"互联网+"与农业将继续融合，这会带来无限的机会，我们要做的就是去抓住并实现它。

（二）"互联网+工业"——智能化时代到来

"互联网+工业"是传统工业经过互联网改造后的在线化、数据化，实现工业企业从增量到存量的转化，以提高企业的整体竞争能力。"互联网+工业"将重塑传统工业，从生产上来讲，互联网技术可以把各个生产设施联入互联网，以网络协同模式展开工业生产，通过数据信息的感知、传送和分析，促使各个生产设备能够自动交换信息、触发生产和实施控制，缩减生产周期、降低生产成本、提高生产效率。从销售上讲，互联网可以迅速收集用户数据，对市场需求做出及时反应，深入发掘细分市场，实现产品个性化，制造服务化。"互联网+"环境下制造企业从顾客需求开始，到采购原材料、制订生产计划以及实际生产，所有环节通过网络连接，彼此相互沟通，保证产品能够满足消费者特定的需求。

互联网促使"中国制造"转化为"中国智造"。目前，我国互联网与工业融合创新已经形成了以网络协同生产等新模式新业态为驱动，以智能工厂为载体，在产品设计、供应、制造和服务各环节实现端到端融合的生态系统。一方面，互联网整合了企业价值链以及信息网络，通过企业之间的无缝横向连接，实现产品开发、生产制造和经营管理在不同企业间的信息共享和业务协同；另一方面，互联网技术集成了企业内部信息流、资金流和物流等方面信息，实现了生产环节和产品生命周期信息的纵向连接。互联网与工业的不断融合所带来的一系列变化必将会为创业者带来新的创业机会。

（三）"互联网+服务业"——服务全面升级

现代服务业是拉动经济增长的支柱。"互联网+服务业"将会带动生活服务全面升级。"互联网+"与服务业的融合，将实现供给与消费者需求直接对接。"互联网+服务业"改变了人们的消费习惯，满足了消费者各种"随心"的需求，实现了服务的全面升级。"互联网+服务业"表现出了传统环境下服务业所不具有的新特征。

1.互联网为创业者提供更多机会

互联网打破了信息不对称，实现了信息和用户的汇聚以及资源共享，允许用户随时随地获取信息，这将更有利于了解顾客消费中存在的问题和需求变化，为创业者提供更多机会。

2."众包"模式降低服务成本

"众包"模式是"互联网+"环境下企业的一种新型组织模式。其通过互联网以自愿的形式和相对企业员工较低的报酬把本该由企业内部员工承担的工作交给企业外部的大众群体来完成。"众包"模式能够极大地降低服务成本，获得更多的顾客，同时任务承担者通常也是服务企业的客户或潜在客户。因此"众包"模式不仅让服务企业在快速完成任务的同时大幅降低服务成本，还可以缩短服务企业与消费者之间的距离。

3.个性服务需求的满足

随着经济水平提高和人均收入的增长，顾客对消费的要求也越来越"任性"，个性化需求日益增加。长尾效应强调"个性化"、"客户力量"和"小利润大市场"，也就是赚很少的钱但是要赚很多人的钱，将市场细分到很小，这些细小市场的积累将会形成一个巨大的市场。"互联网+"为满足个性化需求提供了可能。一是利用大数据分析技术，对用户进行聚类和关联规则挖掘，得到相对精准的个性化需求信息。二是实现消费者与生产商的直接对接，实现"定制化"服务。满足个性化需求将是"互联网+"环境下创业机会的一大特征，抓住细分市场下的个性化需求将会是创业机会的一个重要来源。

4.流程再造

服务流程是指服务提供商的各项业务的传递顺序。在"互联网+"环境下，多数服务企业根据消费者需求的变化和服务中存在的关键问题对其服务流程进行重新规划，坚持以用户为中心，改善用户体验，进而提升自身竞争优势。以医院门诊看病难问题为例，医院挂号、交费、取药等环节的排队等待，是造成医疗服务流程效率低下的瓶颈。而排队等待时间过长的主要原因是信息不对称带来的就诊时间过度集中以及医院各部门信息不能共享。对此，网上预约、就医卡的使用就是利用互联网的信息共享重建面向病人的医疗服务流程，科学合理地安排医疗服务各环节，提升门诊流程效率。

三、"互联网+传统行业"创业机会

腾讯集团创始人马化腾说过：互联网像电一样，改变社会，过去有了电，很多行业都发生了翻天覆地的变化。现在有了移动互联网，更多行业都将发生很大的变化。互联网技术的发展和"互联网+"行动计划的实施，不仅促进传统行业转型升级，还生发出新兴行业，"互联网+传统行业"让很多企业看到了机会，实现了成功创业。比如"互联网+教育"＝在线教育、"互联网+通信"＝微信、"互联网+交通"＝滴滴打车等，传统行业与互联网融合已经成为一种不可抵挡的趋势，作为创业者应当顺势而发，牢牢把握机会。下面将介绍"互联网+传统行业"下的三个典型例子,"互联网+通信""互联网+教育"和"互联网+交通"。

（一）"互联网+通信"

传统环境下的通信主要利用移动、联通、电信等运营商开通的移动电话、短信。这种通信方式不仅价格高,功能上也比较单一,移动电话只能满足声音通话,短信也多数以文字为主,这些已经不能满足人们渴望实现"面对面"交流的新需求。"互联网+通信"满足了人们多花样的通信交流方式的需求,设计更加人性化,使用更方便,费用更低廉。QQ、微信等即时通信软件就是"互联网+通信"很好的案例。QQ和微信颠覆了人们的通信方式,其强大的多媒体交流方式极大地满足了人们渴望"面对面"交流的需要,拉近了人与人之间的距离。QQ和微信的消息功能不仅具有文字编辑功能,还有图片、声音、视频等功能,以帮助人们更好地表达自己的情感,实现更有效的沟通交流。QQ空间和微信朋友圈也极大地满足了人们表达心情的需要,通过QQ空间和微信朋友圈能够了解一个人的状态,能更好地实现沟通交流。QQ和微信已经成为人们生活中相互沟通交流必不可少的一部分。

（二）"互联网+教育"

教育历来在我国传统文化中占据着举足轻重的位置,关乎着一个国家的未来。在现实条件下,我国传统教育存在着种种的问题:一是受时间和空间限制,学生们只能在固定的场所（学校）学习;二是教育资源分配严重失衡,城市与农村教育资源差距大,优质教师资源都流向了城市,农村特别是偏远地区师资缺乏致使孩子们不能享受到同等的教育;三是缺乏个性化,传统环境的教育多为大班教学,老师在教学过程中会照顾大多数学生,学生个性化学习需求不能得到满足。"互联网+教育"就完全克服了以上问题。"互联网+教育"＝"在线教育",它是一种线上和线下教育的融合,是对教育资源的重新优化和分配。在线教育突破了时空限制,让每位学生都能享受公平教育,同时满足学生个性化教育的需要,促使教育模式多元化,大大改善了教育生态。"跟谁学"就是"互联网+教育"中成功的典范,"跟谁学"作为O2O学习服务电商平台,专注于教与学的链接创新,既服务于用户,也服务于教师,利用线上线下融合互补的优势打造出最适合学习的场景,为每一位用户提供真正合理的、优化的私人定制学习方案。"跟谁学"的创业成功很大程度上是因为其从传统教育面临的问题中识别出了创业机会,并利用互联网技术解决问题,形成具有竞争优势的"互联网+教育"的O2O模式。

（三）"互联网+交通"

传统环境下的交通运输系统相对封闭,信息无法交换,出行效率受限。信息的不对称造成交通供需双方在时间与空间上无法实现有效衔接,一方面居民出行需求得不到满足,另一方面仍存在交通资源的浪费,导致种种抱怨剧增。上述问题又不能被政策的制定者及时、全面地了解,致使政策制定和规划设计具有一定的滞后性和盲目性。互联网彻底改变了这种现象,"互联网+"为交通行业提供了一个信息交流的平台,在促进交通行业智能化、信息化发展的同时也为创业者带来了新契机。

1."互联网+公交"＝"巴适公交"

乘客可以通过"巴适公交"移动App或者微信公众号来进行路线规划,也可以查看公交车的发车和实时到站情况,设置到站提醒。此外"巴适公交"还提供车内拥挤指数提示、公交 IC 卡信息查询、定制公交信息服务等一系列更加人性化的服务。互联网与公交的"结合"极大地方便了人们的出行，让"人等车"变成"车等人"，弥补了传统公交车空闲时段公交资源的浪费和高峰时期供不应求的缺陷，为人们日常出行带来了极大的便利，也为解决城市交通问题提供了新办法。

2."互联网+打车"=滴滴打车、Uber

这两款软件在一定程度上缓解了"打车难"的问题。乘客只需要在手机里安装一款打车软件，并通过该软件发布自己所在的位置和目的地进行"下单"，附近车辆的司机会根据这条信息迅速地"接单"，到达目的地后直接通过在线支付便捷地完成此次行程。正是这种"互联网+"环境下既方便又实惠的出行方式受到了越来越多乘客的青睐，也给更多"自主创业"的人们提供了创业机会。

【案例分析】

2000 年，钱俊东考上了陕西长安大学。带着全家人东拼西凑来的 2 000 元现金，钱俊东在报到的长队里一次又一次退到最后面。最后，他鼓起勇气找到学院的辅导员，争取到了缓交学费的机会。

开学第 3 天的下午，钱俊东正独自在寝室里翻读新教材，一位师哥进来向他推销随身听。正在这时，几位室友回到了寝室。结果，这位师兄没费多少口舌，书包里的 4 部随身听就以每部 80 元的价格留在了他们宿舍。这件事情触动了钱俊东，他隐约感觉到身旁有一个比较大的消费群体。当天晚上，钱俊东一直在谋划着这件事，直到在梦里成为一名"倒儿爷"。

通过打听，钱俊东很快知道了西安东郊有两处小商品批发城。周末，钱俊东走遍了两个市场，仔细对比了很多随身听的性能、质量和价格，他用 15 元的批发价拿到了那位师兄推销的那款随身听。钱俊东动用了仅有的存款批发了 6 部随身听，拿到学生宿舍做了第一笔生意，净赚了 300 元。这是他的第一桶金，他尝到了挣钱的快乐。之后，钱俊东一发不可收拾。课余时间，他特别注意观察同学们在使用什么样的消费品，大家习惯用老式电话时，他就找到了 IC 卡经销商，把更低廉的电话卡介绍给同学，自己小赚了一点辛苦费；后来，游泳衣、考研资料、英语磁带，都成了他卖过的物品。

一个偶然的机会，钱俊东看到上海 APEC 峰会上各国元首都穿着唐装，西安是盛唐古都，他断定今后这里会首先流行起唐装，于是召集了大家商议：做唐装。但大家都有一点担心：和社会上的人做生意，会不会受骗？钱俊东认为只要眼力准、考虑周到，就一定能赚到钱。最后，大家被他说服了。钱俊东带着大家走访西安大大小小的服装厂和服装批发点，以便得到更准确的市场信息。唐装的主要材料是丝绸，考虑成熟后，钱俊东到无锡、常州等地购进了一批丝绸，没想到货还在路上，订单就已经爆满，这一次他们稳赚了近 10 万元。

2003 年，钱俊东的"三人行"小团队相继代理了移动校园卡、诺基亚手机等推广业务。学生消费日益扩大化和时尚化的趋势，加上中国移动和诺基亚等大型企业运营商的投资，为钱俊东"三人行"创业团队的迅速壮大注入了活力。2003 年上半年，钱俊东共计办理大户卡、校园卡等业务达 13 万张，直接收益接近 30 万元。2003 年 8 月，"三人行"已经拥有了 50 余万元，准备正式注册成立自己的公司。由于都是在校大学生，不符合注册企业的相关规定，公司一直不能顺利注册，后在西安高新技术开发区管委会负责人的支持下，在西安高新技术开发区注册成立了第一家在校本科生全资创业公司——西安三人行信息通讯有限公司，注册资金为50万元，钱俊东任董事长兼总经理。

钱俊东每一本日记的扉页上都有几个显赫的大字："没有鸟飞的天空我飞过。"那些当初看来是困境的日子，只是一些小坎，没有迈过去时它很大很可怕，但一旦迈过去，它便是一生宝贵的财富。

案例分析要点

资料来源：佚名．创业故事：大学生从倒爷开始3年赚50万［EB/OL］．［2023-07-26］. https：//www.bilibili.com/read/cv25293755/.

问题：

1.钱俊东的创业过程中，几次发现了创业机会，他是如何发现创业机会的？请你列举校园创业机会并简要分析其可行性。

2.请你总结钱俊东创业成功的要素，说明创业成功应该具备哪些素质。

【课后思考】

即测即评

1.创业失败的核心问题是（　　）。

A.市场营销问题　　　　　　　　B.创业机会识别问题

C.商业模式问题　　　　　　　　D.成本控制问题

2.创业的过程也是人的创业潜能不断开发、（　　）不断提高的过程。

A.创业兴趣　　　B.创业能力　　　C.创业动机　　　D.创业信念

3.创业资源管理部包括以下哪项（　　）。

A.环境资源　　　B.工作时间分配　　C.资金管理　　　D.营销资源管理

4.对创业活动的目标及实现目标做出具体安排的是（　　）。

A.创业计划　　　B.创业目标　　　C.创业意识　　　D.创业动机

5.对于创业来说，想要成功就必须（　　）。

A.认真学习专业知识　　　　　　B.只要抓住就业机会就可以

C.一心扑到事业上　　　　　　　D.用一切办法争取机会

【启思明理】

不畏各种困难，寻找创业契机

（1）梁伯强的指甲钳帝国

梁伯强，广东中山圣雅伦有限公司董事长，被誉为"指甲钳大王"，因朱镕基的一句话，他打造的"非常小器·圣雅伦"成为中国第一、世界第三的指甲钳。

（2）胡昌生：从中国经济"六过"中找商机

"大家都关注投资机会，但机会存在于经营环境中，在中国，最大的环境即转型。"武汉大学金融与保险系教授、博士生导师胡昌生认为，只有在经济转型的背景下，才能找到新的投资机会。当下中国经济转型的困难很大，存在两大陷阱，即中等收入陷阱和转型陷阱。

胡昌生建议企业家要认识到中国经济的"六过"，从中发现商机。如在产能过剩时，发展差异化产业；在自主创新能力过弱时，开发进口替代产品，关注技术创新领域；在经济增长代价过大，环境破坏严重的情况下，投资节能、环保、新兴产业；在居民收入差距过大的情况下，多关注消费领域等。

（3）唐越：创业者必须具备冒险精神

蓝山中国资本合伙人唐越曾经说过：我喜欢的企业家首先要有冒险精神，要有激情和欲望，还要有领导能力，领导一个团队做企业，不但需要自身的狂热，还要能带动团队一起狂热，要有一种成功的信念和偏执的追求。

成功需要经历许多困难，所以要有一种持之以恒的精神，再加一点点运气，但人是第一要素。判断一个创业者是否值得投资，就看他有没有潜力和欲望成为未来的优秀企业家。对于一个创业企业来说，它是否拥有庞大的市场、领导性的地位、可持续性的盈利模式、合适的价格，是投资者们投与不投的关键。

第五章

产品的卖点

【政策导读】

产品卖点的选择应从自身特点、优势以及创新性强的点出发，这样才能得到更多市场资源，实现高质量发展。习近平总书记在党的二十大报告中指出："高质量发展是全面建设社会主义现代化国家的首要任务""加强基础研究，突出原创，鼓励自由探索""坚持守正创新""坚持问题导向""坚持系统观念""完善科技创新体系。坚持创新在我国现代化建设全局中的核心地位"。走科技创新的道路，打造自身优势，营造独特卖点有利于商家得到更多的市场合理资源。

【案例导读】

概念是表现产品"卖点"的一种形式，概念炒作会对产品销售产生巨大威力。这一点在汽车品牌上体现得淋漓尽致。汽车只是一种代步工具，只要性能好便可。可汽车品牌众多，就是因为它们的概念各有千秋，契合着不同人的胃口。奔驰将产品概念塑造为"精确是生活驾驭自如的关键"，于是在奔驰车中，处处都是考究的品质体现，而开奔驰车的人也总被认为是一个精致生活的成功人士。而驾驶宝马的人，总被认为是一个热爱生活、有激情的人，这是因为宝马的产品概念中试图创造完美的驾乘快感。

企业以服务或者产品为载体，为消费者创造出一种心理舒适与精神满足。今天，这种心理舒适与精神满足已经超越物质成为消费者渴望得到的最重要的价值。要论这种"创造感觉"的卖点提炼，可口可乐一马当先。为了摆脱销量的颓势和日益增长的健康问题，可口可乐将广告语"Open Happiness（畅爽开怀）"更改成"Taste the feeling（品味感觉）"，期望通过这样的洞察，刺激生活在高压快节奏环境下的消费者的"享乐"心理，强调"活在当下，及时行乐"，抓住 the moment，使可口可乐融入日常生活，给每一位消费者带来心理与精神的"感觉"享受。

资料来源：佚名. 产品卖点案例［EB/OL］.［2023-08-31］. https://www.aibecoo.com/b/112846.html.

产品卖点的相关概念

一、卖点的概念

所谓卖点，其实就是一个消费理由，最佳的卖点即为最强有力的消费理由。对消费者来说，卖点是竞品满足目标受众的需求点。对厂家来说，卖点是竞品火爆市场的一个必需的思考点。而对于产品自身来说，卖点是产品自身存在于市场的理由。

二、卖点的分析

卖点是针对交易对象的需求点来展开的，如果所谓的卖点不能解决交易对象的需求问题，那么根本就不能纳入卖点的领域。当然，这里的需求是广义的，有物质的需求，也有精神的需求，有有形的需求，也同样有无形的需求。这一点说明：卖点是用来解决需求的。卖点的定义是：卖点是优于竞品满足目标受众的需求点。卖点是满足目标受众的需求点，这是这个定义的必要条件，而优于竞品是这个定义的充分条件。因为有些商品的卖点，可能是竞争对手不具备的。

"优于竞品"中的"优于"，是一种对比，如果在满足目标受众的需求的对比中体现不出优势，那我们的卖点也不能称之为卖点了。这里面的对比范畴同样是广义的，可能是产品或服务本身的价值上的优势，也可能是时间或者空间上的优势。所以在商品高度同质化的今天，研究卖点更需要研究目标受众的需求，需要将对比工作做得更宽更深。这一点说明：卖点并不局限于商品本身的优势。

"优于竞品"中的"竞品"是指同样可以不同程度满足目标受众相同或者相似的需求的替代品。在商品品类日益丰富的今天，能满足同一需求的商品也在大量出现，因此，我们在选择竞品时，需要研究，注意选择。只有这样，我们的产品才可能更受目标受众偏爱。

三、卖点的创意

卖点的创意是很多的，人们已经在这方面积累了丰富的经验；卖点的创意又是不多的，因为新的卖点往往不单是从经验中就可获得的，更不是从简单的模仿、借鉴中可以得来的，它需要捕捉、需要发掘、需要提炼，更需要独创，每一个独特的卖点都是突破常规的结果，其间曲折坎坷、耐人寻味，也给产品卖点的创意平添了几分神秘。产品的卖点和产品的附加值有相近之处、交叉之点，关联作用也是极大的，一般说来，产品的附加值开发越出色，产品的卖点也就越好挖掘和提炼。

在工业化社会中，技术一直是商品的重要卖点之一。20世纪下半叶，人类进入高新科技时代之后，技术的卖点作用进一步凸显出来。产品的技术卖点和产品的技术附加值的相同之处在于两者都强调产品的技术含量，不同的是前者需要把这种技术含量宣扬出来，而后者则是蕴藏在产品中。也就是说，技术附加值越高的产品，越适宜强调技术卖点。

直白地说，所谓技术卖点或是"卖技术"或是"卖工艺"，就是在新产品的技术先进性上寻找产品的卖点，提炼出差异化的概念。

【小案例5-1】2023年"山东省畜产品品牌创新发展典型案例"发布，济宁市金乡县康华乳业有限公司、济宁聚汇禽业有限公司和山东金秋农牧科技股份有限公司3家企业入选。

　　金乡县康华乳业有限公司建有巴氏鲜奶及酸奶加工、配送中心，是当地集奶牛饲养、奶吧直营、奶品加工销售、农业种植于一体的农业示范基地。济宁聚汇禽业有限公司组建专业化鲜蛋加工配送中心，成立营销配送队伍，直接向学校食堂、商超等配送新鲜鸡蛋。同时，开展线上直播销售、即时配送、新鲜直达。山东金秋农牧科技股份有限公司培育出"汶上芦花鸡"畜产品区域公用品牌、企业品牌和产品品牌，构建"线上+线下""展示+体验"大品牌大营销体系，实现企业、农民、消费者多方共赢。

　　资料来源：王浩. 济宁3家企业入选"山东省畜产品品牌创新发展典型案例"［EB/OL］.［2023-05-23］. https: //cj.sina.com.cn/articles/view/5281491251/13acd293302001deqe? finpagefr=p_104.

第二节　　　　核心卖点

　　新产品上市能否寻找到恰当的卖点，是产品能否畅销、品牌能否建立的重要影响因素。所谓卖点无非是指商品具备了前所未有、别出心裁或与众不同的特点与特色。这些特点与特色一方面是产品与生俱来的，另一方面是通过营销策划人的想象力和创造力赋予的。不论它从何而来，只要能使之落实于营销的战略、战术中，转化为消费者能够接受、认同的利益和效用，就能达到产品畅销、建立品牌的目的。

一、核心卖点的定义

　　卖点有很多种角度，可以是材质，可以是外观，可以是工艺，也可以是这个品牌虚拟的某个特质。但是核心卖点只有一个，就是能够体现这个产品最核心竞争力的一个点。它被称为"杀手级"卖点，这个卖点可以瞬间让客户记住，从而体现出这个产品区别于其他产品的竞争力。这个极其明显的竞争力即被称为核心卖点。核心卖点就是企业的某款产品跟同行的产品相比最具有竞争力且是明显竞争力的点。竞争力和区分度是核心卖点的两个要素。

　　【小案例5-2】核心卖点就是找到所有卖点中最有价值的那一个点，但不一定是产品本身卖点，而是与竞品比最具有差异化和竞争力的点。比如，"更适合中国宝宝体质"就是飞鹤奶粉的核心卖点，为什么核心卖点是这个？大家都知道2008年的"三聚氰胺事件"，使很多父母对国产奶粉失去信心，洋品牌几乎成为第一选择，买奶粉都认准是不是进口奶源。但是，现在飞鹤奶粉告诉你，国外的虽好但我们的更适合中国宝宝体质。非常完美的打法。核心卖点就是找出最有价值的那一个点，然后把这一个点最大化，用全部的力量投进去。只有在一个核心卖点上投入全部的力量，才能击穿阈值，被大家记住。

　　资料来源：佚名. 12个品牌案例拆解：核心卖点及卖点文案［EB/OL］.［2021-08-17］. https: //www.opp2.com/252840.html.

　　产品突围靠的是什么？靠的不是产品的普通卖点，而是产品的核心卖点。

　　产品为什么要具备核心卖点才能实现突围呢？因为电商竞争与线下竞争截然不同，电商平台将全国的商家乃至全球的商家放在同一个平台去竞争，大家都在同一个平台做生意。这么多同质化的产品，可以想象一下会出现什么市场行为呢？就是价格恶战。这也是很多电商避不开价格战的原因，你必须考虑和你卖一模一样产品的对手的价格。

　　随着商业社会的发展，你会发现每一个产品自从它上市的那一刻起就会有各种各样的卖点，但很多卖点已经被同行使用殆尽了。你在网上搜索一个产品，商家会从不同角度阐述这个产品的各种不同的卖点。

【小案例5-3】一千个人眼中有一千个哈姆雷特，一千个商家也有一千个不同的卖点。针对补水面膜这一种产品的一个功能——补水，就能够找到上百种卖点。例如：

补水要深层补水，它强调补得更深。

补水要安全补水，它强调补得更安全。

补水要快速补水，它强调补得更快。

补水要调养型补水，它强调边补水边调养肌肤。

补水要修复型补水，它强调在晒伤之后通过修复脸部肌肤进行补水。

补水要睡眠补水，它强调在特定的时间补水才有比较好的效果。

补水要微分子补水，它强调所有的补水只要不吸收都是假补水，只有微分子补水才容易吸收。

补水要纳米补水，它强调补水要细腻，纳米补水才补得细腻到位。

补水要有氧补水，它强调只有活水矿物质水才能真正补水，矿物质水才是好水。

……

客户在万千同质化的产品中，很难一眼看到你的产品。所以一个产品要实现突围，必须找到核心卖点。

资料来源：佚名. 核心购买理由，核心卖点如何寻找［EB/OL］.［2020-02-15］. https：//www.4vi.cn/wen/549.html.

二、核心卖点的特征

具备什么特征的卖点才算是核心卖点呢？

（1）这个卖点是超级卖点。有超越同行的竞争力。

（2）这个卖点是新卖点。在同类产品中具有明显的差异性，独树一帜，使人耳目一新。

（3）这个卖点是独家卖点，具有唯一性，拥有不可复制的行业壁垒。只有你有，而别人轻易不会具备。

三、核心卖点的表现

（一）超级卖点

所谓核心卖点，第一个表现就是它是超级卖点。

1.超级卖点的定义

超级卖点就是要让这个卖点跟同类产品的卖点相比具备竞争力，超越同类产品一个层级。超越一个层级的卖点，就是跳出同行竞争力的层次，进入一个新的层次来进行品牌营销，具有超越性。只有这样的卖点才能称之为超级卖点，这样的产品才能称之为有超越性质的产品。

【小案例5-4】利用"超级卖点逻辑"月销15万支的"小蓝瓶"，口腔持久清新的大单品。

尊蓝"小蓝瓶"：月销量15万+，月销金额1 000万元

卖点：小蓝瓶

　　结果：口腔持久清新

　　举证：轻轻一喷口气清新从早到晚

　　围绕"小蓝瓶"关键词构建整个产品的核心卖点，打造它的竞争壁垒，同时协同站内和站外的推广，有效地统一消费者认知。在结果的描述上，围绕持久清新这样的一个好处和使用体验来做描述，在详情页上形成了卖点矩阵。

　　资料来源：佚名. 产品卖点如何表达刺激用户下单？揭秘超级卖点逻辑！［EB/OL］.［2020-06-22］. https：//www.yubaibai.com.cn/article/5607568.html.

　　只有超级卖点，才有资格成为核心卖点，才能够实现在同类产品中的迅速突围，让产品具有更大的竞争力，让品牌具有爆发力。

　　2.卖点的层次划分

　　三流企业卖产品；二流企业卖品牌；一流企业卖理念。

　　首先，产品本身的卖点竞争是最低层次的竞争，因为产品本身的卖点都可以被同行复制和借鉴。

　　其次，品牌本身的企业家精神价值跳出了产品本身，更具有品牌传播的价值，并将卖点上升到了一个新的层面。卖产品的最高境界是卖理念，因为理念跳出了产品和品牌层面，站在行业的角度为客户提供一种新的体验，给客户传导一个新的决策观念，这就是行业层次的卖点。

　　最后，超级卖点就是比同行的卖点层次更高的卖点，它将竞争从产品竞争上升到品牌竞争乃至理念竞争，是超越了普通层次和等级的卖点。

　　（二）新卖点

　　核心卖点的第二个表现就是它是新卖点。

　　1.新卖点的定义

　　所谓的新卖点，就是要与同类产品的卖点相比有所不同。很多营销界的人说做品牌营销其实不是在做竞争力，而是在做不同。

　　只要你跟你的同行有所不同，产品具有一个令人耳目一新的卖点，那么这个卖点也是非常有竞争力的，我们把这样的卖点叫作新卖点。这种卖点在提法上是新颖的，客户第一次听说，是完全没有见识过的或者耳目一新的。

　　【小案例5-5】大众品牌是一个很平民化的汽车品牌，这个品牌的产品在客户心中的形象是偏低档但价格实惠。很多人买的第一辆车就是大众车。

　　大众一直想做高端系列，其曾经做过一个高端车型，售价比宝马、奔驰还贵。当时做出这个系列产品的时候，曾引起一片热议，业绩也不甚理想。

　　后来大众又推出一款新产品，不仅价格卖得高，连奔驰都开始模仿大众推出了类似的产品，这就是大众甲壳虫。它的出现让许多人愿意出更高的价格去买一辆大众出品的甲壳虫。

　　甲壳虫之所以能够成为一个成功的产品，源于它在外观上颠覆了普通轿车的形象，它的外观与现在的轿车完全不同，因此客户愿意花更高的价格去购买。

　　资料来源：孙清华. 引爆品牌卖点［M］. 北京：人民邮电出版社，2017.

　　新卖点在认知上是新颖的。这个卖点表现出的是它的颠覆性，起到填补消费者思想认知空白的作用。

从大脑的接受程度来讲，客户更加愿意听新的东西，愿意接受新的事物，愿意关注新的不同点，所以说如果是新卖点，关注度上首先就会比同行高很多，它也能够让产品快速地实现突破。

2.寻找新卖点的意义

一个崭新的角度，通常是容易被消费者快速关注和认可的，现代的消费者尤其是年轻一代消费者，总是记住崭新的而忘却陈旧的，因为在他们的记忆中，需要更新迭代，对老的东西、旧的东西，总感觉已经过时了。所以说消费者需要听的是新观点、新概念、新名词。只有新东西才能给消费者带来新的消费冲动。

因此，我们在找核心卖点的时候，要尽可能地用新的理念和新的想法，给客户带来新角度的思考。如果这个角度在同类产品里是崭新的卖点，那么你的产品将会具有强大的竞争力。

新卖点能够更加引起客户的关注，因为新卖点能够让你与同行不一样，能够让你迅速获取客户心理认知上的首要认同，即所谓的第一印象。我们想成为客户心中的第一，就要不断地去创新，跟别人不一样。做营销就是做不同，不同是所有品牌卖点的核心竞争力，也是核心卖点的重要表现。

所以我们应该好好思考一下自己产品的竞争力是不是从新卖点的角度上展开的，是不是向客户传播新思维、新提法、新概念，与同行相比我们是否可以从更新的角度定义产品的使用方法、使用效果和使用理念。如果全行业都没有，那么，这就是很好的机会。

（三）独家卖点

卖点的最高境界就是心智垄断。有句歌词是"你是我独家的记忆"。那么独家卖点就是产品在客户心中的独家记忆。

1.独家卖点的定义

独家卖点是某个产品本身所拥有的，而其他同类产品无法具有的唯一卖点。独家卖点就是客户对某个产品的唯一识别点，即在客户心中这个卖点就代表这个品牌。

【小案例5-6】米家扫地机器人是这样描述的："无人驾驶级感知精度"，你就算不懂这个技术，但是你一定懂无人驾驶级感知精度的价值。科沃斯是用"更聪明"来描述精准避障。只有形容人时才会用聪明，这里通过聪明来体现产品的智能。两家对精准避障的描述不同，但他们的目的一样，就是让你秒懂其产品价值。市面上很多产品，害怕消费者不知道自己很专业，在产品介绍页上强调各种技术，各种专利，好像说得太直白会显得自己不"高大上"。当你在说各种专业名词的时候，其实消费者一脸懵，并不觉得你的产品有多好。乔布斯在宣传新产品时，也用了通俗易懂的语言，"把一千首歌放进口袋"，没有过多的解释，一句话就能让你知道产品的核心价值。

资料来源：佚名. 12个品牌案例拆解：核心卖点及卖点文案［EB/OL］.［2021-08-17］. https://www.opp2.com/252840.html.

【小案例5-7】独家卖点往往能够快速塑造品牌，很多时候一个独家卖点就能成就一个品牌。比如很多咖啡店和烘焙商家称自己的咖啡是"最柔滑的"或是"最浓郁的"。但是Death Wish Coffee选择给那些喜欢浓咖啡的人提供"全世界最浓的咖啡"。

该品牌是在"茫茫点海"中发掘出未经开发的独家卖点的绝佳案例。这个定位可能不会马上吸引所有的咖啡爱好者，但是他们针对的是一组独特的消费群，而且很难复制。他们还用实际行动支持了自己的想法。除了在网站和包装上大胆地宣传自己的特色之外，他们还展示了如何一步步制作自己的咖啡，而且给那些认为咖啡不够浓的顾客免费退款。

资料来源：佚名. 10个精华案例，教你找到自家 Unique Selling Proposition（独特卖点/USP）[EB/OL]. [2020-05-16]. https://www.sohu.com/a/395603417_120671465.

2.独家卖点的意义

心智垄断是无法复制的卖点，有一定行业门槛和竞争壁垒。这也是很多品牌策划人非常希望能策划出来的一个卖点。

所有人都知道，天下最好做的生意就是垄断生意，因为独此一家。核心卖点往往会被打造成独家卖点，这个卖点只有我有，只能是我有，别人不可能有，就算别人有也不可能这么表达。

所以独家卖点就是唯一性的卖点，如果我们能找到独家卖点，那么我们产品的竞争力也会是独一无二的，有独家卖点的产品，必将成为超级爆款。

很多品牌策划人喜欢寻找独家卖点，因为有了独家卖点就可以做到一劳永逸。它是有竞争壁垒的卖点，只要我用了别人就不能用。因为独家卖点在行业内设置了一个壁垒，所以很容易占领客户的唯一认知。另外，独家卖点除了可以在客户心智中建立绝对区别以外，更重要的是可以建立竞争壁垒，使对手无法抄袭和复制。

就像为产品申请专利一样，我们也希望把卖点申请为专利，其实卖点本身就是品牌的知识产权，也应该申请专利。因为这是无数策划人费尽心思、绞尽脑汁才策划出来的知识成果。

独家卖点是我们独有的卖点，只能从我们自己独有的且别人不具备的核心竞争力上进行思考。

3.如何打造独家卖点

什么是别的企业不可能和我们企业一样的呢？就是企业的软实力。那么，什么是软实力呢？通常是我们的品牌价值，我们的品牌故事，我们的团队，我们的某种独家工艺、独家配方，或者我们拥有的某种专利技术。这些东西通常是不能够被同行复制和模仿的。

凡是从这些软实力中提炼出的卖点，往往很容易成为独家卖点。因为这是企业的软实力，是企业独自拥有的，那么这个卖点就具有了唯一性。所以独家卖点往往能给一个产品带来翻天覆地的变化，会直接成就一个品牌，更能对同行造成致命的打击。这种卖点也是"杀手级"的卖点，给产品找到"杀手级"的卖点，是需要不断努力探索的。

第三节　　　　　　　卖点的进化

一、卖点进化的含义

卖点进化其实就是对卖点进行升级，让你的卖点比同行的核心卖点更加深入一步，多领先一点，从而实现把同质化卖点变得不再同质。

卖点是需要不断进化的。当一个产品拥有一个新卖点，紧接着很多同类产品也会拥有这个卖点，这就是我们常见的同质化。

同质化是不可避免的现象，任何一个产品终将从差异化走向同质化，然后再经历从同质化到差异化的过程。而在这个过程中就需要对卖点不断地进行优化。

借鉴是文案写手的一个基本技能。优秀的文案多源于借鉴，很少是完全原创的。一个好的文案和卖点常常是在借鉴中实现超越的。

大多数品牌的崛起，都是从另外一个品类或竞争对手那里得到灵感，然后通过不断地借鉴，进而实现超越的。

【小案例5-8】Intuit公司的财务软件，作为财务软件的后来者，如何逆袭？之前的财务软件都是在注册会计师的指导下开发的，非常专业，软件的功能面面俱到，可以说是复杂而又专业，财务软件的性能已经过度供给。

市场情况是，85%美国企业规模都很小，雇不起注册会计师，账目都是业主或家人记录的。而Intuit公司的Quickbooks就提供了非常便捷的记账模式，短短2年时间就占据了70%的市场份额。之前财务软件市场份额的前三把交椅，一家已经破产，一家市场份额极度萎缩，另一家通过简化自己的产品，来应对Quickbooks的冲击。

资料来源：唐涛. 产品进化论与实战法则 [EB/OL]. [2020-02-06]. https://www.woshipm.com/pmd/3362358.html.

二、卖点进化的类型

卖点进化一般分为两类：一类是在原来卖点的基础上进行描述修饰进化，以此来实现卖点的升级；另外一类是卖点层级深度进化，即从初级文案过渡到"杀手级"文案。

（一）描述修饰式进化

1.产品：插板

进化过程：

彩色插板；

彩色安全插板；

彩色无线安全插板；

彩色原创设计无线安全插板；

彩色原创设计无线智能安全插板。

2.产品：奶瓶

进化过程：

防呛奶奶瓶；

防呛奶硅胶奶瓶；

防呛奶全路径硅胶奶瓶；

防呛奶偏头全路径硅胶奶瓶；

育婴师推荐的防呛奶偏头全路径硅胶奶瓶；

育婴师推荐的美国进口防呛奶偏头全路径硅胶奶瓶。

卖点进化，要么对原有卖点不断进行修饰加深，完成卖点的深入进化；要么跳出原来的思考，进入新的层次。

（二）层级深度进化

文案一般分成以下几个级别：初级文案——描述类文案；中级文案——有卖点的文案；高级文案——有核心卖点的文案；"杀手级"文案——有独特核心卖点的文案。

一款护眼灯卖点的高级进化过程如下：

1.初级文案——描述类文案

文案内容：这是一款好用的护眼灯，循环充电触摸开关，LED光源。

点评：这段文案仅描述了产品的基础功能。

2.中级文案——有卖点的文案

文案内容：这是一款专门针对高频用眼的学生群体研发的护眼灯，不闪屏、不刺眼，能够抗蓝光，使用效果好。

点评：这个文案突出了产品的卖点，"护眼"这个卖点有了具体的针对群体——学生，且是高频用眼的学生群体；不仅是针对特殊群体的护眼灯，而且是"不闪屏、不刺眼、抗蓝光"的护眼灯。拥有这样的产品特点是因为生产厂商对产品进行了升级，产品拥有了更强的竞争力。这就是有卖点的文案，在这个文案中，产品总共拥有3个卖点。

3.高级文案——有核心卖点的文案

文案内容：这是一款每隔37分钟就会自动熄灭一次的护眼灯。人体视觉的疲劳期表明，每隔37分钟眼睛就会感到疲劳。因此，只有每隔37分钟使眼睛休息一次的护眼灯才能真正做到护眼。

点评：这个文案只有一个核心卖点，就是37分钟的护眼标准。卖点不多，但是很聚焦，客户的认知也会更加深刻。

4."杀手级"文案——有独特核心卖点的文案

文案内容：这是一款由医学专家和光学专家联合研发的润眼灯。爱德华医生和其他光学专家根据眼球对光线的感知，第一次提出了真正的护眼必须使用润光板，只有这样才能彻底告别因错误使用灯光而造成的弱视、近视等眼科问题。这款由医生和科学家研发的护眼灯不叫护眼灯，直接独家命名为润眼灯。

点评：这个文案基本上具备了核心卖点的特点——医生研发的润眼灯，并且是独有的核心卖点。爱德华医生旗舰店就是靠这个"杀手级"卖点，在护眼灯行业产品普遍售价100元左右的时候，将自己的产品卖到了1 499元。

品牌策划界有一句话：三流的文案自己写，二流的文案借鉴同行，一流的文案借鉴跨行。最伟大的创造，不是自己去写、去原创，而是先借鉴，然后再进行微创新。

很多卖点是很类似的，有些策划人从同行或者跨行中得到一些启示，然后应用到另外一个行业，所以这些卖点才会有似曾相识的感觉。

小肥羊告诉消费者，它的羊肉是180天以内的羔羊肉。御泥坊说自己的泥块是180天沉淀出来的御泥，那么这两个180天有什么关联呢？

如果上面的例子还不够清晰，那么你是否听到过厨邦酱油品牌，它曾提出酱油要晒足180天，只有经过180天以上晾晒的工艺才能做出好的酱油。

其实这就是一个通过借鉴和模仿，然后成就了一个品牌的实例。

所以做一个品牌不要怕对手借鉴，如果有对手愿意借鉴，说明你已经接近成功了，你有值得被别人学习的地方。我们也不要惧怕同质化，因为同质化是商业的必然规律，任何人都无法摆脱和逃离同质化的命运。所以作为策划人，只要对卖点不断进行优化，让卖点不断更新，就能最终拥有核心竞争力，成为一个完全独家的卖点。

因此，我们从一开始就要知道，一家企业终将走向同质化，这是无法避免的。那么企业如何应对同质化呢？答案就是不断进化卖点，直到把这个卖点进化成超级卖点、新卖点、独家卖点。只有到了这个地步，你的卖点才真正具备了行业无法复制的突围力。

三、卖点进化的思路

卖点进化有以下两种思路：一种是跳出原卖点进化；另一种是针对同一卖点进行深度进化。

1.跳出原卖点进化

例如，手机——普通基本功能；

音乐手机——vivo；

拍照手机——OPPO；

美颜手机——美图；

安全加密手机——金立；

学习手机——MIMO；

全面屏概念手机——小米MIX。

2.针对同一卖点进行深度进化

以手机拍照的卖点为例：

双像素黑科技——美图——拍得美；

能拍星星的手机——史努比——拍得清；

前置2 000万柔光双摄镜头——vivo X9——拍得柔；

徕卡双镜头——华为MATE9——拍得专业；

旋转镜头拍照手机——OPPO N9——拍得有角度；

发烧级摄录水准手机——索尼Z5——拍得苛刻。

没有同质化的卖点，只有同质化的思维。没有同质化的卖点，只有同质化的表达。没有同质化的卖点，只有同质化的层次。如果你在做品牌策划时想找到产品突出的卖点，那么只有具备卖点进化的思维才能找到差异化，实现突围。

第四节　　　　　　　　　卖点密码

前面我们都在讲卖点的重要性、卖点的分类以及卖点的类型。令很多人最为苦恼的不是这些，而是如何才能找到卖点。连卖点都找不到何谈卖点包装升级，何谈独家记忆！

很多人都想找到一个与众不同的卖点，那卖点到底有什么规律，卖点的"密码"到底是什么？我们怎么样才能找到与众不同的卖点？这一节我们就来认知卖点到底来自哪里，它的密码又是什么。

一、卖点的本质

首先，我们要知道卖点的本质是什么，卖点的本质其实不是文字游戏，而是对某种产品属性的放大。

产品被消费者需求的属性越多，则卖点越多。对产品的属性了解得越深刻，分解得越彻底，我们就能找到越独特的卖点并利用卖点进行销售。一个产品有很多属性，因此它有很多种卖点，每一种卖点其实就是对它的属性做了一次显著性的表达。

简言之，卖点的本质是有竞争力的产品属性；而卖点的来源是被需求的产品属性。

二、产品属性的分类

没有同质化的产品，只有同质化的思维，卖点是不可能被完全同质化的，因为一个产品拥有许多种属性，而每一种属性所表达的卖点又可以不断地进化。所以卖点既不断地在进行同质化，也不断地在进行差异化。简单来讲，产品的属性有以下几种分类：

（1）外观（包装、形状、颜色）；

（2）材质（原材料、材质结构、材质来源）；

（3）工艺（工艺原理、工艺专利、工艺过程）；

（4）功能（功能属性、功效属性）；

（5）人群（人群年龄、特殊时期、特殊年龄、特殊习惯、特殊体质）；

（6）地域（特定地形、特定气候、特定地区）；

（7）时间（特定时刻、特定时间、特定季节）；

（8）概念（新的理解）。

三、不同行业的卖点密码

（一）从家具行业看卖点密码

家具行业是一个大型行业，一件家具可以有多种属性，每种属性又可裂变为多种类型。

1.外观

家具的外观属性可裂变为以下类型：

泛裂变——无漆家具、有漆家具、黑白色调家具；

深度裂变——欧式风格家具、美式风格家具、中式风格家具、新中式风格家具、小美风格家具、北欧风格家具、意大利风格家具、现代风格家具、后现代风格家具、设计师风格家具。

2.材质

家具的材质属性可裂变为以下类型：

泛裂变——板式家具、实木家具、纯实木家具、合成木家具；

深度裂变——红木家具、橡木家具、松木家具、香樟木家具、水曲柳家具、胡桃木家具、榆木家具、樱桃木家具、桐木家具。

3.工艺

家具的工艺属性可裂变为以下类型：

泛裂变——纯手工雕刻、半手工制作、名师工艺；

深度裂变——金箔工艺家具、做旧工艺家具、整木制作工艺家具、拼花工艺家具、古典漆家具。

4.功能

家具的功能属性可裂变为以下类型：

泛裂变——耐用、无甲醛、多功能；

深度裂变——收纳功能家具、会变化的家具、负离子家具、隐藏式家具。

5.人群

家具的人群属性可裂变为以下类型：

泛裂变——成人家具、儿童家具；

深度裂变——别墅人群家具、小户型人群家具、办公人群家具、女童家具、设计师人群家具、午休人群家具。

6. 地域

家具的地域属性可裂变为以下类型：

泛裂变——进口家具、国产家具；

深度裂变——山地木家具、热带林木家具、北欧林木家具、英国松木家具、高原区材质家具、西伯利亚林木家具。

7. 时间

家具的时间属性可裂变为以下类型：

泛裂变——收藏传世家具、慢工家具；

深度裂变——百年树龄家具、80年家具品牌、源自御用皇室做法的家具、源自古中式传统的家具、复古家具、祖传工艺品家具。

8. 概念

家具的概念属性可裂变为以下类型：

泛裂变——智能家具；

深度裂变——生态家具、视觉家具、艺术家具、物联网家具、磁疗家具、益智家具。

其实每一个细分属性都有一部分客户人群，都能在市场中找到相对应的卖点。卖点源自属性分解，越是被客户所关注、需求的属性，越能形成有竞争力的卖点。属性拆分得越细，卖点就越多。

（二）从家纺行业看卖点密码

家纺产品与客户有多种关联的属性。

1. 外观

家纺的外观属性卖点如下：

卖点——卡通家纺；

卖点——3D家纺；

卖点——艺术家纺；

……

2. 材质

家纺的材质属性卖点如下：

卖点——真丝家纺；

卖点——纯棉家纺；

卖点——针织家纺；

卖点——羽绒家纺；

卖点——驼绒家纺；

……

3. 工艺

家纺的工艺属性卖点如下：

卖点——拼接工艺；

卖点——纯手工；

卖点——高温预洗工艺；

卖点——轻印染工艺；

……

4.功能

家纺的功能属性卖点如下：

卖点——恒温家纺；

卖点——抗菌除螨家纺；

卖点——双面家纺；

卖点——免洗家纺；

……

5.人群

家纺的人群属性卖点如下：

卖点——老人恒温家纺；

卖点——婚庆家纺；

卖点——情侣家纺；

卖点——儿童家纺；

……

6.地域

家纺的地域属性卖点如下：

卖点——进口家纺；

卖点——出口全球家纺；

卖点——酒店家纺；

卖点——户外家纺；

……

7.概念

家纺的概念属性卖点如下：

卖点——生态家纺；

卖点——感温家纺；

卖点——音乐家纺；

卖点——智能家纺；

卖点——无甲醛家纺；

卖点——裸睡家纺；

……

　　根据属性来设计卖点的案例很多，例如移动电源，它本身就有很多属性，每种属性都可以当作一个核心的卖点。根据移动电源的外观，有人提出了新的移动电源的理念：如果它的外观特别好看，就叫它美学移动电源；如果它外形超薄，满足便携的需求，就叫它超薄便携移动电源；如果它可以当作一个手机壳，就叫它会充电的手机壳，这是一个功能跨界的移动电源。一个产品有多少种属性，就有多少种卖点，而且每种卖点都有特点，所以我们要尝试对产品的属性进行拆解。

那么，同一种属性可不可以进行拆分呢？其实同一种属性也是可以进行再次拆分的。

（三）净水机卖点的拆分和裂变

净水机的基础功能就是净化水，所有的净水机生产者必须强化这个卖点，客户也最关注净化效果。可以说净水机作为功能类产品的属性之一就是净水效果，这个属性需求非常唯一。

净水机能把水净化得很干净，这已经成为客户的普遍认知。所有净水机都能做到这一点，那么至于净化到多干净呢？行业并没有公示，因此针对"净化"这个概念仍然可以再进行属性拆分。

1. 卖点——六层净化

显然，这个卖点是在告诉人们，我们净水机的净化程度比其他商家的净水机更深。客户一般认为，多一层总比少一层好。

2. 卖点——分离式净化

将杂质和水同时进行分离，为了避免水的二次污染就要进行分离式净化，这种净化效果更佳。

3. 卖点——矿物质净化

这说明我们的净水机净化出来的水是含有矿物质的，其他商家的净化是过度净化，过度净化之后，水就变成了纯净水，喝起来就不太健康，而我们的净水机可以保留水中的矿物质，能满足人们健康饮水的需求。

4. 卖点——母婴级净化用水

这说明我们的净化标准非常苛刻，净化后的水是母婴饮用水。

5. 卖点——弱碱性净化

这种净水机能够将水净化成弱碱性的水，净化后的弱碱性水能对人的身体起到酸碱平衡的作用，可以抗癌并可抑制某些疾病，那么这种属性就可以成为一个崭新的卖点。

通过这个案例我们发现，净水机净化水这个功能属性可以拆分成不同的卖点。因此我们可以将每一个属性再拆分，拆到不能再拆分时，再换一个属性进行拆分。若实在无法再拆分，我们就为产品创造一种新的属性。

【案例分析】

华为是一家全球知名的科技公司，致力于为消费者提供高品质的智能手机和其他电子产品。华为 Mate 系列作为华为旗下的高端旗舰系列，一直以来备受消费者的关注。而华为 Mate60 作为该系列的新成员，凭借其卓越的性能和创新的科技，再次吸引了业界的目光。

华为 Mate60 采用了极具辨识度的外观设计，整体造型简洁大气。机身正面搭载了一块 6.74 英寸的曲面屏，给人一种沉浸式的观感体验。屏幕左右两侧采用了微弧设计，使得握持手感更加舒适。机身背部采用了玻璃材质，使得整个手机看起来更加有质感。摄像头模块位于背部上方，模块设计更加紧凑，视觉上更加平衡。

华为 Mate60 搭载了华为自研的麒麟 990 5G 处理器，具备卓越的性能和能耗比。内存方面，华为 Mate60 提供了 8GB 和 12GB 两个版本，存储空间则有 128GB、256GB 和 512GB

三种选择。此外，华为Mate60还支持NFC、蓝牙5.2和WiFi 6技术，具备了更加全面的通信能力。电池方面，华为Mate60内置了一块容量为4 500mAh的电池，支持66W超级快充和50W无线充电，续航能力得到了充分保障。

华为Mate60作为一款旗舰级别的手机，可以满足不同用户的需求。首先，在商务办公方面，华为Mate60凭借其强大的性能和舒适的握持手感，为用户提供了良好的办公体验。其次，在娱乐休闲方面，华为Mate60的高分辨率屏幕和优秀的音效系统，使得观影、游戏等娱乐活动更加沉浸。此外，在家庭使用方面，华为Mate60的智能家居控制功能，让用户轻松实现家庭设备的统一管理。

资料来源：佚名. 华为Mate60：引领科技潮流的旗舰之作［EB/OL］.［2023-08-30］. https：//baijiahao.baidu.com/s? id=1775626340496527164&wfr=spider&for=pc.

案例分析
要点

问题：

阅读案例内容，思考为什么华为Mate60一经发售就成为市场上的热门产品。

【课后思考】

即测即评

1.卖点是限于（　　）的需求点来展开的，如果所谓的卖点不能解决（　　）的需求问题，那么根本就不能纳入卖点的领域。

A.企业自身　　　　　　B.交易对象　　　　　　C.供应商

2.卖点的层次划分，三流企业（　　）；二流企业（　　）；一流企业（　　）。

A.卖产品　　　　　　B.卖理念　　　　　　C.卖品牌

3.卖点有很多种角度，可以是材质，可以是外观，可以是工艺，可以是这个品牌虚拟的某个特质。但是（　　）只有一种，就是能够体现这个产品最核心竞争力的一个点。

A.核心卖点　　　　　　B.卖点进化　　　　　　C.卖点密码

4.卖点是需要不断进化的。当一个产品拥有一个新卖点，紧接着很多同类产品也会拥有这个卖点，这就是我们常见的（　　）。

A.相似化　　　　　　B.同理化　　　　　　C.同质化

5.卖点的本质是有竞争力的产品属性，而卖点的来源是（　　）的产品属性。

A.被需求　　　　　　B.产品自身　　　　　　C.被质疑

【启思明理】

弘扬工匠精神，勇担复兴使命

2016年政府工作报告中，李克强总理说要"鼓励企业开展个性化定制、柔性化生产，培育精益求精的工匠精神"。工匠精神到底承载了什么？

以树叶为载体，利用叶材表面纵横交织的筋脉来雕刻图案，这项已有千年历史的技艺被称作叶雕。湖北咸宁90后小伙丁力是叶雕非物质文化遗产的传承人。在创作中，丁力以传统文化为素材，目前已创作出敦煌莫高窟、大唐西域记等系列作品。思考、雕刻、呈现……数年如一日的坚持，90后小伙丁力用工匠精神换来共鸣，用古老的叶雕技术传递中华民族的文化符号，用"匠心"让我们和文化相遇。相比于内心的空虚和苍白，工匠精神有着深度和广度的表达，更能承载滋养我们的精神食粮。

弘扬"工匠精神"，是推动中国高端制造业全面发展的重大举措。中国产业结构早熟，即在高端制造业普遍落后的状态下过早地转向了房地产、服务业及金融业，以至于有可能错失这次新工业革命的机会。弘扬"工匠精神"，则是避免"去制造论""脱实向虚"的重大行动。今天的中国从里到外都在发生极为深刻的变革，广阔的内外市场上，产品并不缺，缺的只是好产品。"芳林新叶催陈叶，流水前波让后波。"我们期待着进入高质量发展阶段的大国，能够涌现出更多专注精一、使命担当、开拓创新的"工匠企业"，有更多践行"工匠精神"的企业家勇立潮头。

第 六 章

商业模式的搭建

【政策导读】

当前我国正处于经济结构转型、产业结构升级的关键时期，互联网技术和信息化技术的快速发展使人们的生活发生了翻天覆地的变化。习近平总书记在党的二十大报告中指出："坚持和完善社会主义基本经济制度，毫不动摇巩固和发展公有制经济，毫不动摇鼓励、支持、引导非公有制经济发展，充分发挥市场在资源配置中的决定性作用，更好发挥政府作用。"企业要以此为背景不断寻求商业模式的改革和转变，以适应市场经济的发展。

【案例导读】

自从互联网兴起后，越来越多的互联网商业模式为人所接受，例如最早的淘宝探索出的B2B、B2C模式，让人们开始热衷于网络购物；而现在的O2O模式则仿佛重现了当时的情景，无时无刻不在影响着企业和用户。大型资本之所以是大型资本，是因为它们拥有足够雄厚的实力去开拓新的边界，也因此能够赚得第一桶金，O2O模式也是如此，那些O2O商业翘楚，也是因为拥有深厚的资本，才得以快速成功。所谓O2O，即在线离线/线上线下，是指将线下的商务机会与互联网结合，让互联网成为线下交易的前台。这个概念最早来源于美国。O2O的概念非常广泛，只要产业链中既可涉及线上，又可涉及线下，就可统称为O2O。

苏宁本身是做线下门店的，2013年左右开始向O2O模式进行转变，打造"门店到商圈+双线同价"的O2O模式。通过线下门店和线上平台，苏宁实现了全产品全渠道的线上线下同价，让苏宁打破了实体零售在转变过程中，与自身的电商渠道价格相冲突的魔咒。因为苏宁开展了线上销售渠道，因此它的线下实体门店将不只是一个具有销售功能的门店，还包含了展示、体验、物流、售后、推广的新型综合门店——云店。

就这样，苏宁以互联网零售为主体、一体两翼的转型布局，逐渐转变成了现在的O2O商业模式，并进入了效益凸显期。但苏宁"店商+电商+零售服务商"的O2O模式未来能否在O2O行业压力下长足发展，还有待时间的检验。

资料来源：佚名. 5大案例探究O2O模式的成功之路［EB/OL］.［2021-11-17］. https: //zhuanlan.zhihu.com/p/434356706.

第一节　　　　　　商业模式概述

商业模式日益受到企业家、创业者和理论界的重视。它不仅可以为创业活动提供指导，也能为既有企业的经营提供指导；它不仅是创业者创业活动的蓝图、工具，也是既有企业创新发展的重要指导工具。"今天，数不清的商业模式创新正在涌现。采用全新商业模式的新兴产业正在成为传统产业的'掘墓人'。创新派正挑战着守旧派，而有些守旧派正在慌乱中重塑着自己。"

有人认为在技术面前商业模式并没有多大意义，技术派的创业者往往容易忽略商业模式的价值。但是，从BETA制式录像机与VHS制式录像机之争，到等离子电视与液晶电视之争等，大量案例验证了商业模式对创业和企业经营的重要性，也证明了如果忽略商业模式，再先进的技术也没有意义。

在没有考虑清楚商业模式之前就去创业，风险会成倍地增加。学习本章内容有利于减少创业风险，使创业者的创业工具箱里多一件创业指导工具，让创业者对创业有更清醒的认识。

【小案例6-1】共享经济颠覆性地影响着传统商业模式，凭借互联网技术，以共享理念取代了"消费即占有"的传统商业模式，使社会经济进入了新的发展阶段。从共享雨伞、共享充电宝到共享单车，共享经济这种商业模式，正在暴风骤雨般地改变我们的生活方式。作为一种新的商业模式，共享经济必然是未来的一个发展方向。除去网友对共享经济充满调侃意味的"我想共享我的脂肪"之外，还有更多共享可能。

共享停车位即通过互联网实现就近停车，车位主人可以通过App出租自己空闲的车位，在增加收益的同时，也能方便找不到停车位的车主。与此同时，小区物业或车位管理公司也可以通过共享停车位App，进行安全高效的车位错时出租管理。据悉，除了能精准对接用户的停车需求外，共享停车模式普遍搭载智能收费终端，不用专人收费，节约一定的劳动力。与其配套的共享停车位App还能随时显示停车的位置，增强停车的安全性。

爱彼迎（Airbnb）成立于2008年，是一个旅行房屋租赁社区，它可以为用户提供各种各样的住宿信息。用户可通过Airbnb搜索、发布度假房屋租赁信息并完成在线预订功能。Airbnb的运行理念是从个人手中租赁房屋，而不是从酒店手中，房租往往比酒店便宜。同时，个人可将空闲的房屋出租，以获得额外的现金。据统计，不管是树屋、别墅还是公寓，其社区平台在191个国家、65 000个城市为旅行者们提供数以百万计的独特入住选择。

案例来源：佚名."互联网+"时代下 盘点共享经济商业模式精彩案例［EB/OL］. [2019-11-06]. https://www.douban.com/note/740941366/?_i=5287433RtqmHIy.

【小案例6-2】在2022腾讯数字生态大会上，搜狗输入法正式推出面向B端的开放平台，这是自2021年9月完成退市、并入腾讯以来，这家输入法C端王者第一个大动作，宣告着其进军B端的野心。

搜狗输入法曾是C端市场当之无愧的王者。搜狗公司曾经凭借这一王炸产品，成功打造了一度备受推崇的三级火箭式的经典商业模式——"输入法+浏览器+搜索"，以输入法为入口层层拉动，最后通过搜索变现。从用户基数而言，搜狗曾是中国第四大互联网公司，仅次于铁三角BAT。

　　王小川曾公开评价三级火箭模式，分别给搜狗旗下的输入法、浏览器、搜索引擎打了99分、90分和60分，可见搜狗输入法对于搜狗的支柱性意义。而多年来腾讯从入股，到不断追加投资进行资源倾斜，再到最后花重金完全收购搜狗，很大程度上也正是看中了搜狗输入法这一核心竞争力。数据是人工智能的食料，所有技术的进步、用户体验优化、精准营销等都需要基于大量的数据分析。随着大规模信息化建设进程加快，输入法天生所带的流量与数据基因都将为一个企业构筑强大的内生循环。一方面，搜狗输入法正式推出面向B端多场景的开放平台；另一方面，坐拥亿万用户的微信，也悄然上线了自己面向C端的微信输入法，这表明腾讯在输入法领域双线作战的格局已经明晰。

　　资料来源：佚名. 搜狗趁势而来，输入法江湖风云再起［EB/OL］.［2022-12-22］. https：//baijia-hao.baidu.com/s? id=1752908359951741998&wfr=spider&for=pc.

一、商业模式的定义

　　商业模式这个概念最早出现在1957年，之后并没有引起多大的关注。直到20世纪90年代，随着互联网时代的到来和电子商务的蓬勃发展，商业模式逐渐引起了学者们的关注，成为当代管理学研究和讨论的热点之一。同时，这一概念也逐渐被企业家、创业者和风险投资人津津乐道。但是，对商业模式并没有形成一个公认的或统一的定义。在理论研究中，学者们往往根据自己的研究目的给出相应的定义。同时，实业界对商业模式的理解比较混乱，很多企业家和创业者完全根据自己的感觉理解商业模式，将商业模式与管理模式混为一谈，将网络模式等同于商业模式，把商业模式等同于盈利模式，甚至错把新型商业业态当作商业模式，如把O2O、B2C等电子商务新业态当作商业模式等。为了更好地理解商业模式，下面列举一些比较有代表性的观点供参考（见表6-1）。

表6-1　　　　　　　　　　　国内外学者关于商业模式的定义

时间	学者	定义
1998年	Timmers	商业模式是一种产品、服务和信息流的架构，阐明各种不同业务的参与者及其角色、参与者潜在利益以及企业的收入来源
2002年	Joan Magretta	商业模式是用以说明企业如何运营的概念。它回答管理者关心的如下问题：谁是用户，用户价值何在，如何获得收入，如何以合适的成本为用户提供价值
2003年	Morris	商业模式旨在说明企业如何对战略方向、运营结构和经济逻辑等方面具有关联性的变量进行定位和整合，以便在特定的市场上建立优势
2004年	Muller&Lechner	商业模式是指用户、产品、销售渠道和企业的收入结构，企业对其价值网络和业务关系性质的定位，以及企业根本的经济逻辑
2004年	Seldon&Lewis	商业模式是对一组活动在各组织中间的配置，这些单位通过在企业内部和外部的活动，在特定的产品市场上创造价值
2005年	Osterwalder	商业模式是一种建立在许多要素及其构成之上，用来说明特定企业商业逻辑的概念性工具
2007年	Zott&Amit	商业模式是关于如何连接企业与用户、合作伙伴和供应商进行交易的结构模板，即要素和产品市场如何连接的选择
2012年	魏炜、朱武祥	商业模式本质上就是利益相关者的交易结构

但是，对于初创企业的创业者或者大学生而言，这些概念的定义显得过于生硬和学术化，并不太容易理解，甚至会造成理解上的混乱。实际上，当要准备创业或正在创业时，只要能回答以下三个问题，并清晰地解释问题背后的商业逻辑，就能够定义一个好的商业模式，而并不需要拘泥于上述复杂难懂的定义。即使完全不知道上述定义，也完全可以设计出自己的商业模式。

问题1：彼得·德鲁克之问：谁是用户？用户需要什么？

问题2：管理者之问：如何通过商业活动获得经济收益？企业能够为用户提供价值的潜在逻辑是什么？

问题3：创业者之问：我们凭什么创业？如何才能创业成功？

对上述三个问题的回答，实质上就是阐明通过相关活动为用户创造价值、传递价值和获得价值，进而使投资者和企业形成获取利润的商业运行逻辑。创业或企业经营活动本质上都是价值创造活动，在经营活动或创业过程中，只要能够清晰地解释这个价值创造的商业运行逻辑，就找到了一个好的商业模式。在发现价值、创造价值和传递价值的过程中，需要梳理和调整各种商业元素，以此来设计或创新商业模式。那么，商业模式有哪些构成要素呢？

二、商业模式的构成要素

由于学者们对商业模式定义的差异，以及不同企业所处的行业和发展阶段不同，发展时代背景不一样，对商业模式构成要素的研究也存在很大差异。与商业模式的定义一样，基于不同的研究，商业模式的构成要素丰富多彩，对关键构成要素并没有形成统一的意见。

2003年，迈克尔·莫里斯（Michael Morris）通过梳理相关文献，第一次较为系统地总结了商业模式的构成要素。他的研究发现，不同的研究者认为，商业模式的构成要素数量从3个到8个不等，共有25个项目成为商业模式可能的构成要素。在这些研究中，被多次提到的要素有：价值提供（12次）、经济模式（11次）、用户界面与关系（9次）、伙伴关系（7次）、内部基础设施/活动（7次）。此外，目标市场、资源与能力、产品和收入来源也被多次提到。因而，这些要素可以被认为是构成商业模式的关键要素。

亚历山大·奥斯特瓦德（Alexander Osterwalder）在综合了各个研究的共同点的基础上，提出了一个商业模式参考模型，包含九个要素：客户细分、价值主张、渠道通路、客户关系、收入来源、核心资源、关键业务、重要伙伴和成本结构。他认为，通过这九个要素的组合就可以很好地描述并定义商业模式，清晰地解释企业创造收入的来源。他在此基础上发明了商业模式画布，使商业模式的设计和执行更易于操作。

商业模式画布的出现受到了全球创业者和企业家的欢迎。阿什·莫瑞亚（Ash Maurya）在研究了商业模式画布以后，根据自己的创业经验认为，商业模式画布更适合既有企业和已经开始创业的企业，对于类似大学生这样的群体来说并不是特别合适。例如，对于还没有开始创业的大学生以及处于创业初期阶段的创业者来讲，几乎没有任何外部合作伙伴，也没有多少外部资源，更没有实际的业务活动，尚未形成有效的客户关系。因此，他以精益创业理论为指导，在商业模式画布的基础上提出了"精益画布"的概念。他认为，创业者必须认识和理解的商业模式要素有问题、解决方案、关键指标、独特卖点、门槛优势、渠道、客户群体分类、成本分析和收入分析九项。这个模型根据大学生等创业者的特点，对商业模式画布中的构成要素做了较大调整，较适合在校大学生和创业准备者用来分析和设计自己的商业模式。

国内学者魏炜和朱武祥在梳理国内外大量既有企业商业模式的基础上，于2009年提出了魏朱六要素模型，认为一个完整的商业模式应包含六个要素：定位、业务系统、关键资源能力、盈利模式、自由现金流结构和企业价值。

商业模式的构成要素虽然繁多，但并不是杂乱无章的。要素的构成有两种基本结构类型：一是横向列举式结构，即要素之间是横向列举关系，每个要素表示企业的某个独立方面，彼此的重要性相当，必须共同发挥作用；二是网状式结构，即基本要素从纵向层次或另一视角综合考虑，要素之间密切联系，形成层级或网络，作为一个系统在企业中发挥作用。不管是哪种要素组合方式，要素之间都具有很强的逻辑关系，体现出商业模式的系统性和整体性。因此，一个成功的商业模式肯定是其每个构成要素协调一致发挥作用的结果，其要素之间存在合理有效的逻辑关系。

第二节　　商业模式设计的基本方法

在了解商业模式的构成框架之后，就需要设计商业模式了。每个创业者都想为自己的企业设计一个独特的、全新的商业模式来覆盖产业内现有的企业。虽然商业模式创新是一件非常困难的事情，但很多企业都是在模仿改进现有商业模式的基础上收获了巨大成功，例如腾讯、百度等。即便已经设计了一个独特的商业模式，也会面临其他企业的快速模仿或利用相似的商业模式开展竞争。因此，在模仿与竞争中，设计商业模式则显得极为重要。

一、全盘复制法

全盘复制法比较简单，即对经营状况良好的企业的商业模式进行简单复制，根据自身企业状况稍加修正。全盘复制法主要适用于同行业的企业，特别是细分市场、目标客户、主要产品相近或相同的企业，甚至可以直接对竞争对手的商业模式进行复制。

全盘复制优秀企业的商业模式需要注意以下三点：（1）复制不是生搬硬套，需要根据企业自身所在的区域、细分市场和产品特性进行调整；（2）要注重对商业模式细节的观察和分析，不仅要在形式上进行复制，更要注重在流程和细节上进行学习；（3）为避免与复制对象形成正面竞争，可在不同的时间和区域对商业模式进行复制。

【小案例6-3】网络团购是指通过网络平台，将有相同需求和购买意愿的消费者组织起来，形成较大数量的购买订单，加大与商家的谈判能力，以求得最优的价格，共同维护消费者权益的一种全新的购物方式。这种崭新的电子商务模式的始创者是美国的Groupon。Groupon取得的巨大成功使得国内也相继出现了众多类似的团购网站，如新团网、糯米网、拉手网等。大家都想成为中国的Groupon。美团成了一家承上启下的互联网企业，它模仿了团购鼻祖Groupon。由于中美两国的消费习惯以及人口密度的不同，美团的发展很快超过了Groupon。美团的商业模式是基于线上O2O模式的多元化业务，通过打造O2O生态圈和数据驱动经营，实现了公司的快速增长和市场领先。美团利用互联网技术，将消费者与商家连接起来，使得消费者可以通过美团平台找到想要的产品或服务。同时，美团还建立了自己的物流体系，帮助商家实现"最后一公里"配送。通过多元化的业务布局，包括外卖、酒店旅游、团购、本地生活服务等多个领域，来满足消费者不同方面的需求，从而扩大了公司的市场份额和用户基础。同时美团致力于打造一个完整的O2O生态圈，通过各类合作伙伴的加入，构建起涉及支付、流量、数据、技术支持等多方面的生态系统，进一步提高了美团的市场竞争力。美团致力于通过大数据分析和智能算法优化各项业务运营，包括用户画像、流量分析、商品推荐等方面。这样可以更好地了解消费者需求，提供更加个性化的服务。总的来说，美团的商业模式是以线上O2O模式为基础，通过多元化业务、打造O2O生态圈和数据驱动经营等方式，不断提高用户体验和市场竞争力，实现了公司的可持续发展。

资料来源：佚名.O2O电子商务商业模式：以美团公司为例，有何亮点？[EB/OL].[2023-07-10]. https://baijiahao.baidu.com/s? id=1771015556620517407&wfr=spider&for=pc.

二、借鉴提升法

通过学习和研究优秀的商业模式，对商业模式中的核心内容或创新概念给予适当提炼和节选，并对这些创新点进行学习。如果这些创新点比企业现阶段商业模式中的相关内容更符合企业发展需求，企业就应结合实际需要，引用这些创新概念并使其发挥价值。通过引用创新点来学习优秀商业模式的方法适用范围最广泛，对不同行业、不同竞争定位的企业都适用。

【小案例6-4】 如家快捷酒店并不是中国经济型酒店的第一人，它在经济型酒店商业模式的基础上，开创了连锁复制的商业模式，是第一个用连锁复制的商业模式打造的经济型酒店品牌。如家构建的连锁意味着规模经济，意味着快速扩张带来的市场份额，意味着标准化的统一：统一的品牌、质量、服务模式、客源销售网络和管理系统。

与传统商业地产概念的酒店经营模式不同，如家采取轻资产的策略——租赁经营，先后引入风险投资和上市融资，实现了年收入和经营利润连年翻倍的增长奇迹。从2002年6月创建到开出第100家连锁酒店，拥有11 000间以上的客房，如家仅仅用了4年零2个月的时间。截至2006年年底，如家已经有94家租赁酒店投入使用和48家租赁酒店正在建设中；特许经营酒店也达到了40家，外加正在发展的48家特许经营酒店，连锁网络覆盖了中国50个百万人口以上的城市。从2004年起，客房入住率一直稳定在90%左右。

与开店数量对应，如家酒店2002年的营业额为2 000万元人民币，截至2006年年末，如家的总收入已达到5.885亿元人民币，运营利润达到人民币7 460万元，年复合增长率超过100%。

如家在清晰的商业模式基础上，不仅实现了规模和速度，而且塑造了中国经济型连锁酒店行业最具影响力的领导品牌。

资料来源：佚名.如家商业模式分析[EB/OL].[2019-05-13].https://www.xiexiebang.com/a7/201905139/eafab42399e01f34.html.

三、逆向思维法

通过对行业领导者或行业内主流商业模式的学习研究，模仿者有意识地实施反向学习，即市场领导者或行业内主流商业模式如何做，模仿者则反向设计商业模式，直接切割对市场领导者或行业内主流商业模式不满意的市场份额，并为它们打造相匹配的商业模式。

【小案例6-5】 科大讯飞是一家以语音技术为核心的人工智能公司，其反向创新逆向思维的案例是在传统行业中应用人工智能技术，创造出新的商业模式和价值。

传统的酒店客服需要人工接听电话、回答问题，效率低下且易出错。科大讯飞与某知名酒店集团合作，将智能客服引入酒店行业。通过语音识别、自然语言处理等技术，智能客服可以自动接听电话、回答客人的问题，甚至可以进行预订、退订等操作。这不仅提高了客服效率，还为客人提供了更加便捷的服务体验。传统的医院导诊需要人工询问病人的病情、指引路线等，容易误判和耽误时间。科大讯飞与某大型医院合作，将智能导诊引入医疗行业。通过语音识别、自然语言处理等技术，智能导诊可以自动询问病人的病情、指引路线，甚至可以提供医生的预约服务。这不仅提高了导诊效率，还为病人提供了更加便捷的就医体验。

以上都是科大讯飞在传统行业中应用人工智能技术的反向创新逆向思维的案例。这些案例不仅提高了效率，还为客户提供了更加便捷、个性化的服务体验，创造出新的商业模式和价值。

资料来源：佚名. 科大讯飞的反向创新案例［EB/OL］.［2023-10-30］. https：//wk.baidu.com/view/4704539cf9b069dc5022aaea998fcc22bcd14381.

采用逆向思维法学习商业模式时有三个关键点：（1）找到市场领导者或行业内主流商业模式的核心点，并据此制定逆向商业模式；（2）企业在选择制定逆向商业模式时，不能简单地追求反向，须确保能够为消费者提供更高的价值，并能够塑造新的商业模式；（3）防范行业领导者的报复行动，评估领导者可能的反制措施，并制定相应的对策。

四、相关分析法

相关分析法是在分析某个问题或因素时，将与该问题或因素相关的其他问题或因素进行对比，分析其相互关系或相关程度的一种分析方法。相关分析法需要根据影响企业商业模式的各种因素，运用有关商业模式设计的一般知识，采用影响因素与商业模式一一对应的方法确定企业的商业模式。利用相关分析法，可以找出相关因素之间规律性的联系，研究如何降低成本，达到价值创造的目的。例如，eBay的网上拍卖也来自传统的拍卖方式。

五、关键因素法

关键因素法是以关键因素为依据来确定商业模式设计的方法。商业模式中存在多个因素影响设计目标的实现，其中若干个因素是关键的和主要的。关键因素法通过对关键成功因素的识别，找出实现目标所需的关键因素集合，确定商业模式设计的优先次序。关键因素法主要有五个步骤：（1）确定商业模式设计的目标；（2）识别所有的关键因素，分析影响商业模式的各种因素及其子因素；（3）确定商业模式设计中不同阶段的关键因素；（4）明确各关键因素的性能指标和评估标准；（5）制订商业模式的实施计划。

六、价值创新法

对一些从未出现过的商业模式的设计往往需要进行创新，即通过价值要素的构建、组合等设计出新的商业模式，这一点在互联网企业中表现得尤为明显。例如，盛大网络最先创建网络游戏全面免费、游戏道具收费的模式，开创了网游行业新的商业模式——CSP（Come-Stay-Pay）。至今各大网游公司的运营依旧沿用这一商业模式。Airbnb和优步创建的通过共享资源而获取收益的模式，也成为一种流行的商业模式。

第三节　商业模式设计工具

一、商业模式画布

商业模式并不仅仅是各种商业要素的简单组合。商业模式的构成要素之间必然存在内在联系，一个好的商业模式可以把这些要素有机地联系在一起，从而阐明各个企业或某项活动的内在商业逻辑。只有其内部构成要素协调一致，才能阐明创造价值、传递价值和实现价值的商业逻辑。

奥斯特瓦德提出的商业模式设计框架很好地回答了商业模式涉及的基本问题，可以帮助理清商业模式。该框架包含九个关键要素：客户细分、价值主张、渠道通路、客户关系、收入来源、核心资源、关键业务、重要伙伴和成本结构。参照这九大要素就可以描绘、分析乃至设计和重构企业的商业模式。商业模式画布如图6-1所示。

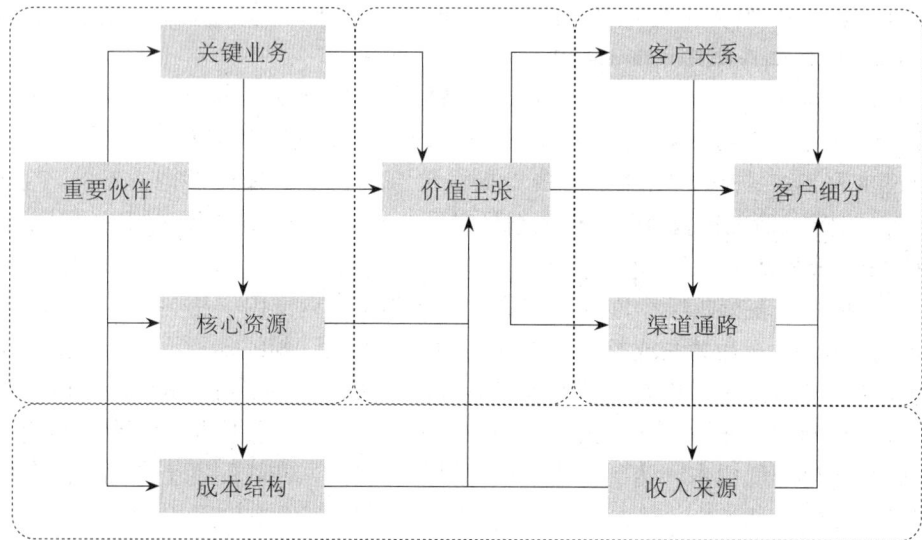

图6-1　商业模式画布

（一）客户细分

客户细分要素用来描述一个企业想要接触和服务的不同人群或组织，主要回答以下问题：

1.我们正在为谁创造价值？

2.谁是我们最重要的客户？

一般来说，可以将客户细分为五种群体类型：（1）大众市场：价值主张、渠道通路和客户关系全部聚集于一个大范围的客户群体，客户具有大致相同的需求和问题；（2）利基市场：价值主张、渠道通路和客户关系都针对某一利基市场的特定需求定制，常常在供应商-采购商的关系中找到；（3）区隔化市场：客户需求略有不同，细分群体之间的市场区隔有所不同，所提供的价值主张也略有不同；（4）多元化市场：经营业务多样化，以完全不同的价值主张迎合需求完全不同的客户细分群体；（5）多边平台或多边市场：服务于两个或更多相互依存的客户细分群体。

（二）价值主张

价值主张要素用来描述为特定细分客户创造价值的系列产品和服务，主要回答以下问题：

1.我们应该向客户传递什么样的价值？

2.我们正在帮助客户解决哪一类难题？

3.我们正在满足哪些客户需求？

4.我们正在向客户细分群体提供哪些系列的产品和服务？

价值主张的简单要素主要包括：（1）新颖：产品或服务满足客户从未感受和体验过的全新需求；（2）性能：改善产品和服务性能是传统意义上创造价值的普遍方法；（3）定制化：以满足个别客户或细分客户群体的特定需求来创造价值；（4）设计：产品因优秀的设计脱颖而出；（5）品牌/身份地位：客户可以通过使用和展示某一特定品牌而发现价值；（6）价格：以更低的价格提供同质化的价值，以满足价格敏感客户细分群体的需求；（7）成本削减：帮助客户削减成本是创造价值的重要方法；（8）风险抑制：帮助客户控制风险也可以创造客户价值；（9）可达性：把产品和服务提供给以前接触不到的客户；（10）便利性/可用性：使事情更方便或产品更易于使用，可以创造客观的价值。

（三）渠道通路

渠道通路要素用来描述企业是如何与其细分客户接触、沟通，从而传递其价值主张的，主要回答以下问题：

1.通过哪些渠道可以接触到细分客户群体？

2.如何接触细分客户群体？

3.如何整合渠道通路？

4.哪些渠道最有效？

5.哪些渠道的成本效益最好？

6.如何把渠道与客户的接触和沟通过程进行整合？

企业可以选择通过自有渠道、合作伙伴渠道或两者混合来接触客户。其中，自有渠道包括自建销售队伍和在线销售；合作伙伴渠道包括合作伙伴店铺和批发商。

（四）客户关系

客户关系要素用来描述企业是如何沟通、接触客户细分群体而建立的关系类型，主要回答以下问题：

1.每个客户细分群体希望我们与之建立和保持何种关系？

2.我们已经建立了哪些关系？

3.这些关系成本如何？

4.如何把这些关系与商业模式的其余部分进行整合？

（五）收入来源

收入来源要素用来描述企业从每个客户群体中获取的现金收入（需要从收入中扣除成本），主要回答以下问题：

1.什么样的价值能让客户愿意付费？

2.他们现在付费购买什么？

3.他们是如何支付费用的？

4.他们更愿意如何支付费用？

5.每种收入来源占总收入的比例是多少？

一般来说，收入来源可分为七种类型：（1）资产销售：销售实体产品的所有权获得收入；（2）使用消费：通过特定的服务收费；（3）订阅收费：销售重复使用的服务收费；（4）租赁收费：通过暂时性排他使用权的授权收费；（5）授权收费：通过知识产权授权使用收费；（6）经济收费：提供中介服务收取佣金；（7）广告收费：提供广告宣传服务获得收入。

（六）核心资源

核心资源要素用来描述让商业模式有效运转所必需的最重要的因素，主要回答以下问题：

1.我们的价值主张需要什么样的核心资源？

2.我们的渠道通路需要什么样的核心资源？

3.我们的客户关系需要什么样的核心资源？

4.我们的收入来源需要什么样的核心资源？

一般来说，核心资源可以分为以下四种类型：（1）实体资产，包括生产设施、不动产、系统、销售网点和分销网络等；（2）知识资产，包括品牌、专有知识、专利和版权、合作关系和客户数据库；（3）人力资源；（4）金融资产。

（七）关键业务

关键业务要素用来描述为了确保其商业模式可行，企业必须做的最重要的事情，主要回答以下问题：

1.我们的价值主张需要哪些关键业务？

2.我们的渠道通路需要哪些关键业务？

3.我们的客户关系需要哪些关键业务？

4.我们的收入来源需要哪些关键业务？

一般来说，关键业务可以分为以下三种类型：（1）制造产品：与设计、制造及交付产品有关，是企业商业模式的核心；（2）平台/网络：网络服务、交易平台、软件甚至品牌都可看作平台，与平台管理、服务提供和平台推广有关；（3）问题解决：为客户提供新的解决方案，需要知识管理和持续的业务培训。

（八）重要伙伴

重要伙伴要素用来描述让商业模式有效运作所需要的供应商与合作伙伴的网络，主要回答以下问题：

1.谁是我们的重要伙伴？

2.谁是我们的重要供应商？

3.我们正在从合作伙伴那里获取哪些核心资源？

4.合作伙伴都执行哪些关键业务？

5.我们为合作伙伴带来了什么价值？

一般来说，重要伙伴可以分为以下四类：（1）非竞争者之间的战略联盟关系；（2）竞争者之间的战略合作关系；（3）为开发新业务而构建的合作关系；（4）为确保可靠供应的采购商-供应商关系。

（九）成本结构

成本结构要素用来描述运营一个商业模式所需的所有成本，主要回答以下问题：

1.什么是商业模式中最重要的固定成本？

2.哪些核心资源花费最多？

3.哪些关键业务花费最多？

一般来说，成本结构可以分为以下两种类型：（1）成本驱动：创造和维持最经济的成本结构，采用低价的价值主张、最大限度的自动化和广泛外包；（2）价值驱动：专注于创造价值，增值型价值主张和高度个性化服务通常以价值驱动型商业模式为特征。

【小案例6-6】Snapchat是当下最火的社交网络之一。它现在拥有日活用户1.87亿户，并且日活用户每天在Snapchat上花费的时间高达30分钟以上。在Facebook、Instagram和Twitter三大社交网络巨头以不同的方式统治社交网络的时候，Snapchat以"阅后即焚"的全新模式成功地获取了大量的年轻用户（16~35岁），实现了所谓的蓝海战略。Snapchat的成功在于其对年轻人兴趣的准确把握，靠着不走寻常路的"新玩法"，吸引了自己独特的用户群体，特别是更年轻化的社交群体。

数据显示，在美国18~34岁的成年人当中，41%的人每天都在使用Snapchat。这个年龄层次的用户消费潜力巨大、消费需求最高。再放大到所有Snapchat用户，他们的消费能力也在平均水平之上。Snapchat的商业模式创新，总的来说是从年轻人感兴趣的事情出发，进一步满足他们的喜好，去开发新的收入来源，其中最直接的两个领域，就是电商和游戏。

如今，Snapchat在战略上做了一个转型，它正在慢慢地把自己转变成一个电商平台。想尽办法为用户提供"一站式"的购物服务。除了电商平台外，Snapchat还利用虚拟现实和增强现实技术，来搭建自己的游戏平台。

任何在新的时代能够找到大势所趋的市场需求，并且能够在传统商业模式中发现新的市场空缺，在适当的时机介入的人，未来都可能借助商业模式的创新，创造出非凡的成就。在未来，商业模式才是创业者应该思考并不断探索的重要课题，无论是个人的成长还是企业的发展，都需要创新的商业模式，商业模式就是个人成功与企业盈利之道。

资料来源：戴天宇.成功的商业模式案例分享[EB/OL].[2019-01-17].https://zhuanlan.zhihu.com/p/55097813? utm_source=qq.

二、精益创业

（一）精益创业——探索商业模式的工具

埃里克·莱斯提出的精益创业理论为人们提供了另一种探索商业模式的工具。既有企业已经有了经过验证的商业模式，而初创企业必须探索未知的商业模式。对于初创企业来说，精益创业这个工具有三个组成部分：（1）基本的商业计划。需要注意，在精益创业的框架里，再完美的商业计划也仅仅是假设，需要创业者不断地去验证。（2）用户开发。用户开发与产品开发是同步的，甚至要早于产品开发。在精益创业的框架里，用户居于核心地位，产品根据用户的需求来开发。埃里克·莱斯特别告诫创业者们，因缺乏用户而失败的初创企业远多于因产品开发而失败的初创企业。（3）精益研发。在用户和产品开发的过程中，要科学试错、快速迭代，以最小的成本找到可行的商业模式。

一般来说，初创企业的发展会经历四个阶段。第一和第二阶段是商业模式探索阶段。

其中，第一阶段是发散式探索，不确定性极高，需要尝试多个方向，快速转向，不断试错。第二阶段是聚焦探索，这一阶段已初步确立了商业模式原型，需要在两三个原型中选择商业模式。这两个阶段对初创企业来讲是一片空白，其现金流自然是负的，因此需要初创企业在现金流耗尽之前尽快确立商业模式，这是初创企业能否存活的关键。很多企业往往熬不过这一阶段。到第三阶段，商业模式已经确立，将从一家初创企业逐步发展到第四阶段，成为一家正常经营的企业。

（二）精益创业的逻辑框架

精益创业的逻辑框架包含用户探索、用户验证、用户积累和企业运营，如图6-2所示。其中，用户探索、用户验证和调整转型是关键的循环。从用户探索到用户验证，若没有通过验证，则进入下一轮用户探索和用户验证，如此循环往复，直到通过用户验证，才能初步确立自己的商业模式。过了这个阶段，才能开始执行商业模式。必须明白，初创企业并不是大企业的缩小版，大企业执行已知的商业模式，而初创企业要探索未知的商业模式。很多初创企业失败的原因就在于混淆了对商业模式的探索和执行。

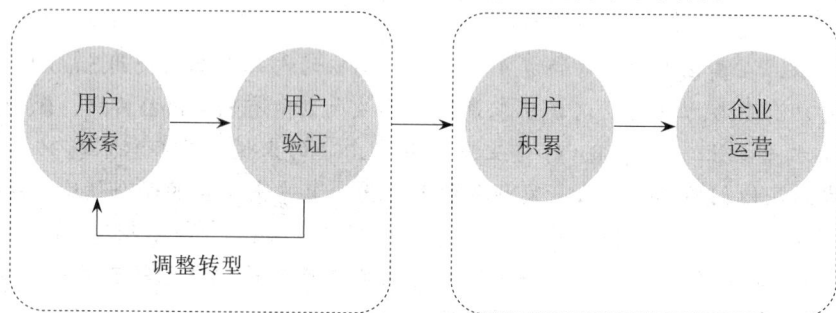

图6-2　精益创业的逻辑框架

1.第一个循环：用户探索

其基本任务是定义用户痛点假设和解决方案假设。

定义用户痛点假设要善于发现用户的痛点，并观察痛点的大小及持续性。每一个痛点都是一个机会，用户痛点的大小决定了商业模式的空间，其持续性决定了商业模式的持续性。用户痛点和商业模式的最终建立紧密相关。

定义解决方案假设需要关注两点：一是解决方案和用户痛点的匹配度，即方案能否解决用户的痛点；二是解决方案和用户痛点的吻合度，即产品和市场的匹配度。

2.第二个循环：用户验证

关键任务是验证用户的痛点假设和解决方案假设。与天使用户之间的大量互动是验证假设的重要途径。用户验证可以通过三个步骤完成：第一步，设计最小可行产品（MVP）；第二步，数据收集与测度，并且与预设的指标进行比较；第三步，学习与迭代，在此过程中不断获取认知。这三个步骤是不断循环往复的。

（1）第一步，设计最小可行产品（MVP）。为天使用户设计一个具有最核心功能的产品或方案，这个产品不是完美的，却是天使用户渴望得到的。天使用户的特征是：有急切的痛点感受，愿意购买早期产品，愿意反馈中肯的建议，也愿意四处推广产品。

（2）第二步，数据收集与测度。在MVP的基础上，收集数据来验证MVP的实际效果，即有多少用户真的需要这个产品。测度的工具主要有：①对比测试，也就是AB测试。这是指通过对比不同的方案和产品，选择用户真正想要的。②同期群分析。这是指分成不同时期的用户群，对每一个用户群的行为和趋势进行更加精准的分析。③净推荐值。其等于产品支持者的百分比减去诋毁者的百分比。这个数值是评估产品发展潜力的风向标，较高的净推荐值有可能转化为较高的推荐系数（推荐系数＝通过推荐带来的新用户数量÷老用户数量）。如果推荐系数低于1，则这种模式很难成功，后续很难产生爆炸式增长；如果推荐系数超过1，就有可能产生指数型增长。

（3）第三步，学习与迭代。伟大的产品都是通过不断迭代产生的，在这个迭代的过程中，要把握几个原则：①产品的功能必须靠用户催生，而非简单堆积；②尽量限制添加的功能的数量，要克制不断给产品增加功能的欲望；③整个学习和迭代的过程是开放、透明的。

3.第三个循环：调整转型

如果用户验证阶段没有通过痛点假设和解决方案假设验证，那么就要回到第一个循环用户探索，直到通过验证找到可行的商业模式。这是商业模式探索的重要反馈机制，通过调整，不断迭代，就会不断加强对用户、产品和市场的认识，就更有可能找到可行的商业模式。此时最关键的就是快速和敏捷。速度越快，商业模式探索的成本越低，对现金流的需求也越小，成功的可能性就越高。

三、精益画布

（一）精益画布的基本要素

阿什·莫瑞亚（Ash Maurya）研究了奥斯特瓦德的九要素框架后，根据自己的创业经验认为，这个设计框架不适合类似大学生这样没有创业和企业经营经验的群体。他以精益创业理论为指导，对奥斯特瓦德的设计框架进行了改造，提出了新的设计框架——精益画布（见表6-2）。他认为，创业者必须关注和研究的商业模式要素有：问题、解决方案、关键指标、独特卖点、门槛优势、渠道、客户群体分类、成本分析和收入分析九项。

表6-2　　　　　　　　　　　　　　　精益画布

问题： 需要解决的1~3个问题	解决方案： 产品最重要的3个功能	独特卖点： 用一句简明扼要但引人注目的话阐述，为什么你的产品与众不同，值得购买	门槛优势： 无法被对手轻易复制或者购买的竞争优势	客户群体分类： 目标客户
	关键指标： 应考核哪些东西		渠道： 如何找到客户	
成本分析： 争取客户的费用、销售产品的费用、网站建设费用、人力资源费用		收入分析： 盈利模式、客户终身价值、收入、毛利		

1.问题和客户群体

要基于解决客户的问题进行创业。问题和客户群体的匹配是商业模式设计的核心，通常应该放在一起考虑。

（1）针对每个目标客户群体，阐述他们最需要解决的1～3个问题。

（2）列出现存备选方案。你的产品没出现时，客户是如何解决这类问题的？

（3）找出其他可能与目标客户进行互动的客户。

（4）锁定潜在的早期客户，尽量细分目标客户群体，细化典型客户特征。

2.独特卖点

这是商业模式设计最重要也是最难的部分。对创业者来说，迎接的第一个挑战不是卖产品，而是得到潜在客户的关注。因此，独特卖点必须精练为寥寥数语，要与众不同，要有打动人的新意。当然，独特卖点不需要也不可能一开始就很完美，而需要逐步完善。

（1）找出你的产品的不同之处，从首要解决的问题出发寻找独特卖点。

（2）针对早期客户做设计，避免产品平庸化和大众化。

（3）专注于产品的最终成效，即产品能为客户带来什么好处。

（4）认真选择常用于营销、宣传品牌的词语，并高频率使用。

（5）明确地阐述你的产品是什么，客户是谁，为什么选择你的产品。

3.解决方案

针对每个问题提供相对简单的解决方案，不要急于制订详细的方案，制作一个最小可行产品就可以了。因为随着对提出问题的验证和测试，可能会重新定义问题，这是创业活动中的常见现象。如此循环往复，不断完善解决方案。

4.渠道

无法建立有效的客户渠道是初创企业失败的主要原因之一。初创企业的首要任务是学习，而不是扩张，因此，刚刚开始的时候，任何能把产品推荐给潜在客户的渠道都可以利用。如果企业的商业模式需要大量客户才能成功，从一开始就考虑好渠道的扩张问题非常重要。要尽早把渠道建立起来并进行测试。渠道有很多种，需要注意的是，有些渠道根本不适合本企业。在选择早期渠道的时候，一般会考虑下面这些问题：

（1）免费与付费。免费还是付费不能一概而论，要认真考虑到底哪种渠道适合你的企业。从本质上讲，没有渠道是真正免费的。

（2）内联与外联。内联式渠道使用"拉式策略"，让客户自然而然地找到你，例如博客、SEO、电子书、白皮书、网络讲堂；外联式渠道使用"推式策略"，让产品接触客户，例如SEM、传统媒体广告、展销会、直接打电话、访谈等。

（3）亲力亲为地进行推销。自己直销不仅是一种营销渠道，也是面对面与客户交流的学习手段。初创企业首先要做的就是学会自己销售自己的产品。

（4）不要过早地寻求合作伙伴。虽然可以借用大企业的渠道和信誉来推广，但是如果没有切实可行的产品，又怎能赢得合作伙伴呢？

（5）做口碑之前先留住客户。虽说口碑营销是一种很有效的手段，但你必须先做出一个值得让人宣传的产品。

5.收入分析

创业初期的产品是一件最小可行产品，那么是否适合一开始就收费销售呢？这是很多创业者在初期阶段都感到很困惑的一个问题。收费是检验商业模式风险的最重要的部分，只有将产品真正销售给客户，客户愿意为该产品付费，才能真实地检验商业模式的可行性。

（1）价格也是产品的一部分，根据客户对价格的态度来调整产品和商业模式。

（2）什么样的价格适合什么样的客户，商品价格也决定了客户群体的细分。

（3）让客户付费购买产品是一种初级形式的商业模式验证。

6.成本分析

从产品制作到推向市场的过程中会发生各种支出，要把这些支出都列出来。要想准确预测企业将来会产生哪些开销是很困难的，应该把重点放在当下。例如：

（1）访谈30~50个客户需要多少成本？

（2）制作并发布最小可行产品需要多少成本？

（3）现在的资金消耗率是多少？用固定成本和变动成本来分析。

然后，把收入分析和成本分析结合起来，计算出一个盈亏平衡点，以此估算需要花费多少时间、精力和资金才能到达这个平衡点，从而帮助确定商业模式的优先顺序。

7.关键指标

任何一个企业，总能找到少数几个关键指标来评估其经营状况。这些指标不仅能衡量企业的发展，也可以帮助找出客户生命周期中的重要时段。戴夫·麦克卢尔（Dave Mc-Clure）提出的"海盗指标组"是一个经常用的关键指标评估框架。虽然海盗指标组是为软件公司设计的，但是它也适用于很多其他行业。这个框架包括五个阶段：获取（acqui-sition）、激活（activation）、留客（retention）、收入（revenue）、口碑（referral），如图6-3所示。

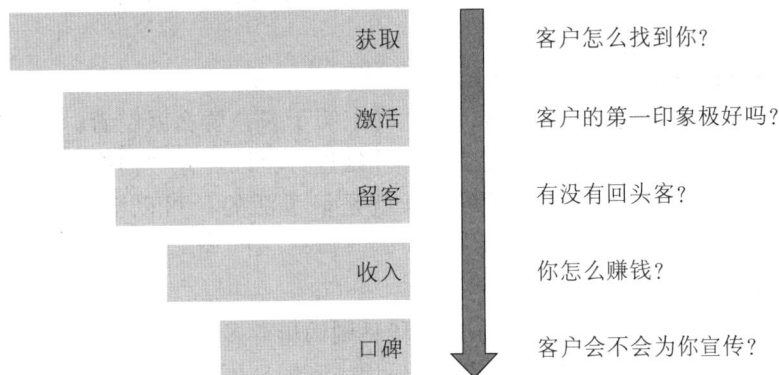

获取	客户怎么找到你？
激活	客户的第一印象极好吗？
留客	有没有回头客？
收入	你怎么赚钱？
口碑	客户会不会为你宣传？

图6-3　海盗指标组

（1）获取，指的是把普通访客转换成对产品感兴趣的潜在客户的过程。

（2）激活，指的是使感兴趣的潜在客户对产品的第一印象感到满意。

（3）留客，评估的是产品的"回头率"或者说客户的投入程度，是用来评估产品和市场匹配程度的关键指标。

（4）收入，评估的是客户为产品付钱的情况。

（5）口碑，是一种比较高级的客户获取渠道，感到满意的客户会推荐或者促成其他潜在用户来使用你的产品。

8.门槛优势

在商业模式中，人们常常把"首创"称为优势，其实首创很可能是劣势。因为开辟新市场（风险控制）的艰难重任落在了创业者的肩膀上，而紧紧跟随的后来者随时都有可能将其全套招数收入囊中——除非创业者能不断超越自我和跟风者，而这就需要真正的"门槛优势"了。要知道，福特、丰田、微软、苹果等都不是首创者。杰森·科恩（Jason Co-hen）提出了一个有趣的观点，认为任何可能被山寨的东西都会被山寨，特别是当别人看到你的商业模式确实可行时。真正的门槛优势必须是无法轻易被复制或者购买的，符合这个定义的门槛优势有：

（1）内部消息。

（2）"专家级客户"的支持和好评。

（3）超级团队。

（4）个人权威。

（5）大型网络效应。

（6）社区。

（7）现有客户。

有些门槛优势一开始只是提供给客户的价值，但是随着时间的推移逐渐发展成了独有的优势。

（二）制作精益画布的原则

1.快速起草第一张画布

不要在第一版画布上消耗太多时间，最多不要超过15分钟。制作画布是为了把你脑海里所想的东西迅速记录下来，然后确定哪个部分风险最大，再让他人来验证你的模式。

2.部分内容空着也没关系

别总想着要给出"正确"的答案，要么马上写下来，要么就空着。空着的部分可能是商业模式中风险最大的部分，应该从这里开始进行验证。像"门槛优势"这样的部分可能需要多花点时间才能找到。画布本来就是很灵活的，可以随着时间的推移逐步完善。

3.尽量短小精悍

要想用一句话说清楚一件事很难，用一段话则简单得多。画布的空间限制正好可以让你把商业模式的精华部分提炼出来，目标是只用一张纸来描述你的商业模式。

4.从当下的角度思考

写商业计划书，需要花大力气来预测未来，不过准确预测未来是不可能的。你应该以非常务实的态度来制作画布，根据目前的发展阶段和掌握的情况来填写内容。

5.以客户为本

精益画布以客户为主要驱动力，在描述商业模式的时候只需要围绕客户做文章就足够了。很快你就会看到，仅仅调整一下客户群体，商业模式就会发生翻天覆地的变化。

（三）制作精益画布的步骤

1.第一步：根据精益画布设计框架，完成两张以上的精益画布，作为你的商业模式原型。其设计方法可以参考商业模式画布的方法。

2.第二步：找出商业模式中风险最高的部分。创业是高风险的事情，创业者真正要做的事情就是持续而系统地降低公司的风险。创业的不同阶段，风险也不一样。莫瑞亚认为，创业一般有三个阶段：第一阶段是将问题与解决方案匹配起来，这个阶段需要解决的核心问题是有没有值得解决的问题；第二阶段是将产品和市场匹配起来，这个阶段的核心问题是做出来的东西是不是人们想要的；第三阶段是扩张，这个阶段的核心问题是怎样才能加速壮大。这三个阶段的风险主要是产品风险、客户风险和市场风险，通过风险评估可以对每个商业模式的原型进行排序筛选。

3.第三步：系统地测试计划。针对商业模式的每个模块进行深度访谈，参与式观察是一种有效的商业模式测试验证方法。

第四节 "互联网+"环境下的创业模式

万达集团创始人王健林说："商业模式就是一套和别人不同的做生意的方法，独特的商业模式才是企业最重要的核心竞争力。"那么，站在"互联网+"的风口上，传统行业和初创企业应如何顺势而为，成为一头"会飞的猪"？

一、商业模式的新特点

"互联网+"行动计划的提出，给商业模式带来了新的变化。其显现出来的新特点主要有以下三点：以用户为主导；以互联网为媒介；以大数据为支撑。

（一）以用户为主导

"互联网+"环境下商业模式创新要从客户需求出发，整合内外部资源，为客户提供独特的价值，增强企业核心竞争力。商业模式创新应与企业核心竞争力有机地结合起来，从而创建竞争对手难以模仿的商业模式。互联网时代，只有紧紧抓住用户的心，才能在商海的沉浮中进退有据。

（二）以互联网为媒介

在全球互联的今天，如何合理配置和利用资源，提升企业竞争力相当关键。传统的木桶理论（短板理论）认为，最短的木板制约了水桶的盛水量，一个企业的短板制约了企业价值追求最大化，需要通过弥补短板来提升企业的价值。在互联网环境下，较为开放的市场格局已经形成，随之出现了与之相对的长板理论（长极理论），即主张把桶倾斜，桶的盛水量就取决于你的长板。当企业拥有一块长板时，即拥有核心竞争力，围绕这块长板展开布局，把核心能力的优势发挥到最大，通过外包的形式弥补短板，实现资源和能力的优化配置，从而实现企业价值的最大化。互联的世界形成了赢家通吃的格局。如支付宝在第三方支付赢家通吃，微信在移动交友平台赢家通吃。

（三）以大数据为支撑

大数据不仅是当代信息社会发展的一个阶段，更是数据大量发展和微电子技术得到突破的一个验证，大数据有以下四个显著特点：体量巨大、种类繁多、商业价值高、处理速度快。以大数据为支撑的商业模式创新将具有无限潜力和巨大市场。

例如亿信ABI为国网某电力公司装设的配电网停电监测平台，就是大数据在能源领域的应用。这一系统通过配网设备数据挖掘分析，客观反映配网停电情况，分类整理和归纳配网停电范围及规律，有针对性地提出改进措施和优化建议，能够促进配网运行管理水平提升，提升停电计划科学性和合理性，提升停电计划执行准确率，加强临时停电管理，减少计划外停电。最终实现降低多次停电对用户用电的不良影响，提高用户满意程度，凸显供电企业社会职责。

二、商业模式的分类

在"平等、开放、协作、共享"的互联网精神带动下，企业将重构整个商业价值链，形成新的商业模式分类。

（一）多边平台式商业模式

实际上，这是一种具有普遍性的商业模式，传统的农贸市场就是典型的多边平台式商业模式。某个机构提供一个固定场所，为到这个场所交易的多个购买者和销售者提供相应的服务，以此获得利润。这个平台至少有平台机构、销售者和购买者三方参与。在很长的时间里，这种模式并没有引起人们的过多关注，随着信息技术的发展，这种平台有了新的表现形式——基于互联网的交易平台，并得到了迅猛发展。多边平台式商业模式日益成为这个时代重要的商业模式。微软 Windows 操作系统、百度、微信、淘宝、京东商城、大众点评、当当网等都是利用现代信息技术发展成功的多边平台经典案例。

多边平台将两个或两个以上有明显区别但又相互依赖的客户群体集合在一起，通过促进各方客户群体共同互动来为参与各方创造价值。多边平台是连接各方客户的中介，其成功的关键是必须能同时吸引和服务所有客户群体并以此来创造价值。例如，淘宝网连接了商家、消费者、广告商、金融机构等多方参与者，能够同时满足这些参与者交易的需要、资金安全的需要、信息分析的需要，因而获得了巨大的成功。多边平台需要不断吸引更多用户的参与以使平台价值得到提升，从而吸引更多参与者加入，并进一步提升平台价值。

【小案例6-7】凯路仕自行车俱乐部的主营业务为中高端运动休闲自行车的品牌运营、设计、研发、制造与销售，定位为"全球运动休闲自行车提供商"，致力于为中国及海外追求低碳健康生活的骑行者提供优质的运动休闲自行车产品。国内市场采取双品牌双渠道的策略，把用户群体细分为专业和非专业客户，针对两个群体的不同属性，以 CRONUS（凯路仕）和 TROPIX（烈风）两个主打品牌，分别采取线下体验店和线上直销两种销售模式。

线上销售锁定专业骑行用户，把 TROPIX（烈风）品牌打造成专业运动品牌，公司自建垂直电商平台，直接向消费者销售产品，省去批发、零售等中间环节，价格比传统门店低50%。同时利用共享经济的原理，通过全国不同品牌的自行车店加盟成为烈风的线下服务点，为烈风的用户提供安装、保修服务。

在国际市场中，公司重点发展市场成熟、需求较大、进入门槛较高的欧洲市场，通过在柬埔寨和葡萄牙的布局，打造全球最优的自行车产业链。

资料来源：根据百度文库相关资料整理.

（二）长尾式商业模式

长尾式商业模式是基于强大的平台和低成本的物流和供应链，向注重个性化消费的市场提供种类繁多而数量很少的产品和服务而形成的一种新型商业模式。传统的商业观念认为，企业只能面向大众用户大批量提供少数几种产品，通过规模效应降低成本和价格，以大批量的销售获得利润。随着信息技术的发展，以及物流、供应链技术与管理水平的大幅提升，为长尾市场（即利基市场）提供种类多而数量少的产品（即利基产品）也能够追求与取得规模化销售，达到与为大众市场服务的企业相同的盈利水平，甚至更高。一大批经营或涉足经营利基产品的网络企业迅猛发展起来，乐高玩具、孔夫子旧书网、淘宝、百度、当当网、唯品会、今夜酒店特价等都是其中的佼佼者，余额宝也是一个非常好的长尾模式的案例。

克里斯·安德森（Chris Anderson）针对这种现象提出了长尾理论。安德森认为，虽然长尾市场是以一种网络现象突显出来的，但其起源要早于易趣这样的网络企业，甚至比网络还要早。"长尾"是一系列商业创新的巅峰，可以追溯到一个多世纪以前，网络只是将酝酿了几十年的供应链革命的诸多要素简单地结合在一起。长尾市场作为一种新的市场形态，与传统大众市场相比，它能够满足被大众市场忽视或放弃的、认为没有盈利的客户需求。根据长尾理论，即使全世界只有一个消费者的产品也能实现交易并获利。企业通过少数几种产品卖遍天下的时代正在结束，一个小众、个性化消费的时代正在来临。长尾市场不仅仅是互联网企业的专利，它几乎无处不在：从音乐、电影、图书、报纸等可数字化的媒体产品到食品、卫生清洁用品等实体产品，都存在长尾市场。这样的案例不计其数。例如，激增的微酿啤酒等酒类长尾、个性化定制的T恤等服饰类时尚长尾、网络大学出现的教育长尾、网络书店出现的图书长尾等。

在中国，存在于各地的隐形冠军、利基市场、定制企业、小众市场、独特体验等企业活动，都非常适合长尾理论。长尾市场会给互联网时代的企业家、创业者带来无限的创业机会。

安德森认为，长尾经济有以下六个特点：

（1）在任何市场中，利基产品都远远多于热门产品，而且由于技术的发展，利基产品的比重以指数级的速度增长。

（2）由于技术的进步，获得利基产品的成本正在显著下降，且利基市场有能力供应空前丰富的产品。

（3）随着需求搜索和自动推荐等技术和工具的发展，个性化的利基产品很容易被找到。

（4）需求曲线日益扁平化，即热门大批量产品的流行度会下降，越来越多的利基产品会流行。

（5）虽然利基产品单个销量有限，但大量各种类型的利基产品聚合起来，会形成一个与大众产品市场相抗衡的大市场。

（6）基于上述五点，需求将不受供给瓶颈、信息匮乏和空间有限性的限制。

【小案例6-8】在我们的日常生活中，有许多运用长尾理论的案例，从iTune到Netlix网站，甚至最近热火朝天的"云计算"，无处不运用着长尾理论。其中，Google AdSense就是一个最典型的运用长尾理论的案例，其原理就是把广告商和网站主的"长尾"商业化的过程。

Google AdSense是由Google公司推出的针对网站主（简称发布商）的一个互联网广告服务，对于网站主来说这是一种获取收入的快速简便的方法，适合于各种规模的网站发布商。Google AdSense利用服务器自动分析网站的内容，自动产生相关的广告链接，由此利用实现广告商与网站主之间的供求关系来获利。

以前，在互联网并不发达、个人计算机还未普及的情况下，广告商并不屑于将广告投放于浏览量微乎其微的中小型网站上，而更加乐意将广告投放在大众关注的大规模网站上。Google AdSense的出现顺应了互联网的蓬勃发展，一方面大幅度降低了广告发布的门槛：广告的发布不再高不可攀，它是自助的、价廉的、谁都可以做的；另一方面，数以百万计的小企业和个人，尤其是数量庞大的Blog站点和小规模的商业网站，能轻而易举地在自己的站点上放置广告，为广告商提供服务，并获得相应的收入。每当有人点击一则广告，做广告的人就会付钱给Google，Google则会相应地将一部分收益转交给你。

Google目前一半的生意来自这些小网站而不是搜索结果中放置的广告。数以百万计的中小企业代表了一个巨大的长尾广告市场。这条长尾能有多长，恐怕谁也无法预知。

资料来源：根据百度文库相关资料整理.

（三）免费式商业模式

近年来，免费成了一种非常流行的商业模式，各种免费模式让人眼花缭乱，免费正在颠覆人们传统的商业观念，让消费者获得了一种全新的商业体验。对于企业来说，免费也已经成了突破旧的发展模式，实现后来者居上的赶超模式。百度的绝大多数信息让用户免费搜索，绝大部分电子邮箱是免费使用的，微信免费给用户提供了一个社交场所。如果你用过滴滴出行这款App，那么，你可能享受过很多次免费或低价乘坐出租车的服务，甚至你可以得到免费的饮水机、咖啡机这样的实物产品，也可以到某个饭店吃一顿免费的午餐等。

有的人可能会想，这仅仅是互联网时代才有的现象。实际上，早在互联网出现以前，免费模式已经发挥了巨大的商业威力。人们熟知的吉列剃须刀就是以免费模式发展起来的，还有小孩喜欢吃的果冻，也是一种借助免费而流行起来的食品。克里斯·安德森针对这些现象提出了免费式商业模式的概念，并获得了广泛认同。

所谓免费式商业模式，就是在某个市场上，至少有一个庞大的客户群可以持续享受到免费产品或服务，通过交叉补贴（即以其他细分客户付费的方式给免费客户提供补贴）支撑企业运营并实现盈利的商业模式。

交叉补贴有很多种方式：用付费产品补贴免费产品，例如用昂贵的爆米花来补贴不怎么赚钱的电影票，或者反过来以免费或廉价的爆米花吸引观众来看电影；用日后付费补贴当前的免费，例如移动通信公司免费送出手机，但用户必须使用2年以上该公司的通信服务；付费人群给不付费人群补贴，例如，用户可以在百度免费得到想要的信息，广告商来替你支付了相关费用。

根据交叉补贴的方式不同，免费式商业模式又可以分为以下四类：

1.免费模式一：直接交叉补贴

产品一付费，产品二免费，如图6-4所示。也就是说，吸引用户掏腰包购买其他东西的那件商品免费，而当他得到这件免费或低价的产品时，很可能或必须购买其他产品。例如，一位老人在超市排长队购买1.5元/500克的鸡蛋时，他很可能会顺便买点其他产品。吉列模式就是这种免费模式的典型。

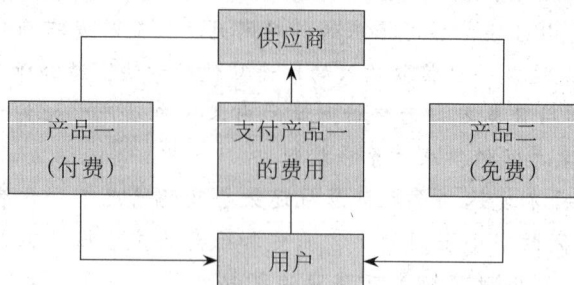

图6-4　免费模式一：直接交叉补贴

2.免费模式二：第三方付费

这是一种最常见的免费模式，如图6-5所示。在这种免费模式下，第三方付费来参与前两方之间的免费商品交换。人们几乎每天都会遇到这种情况，如搜索引擎平台上有很多免费的内容、产品和服务来吸引大批用户；同时，平台通过销售广告位来获取收入。这种免费模式的出现带来了颠覆性的变化。例如，传统报纸受到互联网免费内容和免费报纸的夹击而面临挑战。

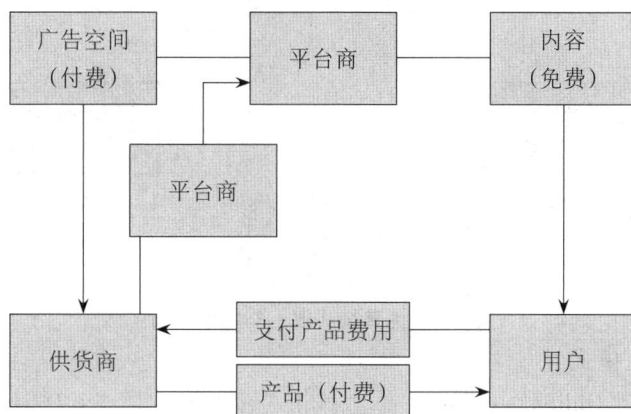

图6-5 免费模式二：第三方付费

3.免费模式三：免费加收费模式

这种模式通常也称为免费增收模式，是在网络经济中最为常见的一种商业模式，如图6-6所示。经营者提供的服务内容形式多样，分为从免费到昂贵收费等不同等级，通常大量基础用户享受没有任何附加条件的免费服务和产品，一小部分用户会购买增值服务和产品，这部分付费用户支付的费用用来补贴免费用户。这种模式之所以能够运转，是因为给免费用户提供服务的边际成本几乎为零，部分免费用户可能会转变为付费用户。

Skype公司提供了基于网络的免费通话服务，它的用户中，90%的普通用户免费拨打电话，只有10%的专业用户付费。传统电信运营商起初并没有理解这种模式，很不以为意。但是，随着时间的推移，这一模式已使Skype成为全球最大的跨国语音通信服务商之一，极大地影响了传统通信市场。另外如网络游戏免费、游戏道具付费；网易邮箱对大量普通用户免费，少数VIP用户收费等。

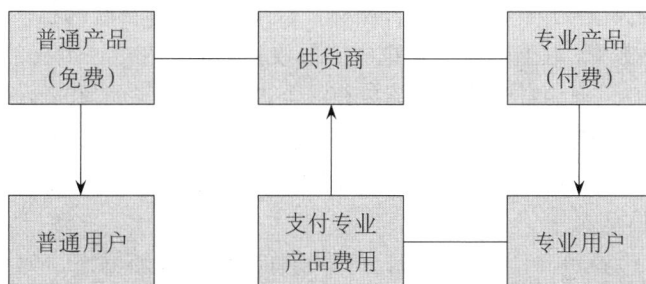

图6-6 免费模式三：免费加收费模式

4.免费模式四：非货币市场

这是人们选择免费送出的、没有寄希望以任何形式获得金钱报酬的一种免费模式，如图6-7所示。百度百科、微博等都属于这种模式，内容提供者并不需要获得货币收入，只是喜欢赢得声誉、被关注和得到认可的感觉，以及不容易被察觉的其他考虑，如表达观点、分享快乐、帮助他人、获得满足感，或者纯粹出于个人兴趣等。

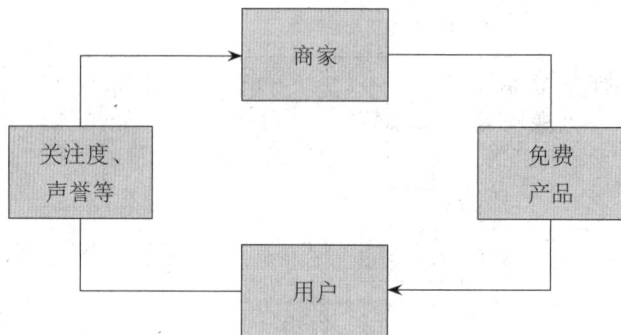

图6-7　免费模式四：非货币市场

（四）O2O商业模式

O2O商业模式即Online to Offline，线上线下对接的商业模式。O2O商业模式主要包括两种形式：第一种是线上到线下的模式，用户在线上购买或预订服务，再到线下商户实地体验。这种模式主要应用在本地生活服务行业，为消费者提供了极大的便利。携程和大众点评网作为中国最早采用O2O商业模式的企业，利用其先发优势，已经积累了大量客户资源。第二种则与第一种相反，是线下到线上的模式，用户在线下的实体店体验产品性能和质量，通过线上下单来购买商品。这一模式主要目的是提高效率。众多实体大型超市都有相应的网上商城，如国美在线、苏宁易购等。

O2O商业模式有以下几个特点：首先，一定要有实体店的存在，消费者的消费体验是在实体店里进行的。其次，消息需要通过互联网进行推送，即通过O2O网站发布商品上新、优惠等相关信息。最后，需要在线支付的支持。随着互联网的发展，支付宝和微信支付等第三方支付平台异军突起，打破了银联一家独大的局面。O2O模式将线下交易与互联网相结合，让互联网成为线下交易的前台。线下服务通过线上进行宣传，消费者足不出户，在线上对欲购买的产品和服务进行筛选，还可以参考其他消费者的反馈和评价。在O2O模式中，产品推广效果可查，每笔交易可跟踪，这些都是相当重要的。

O2O模式的核心是基于平等、开放、互动、迭代、共享等互联网思维，利用高效率、低成本的互联网信息技术，改造传统产业链中的低效率环节。在电子商务的信息流、资金流、物流和商流中，O2O只把信息流、资金流放在线上进行，而把物流和商流放在线下。O2O依靠线上推广带动线下交易，以增加商户的参与和提升用户的体验，这种线上线下的融合产生的价值十分惊人。在该基础上的数据分析更是为O2O模式的持续发展提供了不竭动力。

（五）跨界商业模式

互联网时代，跨界融合，连接一切，跨界协作成为商业新常态，如小米就是跨界企业的典型。它不仅做手机业务，还涉及电视、农业、汽车和智能家居等行业。

"互联网+"背景下，"+"本身就是一种跨界，意味着变革、开放和融合。融合可以是身份的转换和融合，客户可以转化为投资伙伴共同参与创新；融合还会提高企业乃至行业的开放程度，增强其自身的适应性和包容性。

工业经济时代的大型厂商被淘汰，很多行业巨头轰然倒下。脱媒、众包、自媒体这些新概念的出现，打破了原有的价值链，范围经济已经开始对规模经济进行反击，共同创造已经兴起，这些新的尝试都为商业模式的改变提供答案。而在商业模式创新和价值创造改变的背后，都包含一个理念，那就是连接。连接无形中挖掘出顾客深层次的需求，创造难以估计的价值，颠覆以往成功的商业模式。

今天我们所处的时代和面临的环境快速变化和发展，其背后的驱动要素与跨界紧密相连。在物联网、移动互联网乃至大数据技术的冲击下，传统工业的结构化模式被颠覆。产业之间的融合成为新趋势，在尝试探索过程中，新兴产业蓬勃发展。可以说，跨界思维是一种"普适智慧"，它在企业运作过程及商业模式探索中，尤为重要。创业者首先必须跨越思维观念之"界"，让跨界成为一种行为方式。

【案例分析】

卓越网（现已被亚马逊收购）是中国较早的B2C（商家对客户）电子商务网站，这里像个大超级市场，与你交易的是一个专门出售商品的公司。用户只要进行简单的注册就可以像在超级市场里一样买到想要的东西了。

商品：卓越网的商品分类主要为影视、图书、音乐、玩具、礼品、百货、门票等，导航栏还出现"拍卖"二字。卓越网还不断推出特价品，或针对某个市场推出送现金的活动，或许你在特价品当中能找到自己满意的东西。

下单后服务：在成立之初，在用户最为关心的付款方式上，卓越网提供了货到付款、邮局汇款、银行电汇等网下付款方式和网上支付方式。卓越网提供送货上门的服务，所购商品100元以下时普通用户与VIP用户送货服务费为5元；普通用户所购商品满200元时免运费，VIP用户所购商品满100元时免运费。在办理电汇时用户需注意的是，在电汇单上的用途中应注明订单号/用户名并保证汇款人姓名和订单收货人姓名保持一致。用户在选择在线付款方式时，要首先开通所持卡的网上支付功能，然后按照卓越网的付款提示，输入相关资料即可。在线支付未成功时，系统在订单提交成功后会给用户发一封确认信；如果出现支付金额不足、意外断线等状况而导致支付不成功，可以按"提交"键重新提交一次订单，或者改为非在线支付方式。

售后服务：在退换货问题上，卓越网声明保证所出售的商品是通过正规进货渠道采购的正版商品，用户可享受与亲临商场选购商品时同样的质量保证。卓越网所提供的退货服务有：在顾客收到商品7天之内发现图书印装有缺页、倒装、模糊不清、折页、开线、开胶等情况，VCD出现播放质量问题等，将给予退货；在顾客收到货物1个月之内发现上述情况，将给予换货。

资料来源：根据百度百科相关资料整理.

问题：

试分析卓越网的收益模式。

案例分析要点

【课后思考】

1.商业模式是一个在实践和理论研究的交织中不断发展和完善的概念，因此要从实践的角度，联系不同的情境，以深刻了解商业模式的内涵，这个过程称为商业模式的（　　　）。

　　A.差异化　　　　　B.情境化　　　　　C.演绎　　　　　D.多元化

　　2.（　　）有利于"观众"了解相关情境，发现问题，解释行为与目的；有利于清晰地呈现商业模式内容，使人一目了然，便于准确沟通，建立共识，甚至激发讨论、想象与创意，提供一种有助于相互对话、形成共同理解的语言；能够为模糊的情境提供意义，对于说服持怀疑态度的利益相关者有很大的帮助。

　　A.商业模式　　　B.商业计划书　　　C.商业叙事　　　D.商业模式画布

　　3.商业模式是企业战略在（　　　）层面的展开，涉及创造价值的基本原理。

　　A.运作　　　　B.实施、控制　　　C.概念、结构　　　D.管理

　　4.盈利模式是企业利润来源和（　　　），是在确定业务网络中价值链结构和所有权后，各利益相关者支付成本、分配利益的格局。

　　A.成本　　　　　B.客户　　　　　C.获取方式　　　　D.企业战略

即测即评

　　5.平台企业可以从过滤不良用户的机制中获益，以维护（　　）应有的信誉标准。

　　A.优秀用户　　　　　　　　B.某一群体

　　C.投资方　　　　　　　　D.生态系统

【启思明理】

适应时代发展，创新商业模式

　　商业模式有六大构成要素，它们互相作用、互相决定，共同形成其运行机制。六大要素分别为：企业定位、业务系统、关键资源能力、盈利模式、自由现金流结构和企业价值。多边平台商业模式是指服务两个或者两个以上的客户群体，通过为其提供客户之间沟通、交易的平台服务，进而从中获利的商业模式。这个商业模式的重点就是在平台上聚集足够多的用户数量，连接他们进而创造价值。大众点评不断加强多方合作，陆续推出便捷用户的各种服务方式。依托庞大、翔实且即时更新的消费信息，为中国的手机用户提供随时、随地、随身的餐馆等商户信息。任何一个商业模式都是由客户价值、企业资源和能力、盈利方式构成的三维立体模式。商业模式是衔接企业发展的战略、企业发展的技术和企业发展的资源组织配置的核心。中国在对外交往中始终把握"开放包容、多元互鉴"主基调，顺应"相互联系、相互依存"大潮流，唱响"和平、发展、合作、共赢"主旋律，这不仅是中国顺时应势的必然选择，也是中国"兼善天下、立己达人"文化传统的一脉相承，更是中国促进合作、致力共赢的行动指南。

实训互动1　　　　　实训互动2　　　　　实训互动3

你知道哪些商业模式　　商业模式设计与评价　　商业模式创新分析

第 七 章

创业融资

【政策导读】

　　创新企业的扩张成长、规模扩大需要资金提供支撑，而创业团队及企业往往面临着资金短缺的压力，创业融资是解决这一问题的重要路径。习近平总书记在党的二十大报告中指出："深化金融体制改革，建设现代中央银行制度，加强和完善现代金融监管，强化金融稳定保障体系，依法将各类金融活动全部纳入监管，守住不发生系统性风险底线。健全资本市场功能，提高直接融资比重。加强反垄断和反不正当竞争，破除地方保护和行政性垄断，依法规范和引导资本健康发展。"拓宽融资渠道、降低融资风险，是创业成功的重要前提。

【案例导读】

　　2020 年 8 月 20 日，在水滴保险商城 2020 全球合作伙伴大会上，水滴公司创始人兼 CEO 沈鹏对外宣布，公司已经完成了 2.3 亿美元的 D 轮系列融资，由瑞士再保险集团和腾讯公司联合领投，IDG 资本、点亮全球基金等老股东跟投。据了解，水滴公司是瑞士再保险集团在中国投资的第一家保险科技公司。

　　1.加速探索医疗健康服务

　　水滴公司由前美团创始团队成员沈鹏在 2016 年创立，以"用互联网科技助推广大人民群众有保可医，保障亿万家庭"为使命。

　　此前，有消息称水滴公司最新的估值为 40 亿~60 亿美元。瑞士再保险集团是全球最大的人寿与健康险再保险公司，在中国曾投资新华保险、平安好医生、太平洋保险等公司。瑞士再保险集团表示，中国是瑞士再保险集团具有战略意义的重要市场。此轮融资之后，水滴公司将进一步投资于 AI、大数据等科技在业务中的应用，利用互联网和科技为用户提供更多更高效的保险保障服务，也将围绕用户需求加速探索医疗健康等服务。

　　在融资信息披露前夕，水滴公司对外宣布原优信集团联合创始人兼 CTO 邱慧已于近期加入公司，担任合伙人和 CTO 一职，将带领团队，加大 AI 和大数据在保险保障和大健康生态领域的投入。

　　2.打造中国版联合健康集团

　　根据瑞士再保险瑞再研究院的预测，到 2025 年，中国线上健康险市场将以每年平均

43%的增速增长。水滴公司是中国领先的保险科技平台，在互联网健康险、医疗险销售中保持了领先地位。

沈鹏表示，新一轮融资将进一步投资于AI、大数据等科技在业务中的应用，利用互联网和科技为用户提供更多更高效的保险保障服务，也将围绕用户需求加速探索可以和健康险相结合的医疗（在线问诊、重疾绿通、海外就医、意外救援、重疾护理）、健康（体检、基因检测、癌症筛查）服务，打造中国版的联合健康集团。

同时，水滴还在数月前启动了一项探索"险+药"模式的新项目，暂定名为"水滴好药付"，面向健康体和带病体人群提供药品福利服务，旨在利用商业保险整合支付方和药企，让老百姓支付更少的费用享受到更好的药品和诊疗服务。有数据显示，到2035年中国健康产业将达到百万亿的市场规模，未来3~5年水滴将会成为一家围绕保险保障与大健康开展的生态公司。沈鹏说："我们很幸运处在一个巨量规模的市场，水滴将坚持以用户为中心，做用户的全流程全生命周期的保险保障产品和健康服务。"

3.投入20亿元发力保险科技新基建

水滴保险商城总经理杨光介绍，未来三年将投入超过20亿元发力保险科技新基建，"随着保险业务线上化程度不断提升，对保险科技基础设施提出了新的要求，势必会带动新一轮基础设施的升级和再造"。

杨光介绍，水滴保险商城与60多家保司进行了合作，在场景营销、线上获客、风险控制、渠道拓展、智能服务等方面积累了大量案例和经验，已经向合作伙伴输出服务、系统、AI等核心能力，达到"三升三降"的成效，即服务能力、流量转化、保费产出的提升，以及获客成本、运维成本和人力投入的下降。同时，杨光宣布水滴保险商城开放平台正式升级为2.0版，不仅对接保险公司，同时向医疗机构、健康管理机构以及第三方机构开放，提供营销、运营、服务、数据等全方位支持。

截至目前，水滴保险商城开放平台已经与数十家保险公司和300多家机构展开深度合作，共同构建健康保险保障生态。

资料来源：李路飞. 2020年创业投融资经典案例18讲［EB/OL］.［2020-08-22］. https://www.zhihu.com/column/c_1270493613928652800.

创业就是一个发掘和整合资源的过程，资金是众多创业资源中的一项重要资源，是创业项目得以顺利开展的重要保障。对于刚刚起步的青年创业者尤其是大学生创业者而言，创业资金的匮乏是制约其创业项目发展的一个重要因素。但是，在创业投资界并不缺乏投资创业者的资金。他们手里掌握着大量资金，却苦于找不到值得投资的优质项目。而一个精心策划、有强大市场前景和盈利能力的创业项目，从来不会缺乏创业资金。因此，决定创业能否成功的核心要素并不是创业资金，而是创业项目本身。当然，创业资金的获取也是必不可少的。那么，如何才能获取创业资金开展创业项目呢？

创业不是一次偶尔为之的即兴行为，而是从创业动机产生、创业机会识别、创业组织设立、企业成长到创业收获的整个过程。这个过程离不开资金的支持。资金是初创企业创立、发展与壮大所必备的战略资源之一，任何一个创业者都必须站在战略制高点来理解资金对创业的战略意义，并扎实做好创业融资工作，这样才能促进创业活动顺利开展。创业过程是一个整合资源进行创新的过程，如果缺乏资金等关键资源的支持，任何优秀的项目或好的市场机会都难以把握，最终导致创业的失败。从创业之初到创业成功一般会经历一段较长的时间，在这个过程中存在较多的不确定性，需要有相应资金的支持。而创业者个人或团队所拥有的资源有限，难以支撑创业的顺利开展，因此，更需要持续不断地融资，以保证一定的资金规模。总之，资金是初创企业的基本构成要素之一，融资是创业者的一个重要工作内容，融资规模与融资结构都会影响创业的结果。

第一节　创业融资概述

一、创业融资的概念

《新帕尔格雷夫经济学大辞典》对融资的解释是：融资是指为支付超过现金的购货款而采取的货币交易手段，或为取得资产而集资所采取的货币手段。从狭义上讲，融资即一个企业的资金筹集行为与过程，也就是说，是指企业根据自身的生产经营状况、资金状况以及企业未来经营发展的需要，通过科学的预测和决策，采用一定的方式，从一定的渠道，向企业的投资者和债权人筹集资金，组织资金的供应，以保证企业的正常生产和经营管理需要的理财行为。企业筹集资金的动机应该遵循一定的原则，通过一定的渠道，以一定的方式进行。广义上讲，融资也称金融，就是货币资金的融通。

这里讲的创业融资是狭义的融资，是指创业者为了将某种创意转化为商业现实，通过不同渠道，采用不同方式筹集资金，以建立企业的过程。创业者应该根据初创企业在不同发展阶段的资本需求特征，结合创业计划和企业发展战略，合理确定资本结构以及资本需求数量。

二、创业融资的过程

（一）融资准备

创业融资不只是一个技术问题，也是一个社会问题，创业融资前要做好相应的准备工作。

首先，要建立良好的个人信用。市场经济是一种信用经济。信用对国家、企业、个人都是一种珍贵的资源。在创业融资中，信用具有很重要的作用。人都生活在一定的社群中，创业者也不例外。创业者因为具有创业精神和创新意识，在思维方法和行为方式上会有不同之处，显示出异质性人才资本的特征。但信任是一种市场规则，谁若违背了，则该信息就会在社群内通过口碑传播。而创业者最初的融资往往来自亲人、朋友和同事，如果口碑太差，信任度太低，融资难度会加大。个人信用不是在创业融资时速成的，需要创业者平时注重自己的道德修养，培养良好的信用意识。

其次，良好的人际关系对于获取创业资源至关重要。创业者的关系网络形成了初创企业的社会资本。企业社会资本是指企业通过社会关系获取稀缺资源并由此获益的能力。研究表明，创业者的人际关系对创业融资和创业绩效有直接的促进作用。不应该把人际关系等同于所谓的"拉关系""走关系"等寻租行为，而是基于正常的社会经历所建立的，如师生、同学、朋友、同事等人际关系，这些关系在创业过程中会带来有用的信息和资源。

（二）融资估算

每个创业者在融资前都要明确资本需求量，换言之，资本需求量的估算是融资的基础。对于创业者来说，首先要清楚创业所需资本的用途。任何企业的经营都需要一定的资产，资产以各种形式存在，包括现金、原材料、产品、设备、厂房等。创业所筹集的资金就是用来购买企业经营所需的这些资产，同时还要有足够的资金来支付企业的运营开支，如员工工资、水电费等。从资本的形式来看，可以分为固定资本和运营资本。固定资本包括用于购买设备、建造厂房等固定资产的资本，这些资本被长期占用，要考虑资本的长期性；运营资本用于购买材料、支付工资等日常开销，这些资本短期内可以回收，可以考虑用短期资金解决。初创企业还需要立足市场调查，对营业收入、营业成本和利润进行估算。创业企业的成长面临着各种问题。在成长阶段，单靠初始启动资本和企业的盈利不能满足企业的成长需求，还要从外部筹集发展资金。

融资需求量的估算不是一个简单的财务测算问题，而是将现实与未来综合考虑的决策过程，需要在财务数据的基础上，全面考察企业经营环境、市场状况、企业战略等内外部资源条件。

（三）寻找资金来源

估算出融资需求量，接下来就是确定资金来源，也就是融资的渠道和对象。此时，创业者需要对自己的人际关系进行详尽的排查，初步确定可以成为资金来源的各种关系。同时，需要收集各方面的信息，以获取包括银行、政府、担保机构、风险投资机构等能提供资金支持的机构的信息，也包括政府新出台的一些创业资金的支持政策、各种创业空间、创业孵化园等信息，从多方面入手寻找和筛选融资来源和对象。创业者还需要对企业的股权、债权、经营权的比例进行慎重的思考和安排。

（四）融资项目展示

选择一般性融资渠道进行融资，例如自有资金、亲友融资、银行贷款、政府基金等渠道，创业者只需要进行游说和按照机构要求提供并填写相应资料。但是，天使投资和创业投资与上述融资方式有所不同，除了需要提交完整的创业项目计划书外，还需要创业者与投资者有深入的接触。创业者通过对创业项目的充分展示，使投资者充分认识到创业项目的市场潜力和可盈利性，获得投资者的认可，才有可能获得投资者的投资。

因此，对于创业者来说，花时间去好好准备一份完整的创业项目计划书和融资PPT是非常重要的。这不仅能够帮助创业者争取投资，还可以让其明确自己的战略与发展计划，也能让创业团队得到一次集体亮相的机会，为培训新员工提供素材，为未来的融资打下基础。

（五）融资决策

融资决策是指为筹集经营所需资金制订的最佳融资方案。融资决策是每个企业都会面临的问题，也是企业生存和发展的关键问题之一。融资决策需要考虑众多因素，如融资渠道的选择、融资方式的确定、股权和债权出让的比例等，这些因素直接影响着企业的后续经营和长远发展。因此，融资方案的确定对企业的生存和发展至关重要。

第二节　　　　创业融资估算

企业在经营过程的各个阶段都会涉及融资问题，但是在不同阶段，企业融资的目的和方式有所不同，越是在企业经营后期，融资问题将会越复杂。本部分主要介绍企业成立初期所需资金量的估算。通常在企业成立初期，所需估算的资金主要包括注册登记费用、启动资金、成本利润、融资资金需求量等。

一、注册登记费用

企业经营的前提是注册和登记新企业。注册新企业有其标准流程，在注册和登记过程中需要支付一定的费用，主要包括注册资本（企业全体股东认缴出资额的总和）和注册过程中的相关手续费，具体要求可以到市场监管部门进行详细咨询。自2014年3月1日起实施的《中华人民共和国公司法》规定，对企业注册资本实施认缴登记制，取消了最低注册资本的限制，放宽了企业注册资本登记的条件，简化了登记事项和登记文件，并且利用网络平台的优势，为创业者节省了时间，同时减少了验资审核等相关费用，为创业者提供了更多的便利。

二、启动资金

企业注册完成后开始正常的经营活动，就会发生各种费用支出，这些支出称为企业开办费用或启动资金。按照资金的用途，启动资金可以分为两大类，即固定资产投资和流动资金。

1.固定资产投资

固定资产投资主要包括经营场地费用（企业用地和建筑费用）、设备费用（如企业所需的机器、工具、工作设施、车辆、办公家具等）、开办费（注册费、验资费、市场调查费、办公费、装潢装修费、技术转让费、加盟费、金额较大的培训费等）。一般来说，固定资产价值较高、使用时间较长，通过计提折旧逐步分摊到今后的经营成本费用中，逐步回收。

2.流动资金

流动资金也称运营资金，是指保证企业经营活动正常运转所需支出的资金。流动资金主要包括原材料和商品存货、促销费用、工资、租金、保险费用（如社会保险和商业保险）、其他费用（包括水电燃气费、办公用品费、交通费、电话费等）、不可预见费用（如罚款、物品被盗窃或丢失造成的损失等）等。

初创企业启动资金的估算可通过编制现金流量计划进行。首先，按照用途将所有支出项目归类为"固定资产投资"和"流动资金"。然后，将各大类下的所有支出项目逐一列出。关于流动资金的估算，首先，需要将流动资金包含的各项目内容逐一罗列出来。其次，预估销售利润实现的时间，至少要预留3个月的周转期。如果经估算至少需要6个月企业才能产生销售利润，那么，企业需要将月度流动资金乘以6进行资金估算。具体操作见表7-1。

表7-1　　　　　　　　　　　　**初创企业启动资金估算表**

启动资金	具体项目内容	估算方法
固定资产投资	经营场地费用（企业用地和建筑费用）	根据市场调查估算
	设备费用（机器、工具、工作设施、车辆、办公家具等）	根据市场调查估算
	开办费	根据市场调查估算

续表

启动资金	具体项目内容	估算方法
流动资金	原材料和商品存货	原材料和商品存货价款×6
	促销费用	促销（广告、有奖销售、上门推销、互动表演等）×6
	工资（业主、员工工资）	（业主、员工）每月工资总额×6
	租金（企业用地用房租金）	月租金×6
	保险费用	全年
	其他费用（水电燃气费、电话费、交通费、办公用品费等）	其他费用（水电燃气费、办公用品费、交通费、电话费等）×6
	不可预见费用	预留充足

三、成本利润

利润是企业一段时间内经营成果的展现。企业利润表主要依据"利润=收入－成本"的会计等式进行计算，按营业利润、利润总额、净利润的顺序编制而成，是张动态报表。初创企业收入的估算是制订财务计划与编制预计财务表的基础。在进行营业收入估算时，创业者应立足于对市场的研究和对行业营业状况的分析，根据其试销经验和市场调查资料，利用征询推销人员意见、向专家咨询、时间序列分析等方法，以预测的业务量和市场售价为基础，估计每个会计期间的营业收入。创业者在编制利润估算表时，应根据估算营业收入时预计的业务量对营业成本进行估算，根据拟采用的营销组合对销售费用进行估算，根据行业的税费标准对可能发生的税费进行估算，以此计算初创企业每个会计期间的预计利润。对营业收入、成本和利润的估算分别见表7-2至表7-4。

表7-2　　　　　　　　　　　　　　　　**营业收入估算表**

项目		1	2	3	4	…	合计	预测方法
产品一	销售数量							根据市场调查估算
	平均单价							根据市场调查和原料成本估算
	销售收入							销售数量×平均单价
产品二	销售数量							根据市场调查估算
	平均单价							根据市场调查和原料成本估算
	销售收入							销售数量×平均单价
⋮	⋮							⋮
合　计	销售收入							产品一销售收入+产品二销售收入+…

表7-3 **成本估算表**

项目		1	2	3	4	…	合计	预测方法
产品一	销售数量							根据市场调查估算
	单位成本							根据原料成本估计
	销售成本							销售数量×单位成本
产品二	销售数量							根据市场调查估算
	单位成本							根据原料成本估计
	销售成本							销售数量×单位成本
⋮	⋮							⋮
合 计	销售成本							产品一销售成本+产品二销售成本+…

表7-4 **利润估算表**

项目	1	2	3	4	…	合计	预测方法
一、营业收入							根据表7-2预测销售收入
减：营业成本							根据表7-3预测销售成本
税金及附加							根据行业的税费标准对税金及附加费用进行估算
销售费用							根据拟采用的营销组合对销售费用进行估算
管理费用							根据企业规模和战略对企业经营的管理费用进行估算
财务费用							根据预计采用的融资渠道和融资成本对财务费用进行估算
二、营业利润（损失以"-"号填列）							营业收入-营业成本-税金及附加-销售费用-管理费用-财务费用
加：营业外收入							与企业生产经营活动没有直接关系的各种收入，如非流动资产处置收入、政府补贴等
减：营业外支出							与企业日常生产经营活动无直接关系的各项损失，如非流动资产处置损失、公益性捐赠、罚款等
三、利润总额（损失以"-"号填列）							营业利润+营业外收入-营业外支出
减：所得税费用							根据行业的税费标准对所得税进行估算
四、净利润（损失以"-"号填列）							利润总额-所得税费用

由于初创企业在起步阶段业务不稳定，在市场上默默无闻，营业收入和推动营业收入增长所付出的成本之间一般不成比例变化。对创业初期的营业收入、营业成本和各项费用的估算应按月进行，并按期预估企业的利润状况。一般来说，在企业实现收支平衡之前，企业的利润估算表均应按月编制；达到收支平衡之后，可以按季、半年或者按年度来编制。

四、融资资金需求量

根据开办企业所需投入的资金和企业的营业收入、营业成本及利润，结合市场状况，对企业的发展规划进行预测，从而确定企业融资资金的需求量。我国税法对不同类型的企业有不同的规定，在进行融资预测时，要结合企业自身情况及法律具体规定来综合估算融资资金需求量。

第三节　　　创业融资渠道

融资渠道是指协助企业获取资金来源的方向与通道。了解融资渠道的种类、特点和适用性，有利于创业者充分利用和开拓融资渠道，从而实现各种融资渠道的合理组合，筹集所需资金。

创业融资渠道按照融资对象不同可以分为私人资本融资、机构资金融资和其他社会融资。私人资本融资主要包括创业者自有资金投入、向亲朋好友融资、天使投资；机构资金融资是指企业向相关机构融资，主要包括银行贷款、商业信用融资、融资租赁、创业投资等；其他社会融资是指针对创业企业的各种扶持基金和优惠政策，主要包括政府专项基金、财政补贴、贷款援助、税收优惠等。

一、私人资本融资

由于企业创建初期风险较高、不确定性较大，很难获得金融机构的关注及青睐。世界银行的一项调查表明，我国私营中小企业创业初期的资金90%以上是由创业者及创业团队的家庭和亲友提供的。私人资本是创业初期的主要融资渠道。

（一）自有资金投入

尽管有些创业者没有个人投资就办起了新企业，但这种情况非常少。从资金成本的角度来说，个人资金成本最为低廉。另外，创业者在试图引入外部资金时，外部投资者一般会要求企业必须有创业者的个人资金投入其中。创业者自有资金是创业融资最根本的渠道，几乎所有创业者都向自己新创办的企业投入了个人积蓄。

创业者个人资金的投入对于初创企业来说具有非常重要的意义。创业者个人资金的投入表明了创业者对项目前景充满信心，愿意以自己的金钱和时间来承担初创企业的风险。创业者向企业投入个人积蓄，是创业者长期对企业尽心尽力付出时间和精力的有效保障。创业者个人积蓄的投入是对债权人债权的保障，由于在企业破产清算时，债权人的权益优于投资者的权益，所以，企业能够筹集到的债务资金一般以投资者的投入为限。创业者前期向初创企业投入的资金越多，最终获取创业投资的分红也会越多，对企业的控制权也越大。因此，准备创业的人应从自我做起，尽早有意识地进行储蓄，以作为创业资金。

（二）向亲朋好友融资

向亲朋好友融资也是初创企业比较常见的融资渠道。亲友融资是建立在亲情和友情的基础之上的，而不是单纯为了获得高额利润回报。

在向亲友融资时，创业者必须用现代市场经济的规则、契约原则和法律形式来规范融资行为，保障各方利益，减少不必要的纠纷。首先，创业者一定要明确所筹集资金的性质，据此确定彼此的权利和义务。若筹集的资金属于亲友对企业的投资，则属于股权融资的范畴，双方共同承担企业经营风险，享有企业经营利润；若资金是从亲友处获得的借款，则需以书面形式明确借款金额和偿还日期等内容。其次，无论是从亲友处借款还是获取投资，创业者都应通过书面形式将相应权责确定下来，以避免将来可能发生的矛盾。创业者在向亲友融资之前，要仔细考虑这一行为对亲友关系的影响，尤其是创业失败无力偿还亲友投资等问题。要将日后可能产生的有利和不利方面都告诉亲友，尤其是创业风险，以便将来出现问题时将对亲友的不利影响降到最低。

（三）天使投资

天使投资主要是指由自由投资者或非正式机构对有创意、有市场潜力的创业项目或小型初创企业所进行的一次性前期投资。天使投资介入初创企业的时间较早，一般在企业的种子期和初创期。

"天使投资"一词起源于美国百老汇，原指为公益汇演提供资助的富人，人们称之为"天使"。后来这一称谓被经济领域引入，指那些资金雄厚的人士在企业经营早期对一些具有发展前景的初创企业提供资金支持的行为。"天使"在投资过程中，既体验了创业的乐趣，同时还有可能获得丰厚的投资回报。

早期的天使投资人一般都是资金雄厚的创业成功人士、企业高层管理人员、经验丰富的行业专家、高校科研机构专业人士等个体投资者。随着经济的发展和风险投资业的兴起，目前也有一些投资机构专门从事天使投资业务，如真格基金、险峰华兴、天使湾创投、梅花天使创投等。所以说，现在的天使投资既可以是个人投资行为，也可以是机构投资行为。

天使投资的融资程序简单，融资效率高，资金投放方式多样。天使投资人对初创企业不但可以提供资金支持，还可以提供专业知识指导和社会资源的引进等方面的支持。天使资金通常以股权的方式注入公司，初创企业一旦创业成功，其投资回报率会非常高。

【小案例7-1】1976年1月，史蒂夫·沃兹尼克（Steve Wozniak）和史蒂夫·乔布斯以自己研发的计算机主板Apple I为产品，在一家车库创建了苹果公司。公司启动所需的资金来自两位创始人：沃兹尼克，他以500美元的价格卖掉了心爱的HP-65可编程计算器；乔布斯，他以500美元的价格卖掉了自己的大众汽车。Apple I计算机主板很快有了买主——全美第一家计算机零售连锁店字节商店（Byte Shops）决定以每块500美元的价格购买50块苹果电路板。

但是对于新创公司而言，资金还是一个问题，于是乔布斯去找了风险投资家唐·瓦伦丁（Don Valentine）。乔布斯一天好几个电话的纠缠使瓦伦丁不堪其扰，于是瓦伦丁说："小伙子，我投资没问题，但你得先找一个市场营销方面的专家，你们两个人谁都不懂市场，对未来的市场规模也没有一个明确的概念，这样无法开拓更广阔的市场。"

瓦伦丁建议乔布斯去找因投资英特尔而成名和发家的迈克·马克库拉（Mike Markku-la）。马克库拉一下子就喜欢上了苹果，他不但加入了苹果，还成为公司初期的天使投资人，不仅自己投入9.2万美元，还筹集到69万美元，外加由他担保从银行获得的25万美元贷款，总额达100多万美元。他相信这家公司会在5年内跻身世界500强。1980年12月12日，苹果公司上市，马克库拉的身家达到2.03亿美元，9.2万美元的天使投资增值达2 200倍。

资料来源：佚名.他是第一个"吃"苹果的人，也是苹果公司最大的功臣[EB/OL].[2020-07-17].https://www.jianshu.com/p/44f87a1901eb.

二、机构资金融资

随着创业企业进入发展期和成熟期，许多前景明朗的企业会逐步吸引越来越多的投资机构注入资金。初创企业的机构资金融资渠道主要包括银行贷款、商业信用融资、融资租赁和创业投资等。

（一）银行贷款

银行贷款是指企业通过银行来筹集资金，它是初创企业的重要资金来源。银行贷款是企业根据借款合同向银行（或其他金融机构）借入的需要还本付息的款项。银行贷款通常以风险最小化为原则，因此会要求企业提供可抵押资产，对于进入发展期或成熟期的企业，这种融资方式具有较强的适用性。

银行贷款按有无担保可分为信用贷款和担保贷款。信用贷款是指银行依据对借款人的信任而发放的贷款，借款人无须向银行提供抵押物；担保贷款是指以担保人的信用为担保而发放的贷款。

创业者在向银行申请贷款时，并非仅仅与银行打交道，往往还需要与市场监管、税务、中介机构等部门进行接洽，手续较为烦琐，所需时间较长。

（二）商业信用融资

初创企业步入正常运营之后，逐步开发并拥有了自己的客户和供应商，通过商品交易过程中以延期付款或预收货款等方式进行购销活动而形成资金的借贷关系。商业信用融资是初创企业常见的融资方式，主要有以下几种形式：应付账款、商业汇票、票据贴现和预收货款。商业信用融资可以帮助企业在资金缺乏时彼此帮助、渡过难关。

（三）融资租赁

融资租赁是一种以融资为直接目的的信用方式，是指出租人根据承租人对租赁物的特定要求和供货商的选择，出资向供货商购买租赁物，并租给承租人使用，承租人分期向出租人支付租金。在租赁期内，租赁物的所有权属于出租人，承租人拥有租赁物的使用权；租赁期满，租金支付完毕，租赁物归出租人所有，但承租人有优先购买权。

融资租赁实质上是一种融资方式，它将融资和融物集于一体。融资租赁对租赁企业的资质信用和担保要求不高，对于需要购买大件设备的初创企业及中小企业非常适用。企业不用支付高额费用购买设备而改为租赁，将固定投入转变为流动投入，可盘活企业运营资金，减小企业资金压力。应注意的是在融资租赁时，初创企业一定要选择资金实力强、信誉良好的租赁公司进行合作。

【小案例7-2】四川某机床集团有限公司（以下简称"承租人"）是一家从事加工中心、数控机床、大型数控专用加工设备和普通铣床的开发、生产和销售的数控制造公司，其数控机床在国内市场占有率为8%，普通产品国内占有率为35%。

租赁公司经调查发现，承租人所拥有的数控机床设备属于典型的独立、可移动且二手设备市场成熟的通用设备，适合运用融资租赁中的售后回租方式进行融资。企业本身资产雄厚，产品销售额位于行业前列，有较强的盈利能力，其集团规模实力可抵消大部分风险。因此，在租赁公司不需要承租人提供任何抵押物的前提下，双方确定了融资租赁方案：由承租人提供价值2 880万元的设备用作售后回租，融资2 000万元。租赁期内，设备所有权属于租赁公司，承租人使用该设备，按季向租赁公司支付租金；3年后租赁期满，设备所有权以残值1 000万元转移给承租人。

很多企业都不同程度地存在一些闲置资产，如设备、厂房等，这些资产的闲置不仅不能产生经济效益，而且占用了大量资金，势必会造成企业流动资金不足。为了盘活这部分资产，可以通过融资租赁公司采取售后回租的方式进行。

资料来源：佚名.融资租赁案例精选：大型设施/机器设备融资租赁案例[EB/OL].[2020-05-08].http：//zulinlaw.ailawai.com/html/detail/614/cid/89.html.

（四）创业投资

创业投资（venture capital）也称风险投资，是指向不成熟的初创企业提供资金支持，并为其提供管理和经营服务，获取初创企业股权，以期望企业发展到相对成熟后，通过股权转让收取高额中长期收益的投资行为。

创业投资的经营方针是在高风险中追求高回报，特别强调初创企业的高成长性，其投资对象是那些不具备上市资格的处于起步和发展阶段的企业，其投资目的是希望取得企业的少部分股权，通过资金和管理等方面的援助促进初创企业发展，使资本增值。一旦企业发展起来，股票可以上市，风险投资家便通过在股票市场出售股票获取高额回报。天使投资是创业投资的一种形式，多是个人投资者利用个人资金的投资行为，现在也有投资机构从事天使投资业务，二者的投资和获利方式基本相同。天使投资相较于一般创业投资而言，介入企业的时间更早一些，投资规模较小，决策速度快，承担风险较大。创业投资机构所选择的投资项目主要集中在高新技术产业，项目具有高成长性、发展速度快、高风险、高回报等特点。

三、其他社会融资

（一）科技型中小企业技术创新基金

科技型中小企业技术创新基金（以下简称"创新基金"）是于1999年经国务院批准设立的，用于支持科技型中小企业技术创新项目的政府专项基金，由科学技术部科技型中小企业技术创新基金管理中心实施。创新基金重点支持产业化初期（种子期和初创期）、技术含量高、市场前景好、风险较大、商业性资金进入条件尚不具备，最需要政府支持的科技型中小企业项目，并将为其进入产业化扩张和商业性资本的介入起铺垫和引导作用。根据中小企业和项目的不同特点，创新基金通过无偿拨款、贷款贴息和资本投入等方式扶持和引导科技型中小企业的技术创新活动，促进科技成果的转化。

（二）中小企业国际市场开拓资金

中小企业国际市场开拓资金是由中央财政和地方财政共同安排的专门用于支持中小企业开拓国际市场的专项资金。市场开拓资金用于支持中小企业和为中小企业服务的企业、社会团体和事业单位组织中小企业开拓国际市场的活动。该资金的主要支持内容包括：举办或参加境外展览会；质量管理体系、环境管理体系、软件出口企业和各类产品的认证；国际市场宣传推介；开拓新兴市场；组织培训与研讨会；境外投标等。市场开拓资金支持比例原则上不超过支持项目所需金额的50%，对西部地区的中小企业以及符合条件的市场开拓活动，支持比例可提高到70%。

（三）大学生创业优惠政策

自我国推行"大众创业、万众创新"以来，国家和地方对大学生创业在各个方面提出了大量的扶持政策。2014—2017年，在全国范围内实施大学生创业引领计划，扶持和帮助大学生创业。各地采取保障措施，确保符合条件的高校毕业生得到创业指导、创业培训、工商登记、融资服务、税收优惠、场地扶持等各项服务和优惠政策。各地的公共就业人才服务机构要为自主创业的高校毕业生做好人事代理、档案保管、社会保险办理和接续、职称评定、权益保障等服务。同时，鼓励各地充分利用现有资源建设大学创业园、创业孵化基地和小企业基地，为高校毕业生提供创业经营场所支持。各银行金融机构要积极探索和开发符合高校毕业生创业实际需求的金融产品和服务，本着风险可控和方便高校毕业生享受政策的原则，降低贷款门槛，优化贷款审批流程，提升贷款审批效率，多途径为高校毕业生解决担保难的问题，切实落实银行贷款和财政贴息。

（四）众筹平台融资

众筹（crowdfunding）的兴起源于美国网站Kickstarter。该网站通过搭建网络平台面向公众筹资，让有创造力的人有机会获得他们所需要的资金，以使他们的梦想有可能实现。这种模式的兴起打破了传统的融资模式，每个普通人都可以通过众筹模式获得从事某项创作或活动的资金，这使得融资的来源不再局限于风投等机构，还可以是大众。

众筹是通过"团购+预购"的形式向网友募集项目资金的模式。众筹利用互联网和SNS（即社会性网络服务）传播的特性，让小企业、艺术家或个人向公众展示他们的创意，争取人们的关注和支持，进而获得所需要的资金援助。众筹由发起人、跟投人、平台构成，具有低门槛、多样性、依靠大众力量、注重创意等特征。民众募资被用来支持各种活动，包含灾后重建、竞选活动、创业募资、艺术创作、设计发明、科学研究以及公益慈善等。

众筹最初是艰难奋斗的艺术家们为创作筹措资金的手段，现已演变成初创企业和个人为自己的项目争取资金的一个渠道。众筹网站使任何有创意的人都能够向几乎完全陌生的人筹集资金，消除了向传统投资者和机构融资的许多障碍。众筹融资也要遵循一定规则，如：筹资项目必须在发起人预设的时间内达到或超过目标金额才算成功；在预设天数内，达到或者超过目标金额，项目即成功，发起人即可获得资金；筹资项目完成后，支持者将得到发起人预先承诺的回报，回报方式可以是实物，也可以是服务。如果项目筹资失败，那么已获资金全部退还支持者；众筹不是捐款，支持者的所有支持一定要设定相应的回报。

第四节　　融资项目展示

除风险投资和天使投资以外，一般情况下不需要进行融资项目展示。自有资金只需对创业项目有足够的信心，相信创业项目的市场前景和盈利能力就可以；而亲友融资主要考验的是亲情和友情的积淀，更多的是对感情的投资而非对创业项目的投资；银行贷款、商业信用融资、融资租赁和其他社会融资行为都有着既定的流程，只需按照规定及时提交所需材料即可。这些融资方式并不需要创业者向投资者或债权人进行创业项目展示。风险投资和天使投资则需要创业者与投资者深入接触，只有充分展示创业项目的市场前景和盈利能力，才有可能赢得风险投资。本节主要对创业者面对投资者时如何展示创业项目进行介绍。

一、项目展示要点

了解你的听众是进行良好沟通的关键。作为一个创业者，你可能需要面对多样化的听众：用户、合作者、员工以及投资者。虽然你可以在面对不同的听众时重复介绍一些内容，但是当你面对投资者的时候，最好花时间认真准备自己的演讲稿，确保它的内容所反映的是投资者所关心的。简而言之，就是要解答投资者关于"这家公司在未来会更值钱吗？"的疑惑。

初创企业居高不下的失败率使得对它们进行投资需要面对固有风险：大多数投资者会失去他们投入初创企业的部分或者全部资金。因为初创企业的高失败率以及投出的资金缺乏流动性，对于投资者来说，最好的投资就是在收回资金时取得10倍或者更多的增值，以弥补投资者在其他失败的企业那里的亏损。没有投资者能够清楚地知道哪一笔投资会成为资本市场中的大赢家，因此他们必须保证自己投出的每一笔钱都具备在短时间内能够增值数倍的潜力。那么，能让投资资金增值10倍的企业具备哪些特点呢？下面将逐一介绍。

1.巨大的市场

单独一家企业的规模不可能大于其所处的市场，所以投资者更倾向于投资那些身处巨大的市场中、有可能带来数百倍回报的初创企业。这里的"市场"有可能是一个亟待开发的新兴市场，或者是创业者作为一个新人进入一个已有的巨大市场。

2.成为市场中的赢家

这意味着创业者需要一支有战斗力的队伍，能够在激烈的竞争中脱颖而出。创业者需要展示自己的团队在执行力方面表现良好的记录，还需要在融资演讲稿中体现团队的凝聚力以及团队技能组成的多样化，还要表现出团队准备独立承担一个大型商业项目的决心。

3.把握发展潮流

能够把握发展潮流的初创企业才能在这个过程中发展壮大。当前最好的商业创意有可能出现在创业者面前，但是这种机会非常稀少。对于在融资演讲稿中展示的新的商业创意，创业者需要告诉潜在投资者"为什么现在正是时机？"同时，合适的商业模式能够让创业者获取用户、赚取利润、迅速扩张。

4.竞争的差异化

创业者需要向投资者表明，自己的企业可以进行可持续的差异化竞争。所有大型市场都会吸引众多竞争者，因此产品价格会备受压力。一个初创企业需要清楚自身如何在长期的发展中确立竞争优势。是建立强有力的网络效应，还是发展难以复制的尖端技术？或者只是简单、直接地在各个方面都比其他竞争者表现得更为优秀？

5.发展势头良好

投资者想要看到能够证明初创企业将持续发展的尽可能多的证据,这就意味着初创企业在团队、产品、目标用户以及收入方面都需要有良好的表现。这些表现不仅能吸引投资者进行投资,还可以进一步证明创业团队能够很好地完成工作任务。投资者将其作为创业者能够建立起一家伟大公司的证据。

同时,创业者也应该对这些业务指标进行思考。如果想要企业成功,就应该和投资者一样对这些指标斤斤计较。

二、融资演讲稿

了解一家初创企业,没有比阅读其创始人准备的融资演讲稿更好的办法了。融资演讲稿综合了一个公司过去的成果、现阶段状况以及未来愿景等内容。好的公司都能够自豪地将这些要素放在演讲稿中,讲出一个精彩的故事,用最吸引人的方式让听众了解公司团队正在致力去做的事情。融资演讲稿没有什么模板,但是可以总结出一些适用于大多数公司的规律。一份完整的融资演讲稿可做成PPT的形式,其中应该包含以下内容:

1.概述

无论你处于融资的哪一个阶段,也不管你想要获得多少资金,让你的听众迅速理解你的公司正在做些什么都是非常有必要的。概述中不需要包括太多细节,以免抢了正文的风头,但是也不能让投资者在看完了前半部分内容后还是对下列问题充满疑惑:公司开始运行了吗?是否已经发布了产品?除了创业者之外还有其他员工吗?简洁的概述可以帮助投资者打消这些疑虑。

2.你要为哪些人解决什么样的问题

"要针对问题,而不是解决方案",对于进行演说的公司创始人来说永远都是非常好的忠告,尤其是那些急着抛开问题进入技术方案讲解的创业者。多花些时间介绍你要为哪些人群解决什么样的问题,让投资者清楚你是要为用户解决一个新问题,还是使用新的方式解决一个老问题。告诉投资者用户现在是怎样解决问题的,你如何能在这方面做得更好,以及你将为用户带来哪些特别的好处。用户的实例或者图片能够吸引投资者的注意力,例如用户正在使用的旧系统崩溃时的截图,或者引用用户对痛点的描述。

3.你的解决方案

在介绍完上述两部分内容后,就可以隆重地推出自己的产品了。介绍产品的核心功能以及它们为用户解决了哪些问题,向投资者展示用户需要你的产品来解决问题的迫切性。若时间允许,可以现场演示一下产品;若时间不够,可以提供一些添加了注释的截图来说明。如果产品中有一些亮点,可在演讲稿中添加一张产品亮点展示。

在解决方案中,重点应放在能够为用户带来哪些好处以及它们如何产生这种效果上面,而不仅仅是介绍产品本身。能帮助用户节省时间吗?能省钱吗?能创造新的价值吗?明确地告诉投资者你能带给用户什么,以及为什么用户会被它吸引。

4.市场

你的公司不可能比它身处其中的市场还要大,所以需要向投资者解释为什么你的解决方案已经覆盖了相当大的市场规模,以及它在未来还会覆盖更广阔的市场空间。如果你正在打破现有市场格局,还可以援引一些分析师的结论来说明这个市场有多么巨大以及它的增长势头多么迅猛。

但是，大多数情况下，直接告诉投资者你拥有多少用户以及你每次能从用户那里获得多少收入更有效。例如，Airbnb会使用酒店行业的数据、优步会使用交通运输行业的数据作为他们的产品面对巨大的市场的证据。

5.竞争格局

每一个诱人的市场中总会形成一个错综复杂的竞争格局，其中包括了成熟企业中的竞争对手、初创企业的竞争对手、竞争空间以及用户区分。告诉投资者现在市场中的企业有哪些，你会进入谁的市场，以及你如何在竞争中突出差异化。重点放在你的差异化战略上面，不要将该部分内容变成刻板的产品特性的逐条比较。

你可以使用坐标图去对比展示你和你的竞争对手，或者以其他你认为更好的方式去说明。史蒂夫·布兰克（Steve Blank）为创业者在如何表现竞争格局方面提供了一些非常好的建议，他认为应该清楚地说明市场中有哪些竞争对手，但是不要对那些与你的目标完全不同的竞争对手展开非常详尽的横向比较。

6.商业模式

在这一部分中，你会谈及公司的收入模型、产品定价以及你打算如何吸引并且转化用户，可能会涉及以下几个方面：

（1）到目前为止你是如何获取用户的？在未来会有什么改变？

（2）用户通过哪些途径接触到你的产品？你为这些渠道付出了多少成本？

（3）你如何转化用户？转化率是多少？

（4）对于销售和市场方面，你有哪些发展计划？

公司创始人常常不会把阐述的重点放在以上几个方面，他们想要花更多的时间来分析自己的解决方案。但是投资者都明白，在用户获取上面出现问题对于创业公司来说往往是致命的，所以，在融资演讲稿中用几页来谈论你的商业模式是非常必要的。

7.团队

在这一部分中，你应该对团队成员做简要介绍，主要介绍他们的技能与工作背景，并且阐述你的团队中各个成员技能的融合以及他们在团队中担任的角色。这部分内容也可以提前进行介绍，因为你的初创企业没有半路"夭折"，能够坚持下来的很大原因正是在于团队。在与投资者面对面的会谈中，公司创始人可以在自我介绍之后，就把演示的任务交给团队其他成员，这样做是很有帮助的。

8.战略规划

在这一部分中，你需要回答为什么要进行融资，以及未来几年公司的目标是什么。你还要告诉投资者在未来12～24个月中想要取得的关键性突破（产品、收入、新市场等方面），以及你未来的融资计划。阐述这部分内容的时候，应该使用一些高水准的财务模型来描述未来2年内你的公司在收入和支出方面的预期增长，并附上你所期望的用户月增长数量。

9.融资数额

融资演讲稿的内容一般应以你想要筹集到的资金数额作为结尾。

三、项目展示技巧

1.确保融资演讲稿的质量

相对于你的演说技巧，投资者对你的生意更感兴趣。但是，对于所有的创业公司来说，设计精良的融资演讲稿都会是一个好筹码，即使投资者关注的是你的企业，但是多少也会对你准备的材料评判一番。公司向投资者、用户甚至是自己的员工展示的所有材料都需要保证质量，因为它们代表了公司的形象。如果投资者发现你对融资演讲稿这么重要的文件都处理得一塌糊涂，那么他们会怀疑你对公司的形象是否在乎。

2.内容不要太多，也不要过少

你可能听说过融资演讲稿的内容尽量控制在10~15页的建议，但是，别为了控制页数就把你的每一页PPT都塞满大量内容和细节描述。确保在每一页PPT中清晰地表达核心观点，至于细节部分，你还可以在其他地方详细说明。如果你想给投资者留下一份关于公司规划的完整版本，可能还需要准备另一份更为详细的文件。

3.不要只谈产品

产品固然是非常重要的，但是不要只谈论截至目前你们做了哪些产品开发，以及在筹集到资金后你们将会进行更多的产品开发。你的演说重点应该放在为什么你们要开发这些产品上（例如在很大的市场中具有明显的用户需求），然后用你的产品来帮助你证明团队的实力，以及你为什么要把赌注押在你所开发的产品上。

4.不要在挖掘用户方面过于吝啬

很多创业者都会在产品方面大量投入，但是用于挖掘用户的资金却寥寥无几。一般投资者会关注你如何从用户身上获取盈利，以及你为销售与市场工作做了哪些努力。提前准备好这方面的内容，不要等到被投资者问起的时候手忙脚乱。

5.深刻理解竞争格局

不要仅仅以一个表格列出你的主要竞争对手，并吹嘘自己的产品比竞争对手的产品多出哪些功能。你需要对整体竞争格局了然于心，其中包括直接竞争对手、相关市场以及潜在进入者，要对此了解得很透彻。

6.将你所处的市场定位为"大势所趋"

你应该在演说中表现出自己所投身的市场中蕴含着势不可当的时代潮流，还需要向投资者解释为什么对这个市场进行投资是明智之举，即使你的公司还没有正式启动，也不能动摇你对该市场的信心。最好的市场就是将技术进步和经济增长的趋势同时融合其中的市场。你需要在你的发言中旁征博引，向投资者解释为什么你所处的领域将会出现巨头公司。

7.将你的公司定位为"不二之选"

不要在投资者面前表现得过于傲慢无礼，但是也要清楚地认识到即使你的公司没有获得来自某个投资者的投资，公司还是照样能够运行下去。创业者很容易在这方面陷入泥淖。创业者选择投资者就像挑选一个一路同行的搭档，而不是在恳求投资者对其提供帮助。千万不要以"如果我们筹集到了钱"来作为你的商业计划能够实现的前提。虽然你应该对投资人的反馈做出回应，但是也不要对投资者的每句话都过于在意。告诉投资人你会对他的反馈仔细思考，但是不要说："好的，我们会那么做的。"

【小案例7-3】 2015年2月，"三个爸爸"空气净化器团队筹备创业；于3月融资1 000

万美元，之后用了30天时间在京东众筹到了1 100万元，创造了京东众筹的一个纪录。"三个爸爸"的创业者三个爸爸用什么办法快速拿到这么多资金的呢？创始人之一戴赛鹰讲述了这样的一个故事。

我们是2月份想做这个事儿，然后3月份就拿到了1 000万美元的投资。为什么能拿到呢？我去找高荣资本的张震的时候，正好那天北京的空气污染特别严重。我跟他讲，我们要做的是为孩子造一个空气净化器。张震说，你讲的技术方面的东西，我不太懂，也不关心，但是我被你打动了，你知道为什么吗？昨天我把我的老婆和孩子都打发到三亚去了，去躲空气污染。我觉得你这个爸爸想给孩子做净化器，这个点打动了我。我这么理性的人都被你打动了，我想你能打动天下的父亲。

戴赛鹰的团队在创业过程中，通过周围的朋友和几个母婴社区，调查了700多个父母找客户痛点。他们与每个父母都进行了长时间的沟通，最后挖掘到的痛点有65个之多，从中找到12个最重要的痛点，又将它们简化成4个一级痛点，开发产品，吸纳"粉丝"参与。他们甚至像小米一样，吸纳了100个梦想赞助商作为"铁杆粉丝"，而且将他们命名为"偏执狂爸妈"。后来，他们在总结创业经验时，提出了"痛点+尖叫点+爆点"的结论。同时，在互联网经济下，他们熟练地应用了"粉丝"经济、病毒营销等方法，这些都促成了创业的成功。

资料来源：佚名."三个爸爸"30天众筹1 100万元的秘诀［EB/OL］.［2014-03-11］. http: //www.lienew.com/archives/581.html.

第五节　创业融资决策

在进行创业融资决策时，除了考虑不同融资方式的优缺点、融资成本外，还要考虑初创企业所处的生命周期阶段及自身特征，了解采用不同融资方式时应该特别予以关注的问题。

一、融资渠道选择

创业融资需求具有阶段性特征，生命周期不同阶段具有不同的风险特征和资金需求，同时，不同融资渠道能够提供的资金数量和风险程度也不同，因此，创业者在融资时，需要将不同阶段的融资需求和融资渠道进行匹配，提高融资工作的效率，以获得创业所需资金，化解企业融资难题。

在种子期，企业具有高度的不确定性，很难从外部筹集资金，创业者自有资金、亲友款项、天使投资、创业投资以及合作伙伴的投资可能是采用较多的融资渠道；进入启动期之后，创业者还可以采用抵押贷款的方式筹集资金。

企业进入成长期以后，因为已经有了前期的经验基础，发展潜力逐渐显现，资金需求量较以前有所增加，融资渠道也有了更多选择。在早期成长阶段，企业需要常规的现金流用来满足生产经营，创业者多采用股权融资的方式筹集资金，合作伙伴投资、创业投资是常用的融资方式，此时也可以采用抵押贷款、租赁以及商业信用的方式筹集部分生产经营所需资金；在成长期后期，企业的成长性得到充分展现，资产规模不断扩大，产生现金流的能力进一步提高，有能力偿还负债的本息，此时，创业者多采用各种负债的方式筹集资金，获得经营杠杆收益。综上，企业生命周期阶段和融资渠道的对应关系见表7-5。表中深色区域为该阶段采用较多的融资渠道，浅色区域为该阶段也可能会采用的融资渠道。

表7-5　　　　　　　　　　　　　**企业生命周期与融资渠道选择**

融资渠道 ＼ 生命周期	种子期	启动期	成长期	成熟期
自有资金				
亲友款项				
天使投资				
众筹融资				
风险投资				
合作伙伴				
政府基金				
抵押贷款				
融资租赁				
商业信用				

按照企业生命周期的阶段性融资的过程，时下有着各种各样的流行词语，如天使投资、风险投资、私募股权投资、首次公开募股、A轮、B轮、C轮等，这些词语不仅是时下的融资流行词语，也是创投领域的常用词语。为了便于对企业融资过程、融资阶段及融资方式的理解，下面对上述词语进行简单的界定。

1.天使投资

天使投资（angel investment）多指在企业经营初期（种子期），个人出资协助具有专门技术或独特概念的原创项目或小型初创企业进行的一次性前期投资。天使投资者可能是创业者的邻居、家庭成员、朋友、公司伙伴、供货商或任何愿意投资于公司的人士。该阶段企业多处于起步阶段，入不敷出，投资风险较大。

2.风险投资

风险投资（venture capital，VC）是把资本投向蕴含失败风险的高新技术及其产品的研究开发领域，旨在促使高新技术成果尽快商品化、产业化，以取得高资本收益的一种投资。一般在企业种子期后期到企业准备上市之前都可以进行风险投资。风险投资多为机构性投资，有严格的融资流程，投资期限一般在3～5年，投资方式一般为股权投资。

3.私募股权投资

私募股权投资（private equity，PE）是通过私募形式募集资金，对私有企业即非上市企业进行的权益性投资，从而推动非上市企业价值增长，最终通过上市并购、管理层回购、股权置换等方式出售持股套现退出的一种投资行为。私募股权投资的资金来源一般是有风险辨识能力的自然人或承受能力强的机构投资者。私募股权投资一般发生在企业的发展期和成熟期，在企业公开上市之前。

4.首次公开募股

首次公开募股（initial public offerings，IPO）是指一家企业或公司第一次将股份向公众出售；而首次公开发行，是指股份公司首次向社会公众公开招股的发行方式，也就是人们经常说的企业上市。企业上市要经过严格的审核流程，不同国家和地区的上市审批流程也存在差别。

风险投资没有清晰的投资阶段界限，天使投资也是风险投资的一种方式，私募股权投资（PE）也可以说是风险投资的一种方式。因此，风险投资贯穿于企业发展的整个生命周期。从天使投资开始到IPO之前，企业获得的融资的次数被标记为天使轮融资、A轮融资、B轮融资等。企业的实际融资过程是随着企业发展而不断变化的，各阶段和融资方式之间都会有交叉和重叠。

二、融资方式比较

根据资金来源的性质不同，融资可以分为债权性融资和股权性融资两种。

1.债权性融资

债权性融资是借款性质的融资，资金所有人提供资金给资金使用人，然后在约定的时间收回资金（本金）并获得预先约定的固定报酬（利息）。资金所有人不过问企业的经营情况，不承担企业的经营风险，其所获得的利息也不因为企业经营情况的好坏而变化，如上面提到的银行贷款、亲友款项等。

2.股权性融资

股权性融资是投资性质的融资，资金提供人拥有企业的股份，按照提供资金的比例享有企业的控制权，参与企业的重大决策，承担企业的经营风险，一般不能从企业抽回资金，其所获得的报酬根据企业的经营情况而变化，如天使投资、风险投资等。

债权性融资和股权性融资各有优缺点，二者的比较见表7-6。

表7-6　　　　　　　　　**债权性融资和股权性融资优缺点的比较**

融资方式	优点	缺点
债权性融资	创业者保有企业的有效控制权； 创业者独享未来可能的高额回报； 债权方无权过问企业的经营和管理	需要提供抵押或担保； 企业要按时清偿贷款和利息； 企业具有较大资金压力； 企业负债率高，再筹资和经营风险大
股权性融资	无须提供抵押或担保； 投资者同企业共同承担风险； 投资者为企业提供资金以外的资源	创业者失去部分企业控制权； 重大决策需要投资者参与，降低企业决策效率； 上市企业融资时需要披露信息； 投资者参与企业的股份分红

三、融资方式选择

创业活动千差万别，所涉及的行业、初始资源禀赋、面临的风险、预期收益等有较大不同，其所要面对的竞争环境、行业集中度、经营战略等也会不同。因此，不同初创企业选择的资本结构会有所不同。对于高科技产业或具有独特商业价值的企业，经营风险较大，预期收益较高，创业者有良好的相关背景，较多采用股权性融资方式；对于传统企业，经营风险较小，预期收益较容易预测，比较容易获得债权性融资。实践中，初创企业在初始阶段较难满足银行等金融机构的贷款条件，因此较多采用民间融资方式。初创企业的类型、特征和融资方式见表7-7。

表7-7　　　　　　　　　　　　**初创企业的类型、特征和融资方式**

初创企业类型	初创企业特征	融资方式
高风险、预期收益不确定	弱小的现金流 高负债率 低等、中等成长 能力未经证明的管理层	个人积蓄、亲友款项
低风险、预期收益好	一般是传统行业 强大的现金流 低负债率 优秀的管理层 良好的资产负债表	债权性融资
高风险、预期收益较高	独特的商业创意 高成长 利基市场 得到证明的管理层	股权性融资

四、创业融资原则

筹集创业资金时，创业者应在自己能承受的风险的基础上遵循既定的原则，尽可能以较低的成本及时获得足额创业资金。一般来说，创业融资应遵循以下原则：

1.合法性原则

创业融资作为一种经济活动，影响着社会资本及资源的流向和流量，涉及相关经济主体的经济权益，创业者必须遵守国家的有关法律法规，依法依约履行职责，维护相关融资主体的权益，避免非法融资行为的发生。

2.合理性原则

在创业的不同时期，创业资金的需求量不同，能够采用的融资方式可能也不同。创业者应根据创业计划，结合创业企业不同发展阶段的经营策略，运用相应的财务手段，合理预测资金需求量，详细分析资金的筹集渠道，确定合理的资本结构，包括股权资金和债权资金的结构，以及债权资金内部的长短期资金的结构等，为企业持续发展植入"健康的基因"。

3.及时性原则

在市场经济条件下，机会稍纵即逝的特性要求创业者必须能够及时筹集所需资金，将可行的项目付诸实施，并根据初创企业不同阶段的资金需求，使融资和投资在时间上协调一致，避免因资金不足影响生产经营的正常进行，同时也要防止资金过多造成的闲置和浪费，将资金成本控制在合理的范围之内。

4.效益性原则

创办和经营企业的根本目的是获得一定的经济利益，所以，创业者应在进行成本效益分析的基础上决定资金筹集的方式和来源。鉴于投资是决定融资的主要因素，投资收益和融资成本的对比便是创业者在融资之前要做的首要工作。只有投资的报酬率高于融资成本，才能够使创业者实现创业目标；而且投资所需的资金数量决定了融资的数量，对创业项目投资的估计也会影响融资方式和融资成本。因此，创业者应在充分考虑投资效益的基础上，确定最优的融资组合。

5.杠杆性原则

创业者在筹集创业资金时，应选择有资源背景的资金，以便充分利用资金的杠杆效应，在关键时刻为企业发展助力。大多数优秀的风险投资往往在企业特殊时期会与企业家一起将有效的资源进行整合，如选择投行、证券公司，进行IPO路演等，甚至还参与到企业决策中。这种资源是无价的。因此，创业者不能盲目地"拜金"，找到一个有资源背景的基金更有利于企业的持续、快速发展。

【案例分析】

互联网分析师许单单这两年风光无限，从分析师转型成为知名创投平台3W咖啡的创始人。3W咖啡采用的就是众筹模式，向社会公众进行资金募集，每个人10股，每股6 000元，相当于一个人6万。那时正是玩微博最火热的时候，很快3W咖啡汇集了一大帮知名投资人、创业者、企业高级管理人员，其中包括沈南鹏、徐小平、曾李青等数百位知名人士，股东阵容堪称豪华，3W咖啡引爆了中国众筹式创业咖啡在2012年的流行。几乎每个城市都出现了众筹式的3W咖啡。3W很快以创业咖啡为契机，将品牌衍生到了创业孵化器等领域。

3W的游戏规则很简单，不是所有人都可以成为3W的股东，也就是说不是你有6万元就可以参与投资的，股东必须符合一定的条件。3W强调的是互联网创业和投资圈的顶级圈子。而没有人是会为了6万元未来可以带来的分红来投资的，更多是3W给股东的价值回报在于圈子和人脉价值。试想如果投资人在3W中找到了一个好项目，那么多少个6万元就赚回来了。同样，创业者花6万元就可以认识大批同样优秀的创业者和投资人，既有人脉价值，也有学习价值。很多顶级企业家和投资人的智慧不是区区6万元可以买的。

资料来源：佚名.股权众筹成功案例分析［EB/OL］.［2023-10-30］. https://www.si-mutt.com/plus/view-4393.html.

问题：

请结合案例对该创业项目融资方式进行简要分析。

案例分析
要点

【课后思考】

1.结合你对创业项目的思考，如果你为创业项目进行创业融资，会选择哪种融资方式？为什么？

2.查阅资料，列举三种不同方式的众筹融资。

3.通过所学内容，评估你的创业项目是否需要融资。如果需要，融资额大概是多少？

4.依据上面所学内容，制作你的创业融资演讲稿，并准备10分钟的融资项目展示演说。

课后思考
参考答案

【启思明理】

规范市场秩序，科学有序创业

　　商人在签订合约时，都会期望对方信守合约，诚信更是各种商业活动的最佳竞争手段，是市场经济的灵魂，是企业家的一张真正的金质名片。对于企业的发展来说，百术不如一诚。有诚，自然有信，乃为"诚信"。其实，经营企业的最高成本，就是信任匮乏；解决了信任问题，可以说就解决了企业发展的几乎一半的问题。创办和经营企业的根本目的是获得一定的经济利益，在当前的市场经济条件下，机会稍纵即逝的特性要求创业者必须能够及时筹集资金，要具备效率意识和效率观念，懂得抓住机会，提升学习和工作效率，同时也必须具有法治意识和法治观念，自觉遵守法律的同时，又要懂法用法。法治社会是构筑法治国家的基础，法治社会建设是实现国家治理体系和治理能力现代化的重要组成部分。企业在进行融资预测时，要结合自身情况及法律的具体规定来综合估算资金需求量，不能弄虚作假，坑害社会公众利益，扰乱整个市场秩序。与其被媒体曝光后向公众道歉，不如把法治意识贯彻到企业经营的各方面、全流程，依法服务好每个顾客、解决好每个投诉，在新发展阶段，用法治方式塑造企业良好形象，赢得更有前途的未来。我们还应当站在时代前沿观察、思考企业发展问题（如合理利用多渠道融资），以不畏艰险的魄力与开拓进取的创新实践不断为中华民族的伟大复兴添砖加瓦、精业笃行。

实训互动1	实训互动2	实训互动3	实训互动4
梳理现有的创业资源	测算创业资金	小组比赛	如何借到3万元

第八章

创业风险的防范

【政策导读】
　　对于一个初次创业的人来说，风险控制显得尤为重要。创业者作为能够承担风险、敢于创新、整合资源、并在此基础上开展经济活动以获取收益的人，不仅只为获得自身效益，更应当承担社会责任。新时代的创业者应努力成为能带领企业战胜困难、走向更辉煌的未来的企业家，在爱国、创新、诚信、社会责任和国际视野等方面不断提升自己，努力成为新时代构建新发展格局、建设现代化经济体系、推动高质量发展的生力军。

【案例导读】
　　OFO创始人戴威团队的几个核心成员当时都是刚毕业或者在校大学生。有一日，大家聚在一起探讨社团未来的时候，聊起了学校里的一些尴尬事，越来越兴奋，越来越有共鸣。"能不能借助移动互联网通过一种共享自行车的方式，去解决这些校园代步的问题？"大家的头脑风暴让在场的戴威萌生了这样的想法。

　　中国首个校园共享单车平台就在几个年轻人的聊天中逐渐有了清晰的模型。

　　说干就干。在与大家头脑风暴后，戴威随即用了三个月的时间寻找创业伙伴，要懂技术的、要懂产品开发的、要懂运营的、要懂市场的……想要一下子找到合适的人才并非易事，戴威靠着执着的信念和三寸不烂之舌，最终还是打动了十几位热爱自行车又具备一些创业经验的人。OFO共享平台冲破了"生死三个月"后于2015年6月终于创立了。

　　在OFO共享单车整个项目孵化过程中，戴威和团队走遍了北京近20所高校，对学生的出行以及自行车需求进行了详细调研。随后，他们研制了具有自主产权的智能车锁，并购买和回收自行车，进行统一改造。这就是戴威由爱而生的自行车事业，只不过他对自行车进行了"互联网+"升级改造，成为"互联网+自行车"模式，把共享的理念注入这个古老的出行产品上。

　　2015年9月7日，1 000多辆小黄车解锁后，第一天就有了200笔订单，第二天300单，第三天500单……扫码借车的单量一路上扬，到9月中旬，OFO共享单车计划开放第10天的时候，订单一天达到1 500单。按照首次使用预付10元计算，稳定上涨的订单一天可以为OFO带来5 000元收入。10月底，北大单校日均订单4 000笔，项目终于运转了起来。"投车-订单量增长"的模式被验证成立后，几个人想试试这个模式在其他学校行不行得通，于是选择了北京航空航天大学、中国地质大学、中国农业大学、北京语言大学、中国人民大学开始复制。12月，OFO日订单接近2万单。

2016年春节后，拿到A轮融资的OFO向北京20多所高校扩展，同时逐步向武汉、上海等南方城市拓展。2016年9月全国各大高校一开学，OFO订单噌一下涨到日均40万单；收入从每个月100多万元，涨到1000多万元。10月，OFO融资1.3亿美元，来自滴滴出行等。

2016年10月11日，OFO吹响了进军城市市场的号角。截至2017年3月底，OFO连接超过250万辆共享单车，提供5亿次共享单车服务，为全球46座城市超过3000万用户提供便捷的出行服务。

据交通运输部不完全统计，截至2017年7月，全国共享单车累计投放超1600万辆。从网上流传的各种单车占据公共空间的照片，也可以明显发现，本应该成为公共便利出行的工具，反而变成了"围城洪流"。随之而来的则是政府层面的禁投令。新出台的国家共享单车管理办法，像是一柄高悬的达摩克利斯之剑，默许发展的政策红利期正在成为过去时。杭州、福州、郑州、南京、上海、广州、深圳等多个城市相继发布文件叫停投放。

2019年4月22日，OFO方面向《北京商报》记者确认，OFO在新加坡的营业执照被撤销，申请退出新加坡市场。此前，OFO已经从澳大利亚、德国等市场撤退。

资料来源：佚名. 共享单车产品分析（一）——OFO共享单车原创者和领骑者［EB/OL］.［2023-10-30］. https://zhuanlan.zhihu.com/p/27812711.

第一节　创业风险概述

创业风险是创业环境的不确定性、创业机会与创业企业的复杂性、创业者的能力与实力的有限性所导致的创业活动偏离预期目标的可能性及其后果。新创企业在创业初期面临诸多内部和外部的不确定性因素，面临的风险也比较多，因此相比一般的企业风险具有一定的特殊性。创业风险是企业风险的一种阶段性的特殊形态。创业环境本身的不确定性，创业者或者创业团队自身能力的局限性，创业机会的时效性，创业企业本身的复杂性，这些是创业风险的根本来源。创业往往是将某项技术或者某种构想转变为现实的产品或者服务，并推向市场。在这个过程中存在许多衔接问题，如资本与技术的衔接、技术与产品的衔接、产品与市场的衔接等，每个环节都是一个重要的风险因素节点，外部环境因素的变化也会加剧新创企业的风险。

一、创业风险的含义

（一）风险

在远古时期，渔民认为出海有风即有险，所以出现了"风险"一词。在现代，风险被人们视为预期和现实之间的差异，一旦实际结果和期望目标相差过大，则认为风险值较大。风险在实际中应用广泛，但在学术界还没有形成一个统一的定义。在以往研究中学者们对风险大致有四种定义：一是损失机会和损失可能性，二是实际结果与预测结果的离差，三是损失的不确定性，四是实际结果偏离预期结果的概率。

企业风险又称经营风险。国务院国资委出台了《中央企业全面风险管理指引》，其中对企业风险的定义是："未来的不确定性对企业实现其经营目标的影响。"企业风险按其内容不同可分为战略风险、财务风险、市场风险、运营风险等。

富兰克·奈特在 1921 年提出"现实的经济行为是始于对未来行动的预见，而未来始终存在不确定性"，所以说风险是还未发生的事件，任何已确定的事实都不存在风险，因此也不能称之为风险，风险是面向将来可能出现的问题和情况。假设事态的发展过程完美无缺，没有任何偶然因素干扰事项，那么就不会导致风险发生，但是未来环境不可能存在完全确定的情况，人也不可能绝对理性地掌握所有相关信息，这就决定了风险必然是普遍性的。

简单来说，风险就是指在一个特定的时间内和一定的内外部环境条件下，人们所期望的目标与实际结果之间的差异。

（二）创业风险

美国著名创业学专家蒂蒙斯在其提出的创业模型中认为，创业过程就是创业机会、资源、团队之间高度配置的动态平衡过程。但随着时空的变迁、机会模糊、市场不确定性、资本市场风险及外在环境等因素的冲击，这三个要素也会因为相对地位的变化而产生失衡的现象。这种失衡现象被称为创业风险。对于风险的理解，一般有两个角度：一是强调了结果的不确定性，二是强调了损失的不确定性。前者属于广义上的风险，说明未来利润多寡的不确定性，可能是获利（正利润）、损失（负利润），或者无损失也无获利（零利润）；后者属于狭义上的风险，只能表现为损失，没有获利的可能性。

综上所述，创业风险指由于创业环境的不确定性，创业机会与创业企业的复杂性，创业者、创业团队与创业投资者的能力与实力的有限性，而导致创业活动偏离预期目标的可能性及其后果。

二、创业风险的特点

创业是企业整个成长过程的孕育期，这一时期企业可塑性强，变化多，投入大而且对其以后的发展影响很大。创业风险主要有以下几个特点。

1.创业风险的客观性

创业风险的客观性即指创业风险的存在是客观的，是不以人的意志为转移的。在创业过程中，由于事物发展的内外部不确定性的客观存在，因而创业风险是必然存在的。客观性要求我们采取正确的态度承认创业风险，认识创业成长发展规律，并积极对待创业风险。

2.创业风险的不确定性

创业的过程往往是将创业者的某一个"奇思妙想"或创新技术变为现实的产品或服务的过程。在这一过程中，创业者面临各种各样的不确定因素，如可能遭受已有市场竞争对手的排斥、进入新市场面临着需求的不确定性、新技术难以转化为生产力等。此外，在创业阶段投入较大，而且往往只有投入没有产出，因而可能面临资金不足的问题，从而导致创业的失败。也就是说，影响创业的各种因素是不断变化且难以预知的，这种难以预知造成了创业风险的不确定性。

3.创业风险的损益双重性

风险带来的影响不仅包括损失，还包括收益。风险越高，收益可能越大。所以，回避风险同样意味着回避收益，如某些海外投资项目、部分理财产品等。创业风险对于创业收益不是仅有负面的影响，如果能正确认识并且充分利用创业风险，反而会使收益大幅度增加。

4.创业风险的相关性

创业风险的相关性是指创业者面临的风险与其创业行为及决策是紧密相关的。同一风险事件对不同的创业者会产生不同的风险。如技术标准提高这一技术类风险事件，对大学生可能产生的是低风险，对农民工可能产生的是高风险。

5.创业风险的可变性

创业风险的可变性是指在创业的内部与外部条件发生变化时，必然会引起的创业风险的变化。如投资方因负责人变动，不再对其进行投资。创业风险的可变性包括创业过程中风险性质的变化、风险后果的变化以及出现新的创业风险这三个方面。

6.创业风险的可测性与测不准性

创业风险的可测性是指创业风险是可以通过定性或定量的方法对其进行估计的。创业风险的测不准性是指对创业风险的预测与实际结果常常会出现偏离误差范围的状况。如创业产品周期的测不准与创业产品市场的测不准。

三、创业风险的主要来源

1.融资缺口

融资缺口存在于学术研究和产品原型商业化之间，表现为研究基金和投资基金缺口。研究基金通常来自个人、政府机构或公司研究机构，它既支持概念的创建，又支持概念可行性的最初实证；投资基金则将概念转化为有市场需要的产品原型，若没有足够的资金将其研究成果（发明专利）或产品原型实现商业化，便会给创业带来一定的风险。

2.研究缺口

研究缺口主要存在于仅凭个人兴趣所做的研究判断和基于市场潜力的商业判断之间。当一个创业者最初感觉某个特定的科学突破或技术突破可以成为商业产品时，他仅仅停留在自己满意的论证程度上。但是，从技术向产品的转化还需要面对大量艰巨的、可能耗资巨大的研究工作（有时需要几年时间），进而形成创业风险。如某项"挑战杯"科研成果转化为商业产品。

3.信息和信任缺口

信息和信任缺口存在于技术人员、管理者与投资者之间。技术专家比较了解哪些内容在科学上是有趣的，哪些内容在技术层面上是可行的，哪些内容根本就无法实现。管理者与投资者通常比较了解将新产品引入市场的程序，但当涉及具体项目的技术部分时，他们不得不相信技术专家。如果技术专家、管理者与投资者相互之间不能充分信任，或者不能进行有效交流，那么这一缺口将会变得更大，带来的风险也更大。

4.资源缺口

资源与创业者之间的关系就如同颜料、画笔与艺术家的关系。没有颜料和画笔，艺术家的构思则无从实现。在大多数情况下，创业者不一定也不可能拥有所需的全部资源，这就形成了资源缺口。如果创业者没有能力弥补相应的资源缺口，要么创业无法起步，要么在创业中受制于人，如创业者缺乏进一步扩大业务的资金。

5.管理缺口

创业者并不一定是出色的企业家，不一定具备出色的管理才能。如创业者利用某一新技术进行创业，他可能是技术方面的专业人才，却不一定具备专业的管理才能，从而形成管理缺口。创业者往往有某一"奇思妙想",可能是新的商业点子,但在战略规划上不具备出色的才能,或也不擅长管理具体的事务。

四、创业风险的常见类型

(一)按照风险的性质划分

1.纯粹风险

纯粹风险指只有损失可能性而无获利可能性的风险。纯粹风险所导致的结果只有两种:有损失或无损失。如地震、火灾、水灾、车祸、坠机、死亡、疾病和战争等。

2.机会风险

机会风险指既存在损失可能性,也存在获利可能性的风险。机会风险导致的结果可能有三种:有损失、无损失、获利。如股市波动、商品价格变动、投资风险等。

(二)按照风险的状态划分

1.静态风险

静态风险指在社会政治、经济环境正常的情况下,由于自然力的不规则变动和人们的错误行为所导致的风险。

静态风险造成的后果主要是经济上的损失,而不会因此获得意外的收益,一般属于不可回避风险。如地震、洪水、飓风等自然灾害,交通事故、火灾、工业伤害等意外事故均属静态风险。

2.动态风险

动态风险指与社会变动有关的风险,主要是社会经济、政治和技术、组织机构发生变动而产生的风险。

动态风险造成的后果是难以估计的,但通常是可以回避的。如通货膨胀、汇率变动、罢工、暴动、消费偏好的改变、国家政策的变动等均属于动态风险。

(三)按照风险的来源划分

1.主观风险

主观风险指在创业阶段,由于创业者的思想意识、心理素质等主观方面的因素导致创业失败的可能性。如认知偏见带来的风险。

2.客观风险

客观风险指在创业阶段,由于客观因素导致创业失败的可能性。如市场的变动、政策的变化、竞争对手的出现、创业资金缺乏等。

(四)按照风险的影响范围划分

1.系统风险

系统风险指外部经济社会的整体变化,这些变化包括社会、经济、政治等创业者和企业难以控制的因素。这类风险对企业影响的程度不一,但所有的企业都要面对。如商品市场风险、资本市场风险等。

2.非系统风险

非系统风险指由企业内部因素导致的风险,是源于创业者、创业企业本身的商业活动和财务活动引发的风险。这种风险只造成企业自身的不确定性,对其他企业不发生影响。这类风险可以通过一定的手段进行预防和分散。如团队风险、技术风险和财务风险等。

（五）按照风险在创业过程中出现的环节划分

1.机会的识别与评估风险

该风险是指在机会识别和评估过程中，信息缺失、推理偏误、处理不当等各种主客观因素影响，使得创业面临方向选择和决策失误的风险。如在高校附近开服装店（未充分了解高校学生在服装消费上喜欢追求隐蔽性的心理）。

2.团队组建风险

该风险是指在团队组建过程中，由团队成员选择不当或缺少合适的团队成员所导致的风险。如团队中缺乏管理人才或技术专家。

3.获取创业资源风险

该风险是指由于存在资源缺口，无法获得所需资源，或获得资源成本较高给创业活动带来的风险。如"长江野生鱼庄"所需长江野生鱼经常缺货或成本高。

4.创业计划风险

该风险是指创业计划制订过程中未排除一些不确定因素，或制订者自身能力的限制导致的创业风险。如对市场需求规模缺乏调查分析，单凭估计。

5.企业管理风险

该风险是指企业文化、管理模式、细节管理等方面因处理不当引发的风险。如粗暴管理或拖欠员工工资可能引发的破坏性事件。

（六）按照风险内容的表现形式划分

1.机会选择风险

机会选择风险指创业者由于选择创业而放弃自己原先从事的职业，所丧失的潜在晋升或发展机会的风险。如辞职开办网吧，影响自己的职称评聘、职位晋升和所学专业上的建树。

2.环境风险

环境风险指由于创业活动所处的政治、经济、法律环境等变化或由于意外灾害导致创业者或企业蒙受损失的可能性。如战争、国际关系变化或有关国家政权更迭、政策改变，宏观经济环境发生大幅度波动或调整，法律法规的修改，或者创业相关事项得不到政府许可，合作者违反契约等给创业活动带来的风险。

3.人力资源风险

人力资源风险指由于人的因素对创业活动的开展产生不良影响或偏离经营目标的潜在可能性。如创业者自身的素质和能力有限，创业团队成员的知识和技能水平不匹配，管理过程中用人不当，关键员工离职等因素是人力资源风险的主要诱因。

4.技术风险

技术风险指由于技术方面的因素及其变化的不确定性而导致创业失败的可能性。如技术成功的不确定性、技术前景的不确定性、技术寿命的不确定性、技术效果的不确定性、技术成果转化的不确定性等。

5.市场风险

市场风险指由于市场情况的不确定性导致创业者或创业企业损失的可能性。市场风险包括产品市场风险和资本市场风险两大类。如市场供给和需求的变化、市场接受时间的不确定、市场价格的变化、市场战略失误等。

6.管理风险

管理风险指管理运作过程中因信息不对称、管理不善、判断失误等影响管理科学性而带来的风险。如水平低下的家庭式管理，管理者素质低下、缺乏诚信、权力分配不合理、管理不规范、随意决策等。

7.财务风险

财务风险指创业者或创业企业在理财活动中存在的风险。如对创业所需资金估计不足、难以及时筹措创业资金、创业企业财务结构不合理、融资不当、现金流管理不力等可能会使创业企业丧失偿债能力，导致预期收益下降，形成一定的财务风险。

（七）按照标的不同划分

1.财产风险

财产风险指导致财产损毁、灭失和贬值的风险。如由于火灾、水灾等带来的财产损毁风险，由于经济因素带来的财产贬值风险等。

2.人身风险

人身风险指导致人的死亡、残疾、疾病、衰老及劳动能力丧失或降低的风险。人身风险通常又可分为生命风险、意外伤害风险和健康风险三类。如飞机失联。

3.责任风险

责任风险指由于个人或团体的疏忽或过失行为，造成他人财产损失或人身伤亡，依照法律或契约应承担民事法律责任的风险。如煤矿失事、工伤事故等。

4.信用风险

信用风险指在经济交往中，权利人与义务人之间由于一方违约或违法致使对方遭受经济损失的风险。如债务人不能或不愿履行债务而给债权人造成损失的风险；交易一方不履行义务而给交易双方造成损失的风险。

第二节　　　　　　　　创业风险识别

市场环境瞬息万变，竞争日趋激烈，创业企业会面临各种风险，遭遇各种困境。创业风险管理已成为一项具有现实性和迫切性的基础管理工作，从而也必须逐渐走上经常化规范化的道路。一般风险管理理论包括风险识别、风险的分析与评价、风险管理三个阶段内容。创业企业风险程度与其所掌握的信息多少、真伪有关。创业过程中掌握的信息越多、越准确，便越能做出正确的、有把握的决策，创业风险也就相对减少；反之，创业风险便会加剧。因此，要减少创业风险，也就必须重视信息获取工作。

一、创业风险识别的含义

创业风险识别是指在创业过程中，对潜在风险进行辨识和评估的过程。创业本身是一项风险较高的冒险活动，而风险识别的目的是减少不确定性，并帮助创业者在业务计划和决策过程中做出更明智的选择。这种识别过程包括对市场竞争环境、财务风险、技术风险以及法律和法规问题等方面的评估。通过准确识别和理解这些潜在风险，创业者可以更好地制定风险管理策略，并采取相应措施来降低风险的影响。

二、创业风险识别的特点

1.多样性

创业风险识别涉及多个方面，如市场风险、技术风险、财务风险、法律风险等。创业者需要综合考虑各种风险，以全面评估创业项目的潜在风险程度。

2.主观性

风险识别往往涉及主观判断。不同的创业者可能对风险的认知和评估有所差异。创业者的经验、知识和直觉在风险识别中起着重要作用。

3.不确定性

创业本身就是一项充满不确定性的活动。风险识别过程中，创业者需要面对未知的风险因素，并尽力估计其潜在影响和可能性。然而，由于市场变化、竞争压力和其他外部因素的不确定性，完全准确地预测和评估风险是很困难的。

4.动态性

创业风险识别是一个持续的过程。随着时间的推移，市场条件和竞争环境可能发生变化，新的风险因素可能出现。因此，创业者需要不断监测和更新对风险的识别和评估，以保持对创业项目的全面了解。

三、创业风险识别的程序

风险识别是风险管理的基础，没有风险识别的风险管理是盲目的。通过风险识别，可以使理论联系实际，把风险管理的注意力集中到具体的风险因素上来。识别创业风险是一项复杂而细致的工作，需要科学的程序、步骤，采用适当的方法系统性辨别出对创业成功具有决定性的风险因素，分层次地分析各种现象，并实事求是地做出评估。创业风险的识别步骤可以通过以下几个方面来进行。

1.收集信息

创业者开始时需要收集相关信息，了解行业趋势、市场需求、竞争情况以及潜在的法律和法规要求。这些信息将有助于创业者更好地评估潜在的风险。

2.识别潜在风险

在收集到足够的信息后，创业者可以开始识别可能存在的风险。这包括市场需求波动、技术变革、资金供给不足、法律合规等方面的风险。

3.评估风险概率和影响

对于已经识别的潜在风险，创业者需要评估其发生的概率和对创业项目的影响程度。这可以通过分析市场数据、进行市场调研、咨询专业人士等方法来进行。

4.制定风险管理策略

一旦识别和评估了风险，创业者可以制定相应的风险管理策略。这可能包括减少风险发生的概率、规避某些风险、采取备案方案以应对风险发生等。

5.监测和更新

创业风险识别是一个动态的过程，因此创业者需要定期监测和更新风险识别结果。市场条件和竞争环境可能发生变化，新的风险因素可能出现，因此创业者需要及时调整风险管理策略。

请注意，这些步骤可以因创业者的个人偏好和实际情况而有所差异。然而，这个基本程序可以作为创业风险识别的一个指导框架，帮助创业者更系统地管理和应对风险。

四、创业风险识别的方法

（一）SWOT分析法

SWOT分析法是创业风险识别方法中的一种常用工具。通过进行SWOT分析，创业者可以将内部和外部因素整合在一起，全面了解创业项目的优劣势以及市场的机会和威胁。这可以帮助创业者制定更有效的风险管理策略，减少不确定性，并更好地把握创业过程中的机遇。SWOT分析矩阵见表8-1。

表8-1　　　　　　　　　　　　　　SWOT分析矩阵

	优势（S）逐条列出优势，例如管理、人才、学科、设备、科研和信息发展等方面的优势	劣势（W）逐条列出劣势，例如管理、人才、学科、设备、科研和信息发展等方面的劣势
机会（O）逐条列出机会，例如目前和将来的政策、经济、新技术以及市场等	SO战略（增长型战略）发挥优势，利用机会	WO战略（扭转型战略）利用机会，克服劣势
威胁（T）逐条列出威胁，例如目前和将来的政策、经济、新技术以及市场等	ST战略（多种经营战略）利用优势，回避威胁	WT战略（防御型战略）清理或合并组织，与巨人同行，借船过河，走专、精、特之路

（表头左上角：内部因素／外部因素）

（二）波特五力模型分析法

波特五力模型由迈克尔·波特（Michael Porter）提出，可用于评估一个行业的竞争力和利润潜力。五种力量分别是：竞争对手的威胁、新进入者的威胁、替代品的威胁、买家的议价能力以及供应商的议价能力。以下是波特五力模型分析法的要点：

1.竞争对手的威胁

创业者需要评估行业内的竞争对手，并了解他们在市场上的地位和实力。高度竞争的行业可能会导致价格战和利润下降，从而增加创业项目的风险。

2.新进入者的威胁

评估新进入者进入行业的门槛和障碍。如果新进入者容易进入市场并获得市场份额，可能会导致更激烈的竞争和利润下降。

3.替代品的威胁

评估替代产品或服务的可用性和与自己产品或服务的比较。如果存在可替代的产品或服务，消费者可能会转向其他选择，从而降低创业项目的需求和利润。

4.买家的议价能力

评估买家对产品或服务的议价能力。如果买家有强大的议价能力，他们可能会要求降低价格或获得更多附加价值，从而影响到创业项目的利润。

5.供应商的议价能力

评估供应商对创业项目的重要性以及他们的议价能力。如果供应商有强大的议价能力，他们可能要求更高的价格或给出不利的供应条件，增加创业项目的成本和风险。

通过使用波特五力模型，创业者可以评估行业内的竞争和市场力量，并识别潜在的风险和机会。这有助于创业者更好地了解行业的竞争环境，制定相应的市场策略，并采取措施来规避风险和提高项目的竞争力。

　　波特五力模型提供了一种系统的方法，帮助创业者全面评估行业的竞争和利润潜力。通过评估竞争对手、新进入者、替代品、买家和供应商的各种力量，创业者可以获取更深入的行业洞察力，做出更明智的决策。波特五力模型强调了行业竞争对创业项目的影响。通过了解竞争对手的威胁、新进入者的威胁、替代品的威胁、买家的议价能力以及供应商的议价能力，创业者可以更好地评估市场环境和商业机会，并采取相应的战略来规避风险。同时，波特五力模型提供了一种结构化的分析框架，使创业者能够系统化地评估和比较不同行业或市场的竞争力。通过使用这一模型，创业者可以更好地理解自己的项目在市场中的定位，并确定相应的市场策略。总之，波特五力模型为创业者提供了有力的工具，帮助他们深入了解行业竞争环境，并评估项目的风险和机会。这有助于创业者制定更具竞争力的战略，在竞争激烈的市场中取得成功。

　　（三）流程图分析法

　　流程图分析法通过绘制流程图的方式来帮助创业者识别和分析创业过程中的潜在风险。流程图是一种可视化工具，将创业过程中的各个步骤和决策以图形的形式表示出来，从而更清晰地展示风险可能发生的地方。以下是流程图分析法的要点：

　　1.确定创业过程

　　首先，创业者需要明确创业过程中涉及的所有步骤和决策。这个过程可以根据具体项目的不同而有所变化，但通常包括市场调研、产品开发、运营管理、市场推广等。确立一个清晰的创业过程有助于创业者全面考虑风险。

　　2.绘制流程图

　　绘制流程图是流程图分析法的核心步骤。创业者应将创业过程中的每个步骤以及各个步骤之间的关系绘制成一个图形。每个步骤可以用矩形或椭圆形表示，各个步骤之间的关系可以用箭头表示。这样可以形成一个整体的流程图，使创业者更清晰地了解整个创业过程。

　　3.识别潜在风险

　　一旦流程图绘制完成，创业者可以利用这个图形来识别潜在的风险。在每个步骤中，创业者应考虑可能存在的风险和问题。这些风险可能包括市场需求不足、竞争激烈、资金不足、技术问题等。通过在每个步骤中标记潜在风险，创业者可以更好地看到整个创业过程中的风险分布。

　　4.分析和权衡风险

　　在识别潜在风险后，创业者应对这些风险进行进一步的分析和权衡。他们可以评估每个风险的概率和影响程度，并根据其重要性对风险进行排序。这样可以帮助创业者更好地了解哪些风险可能对创业项目的成功产生最大的影响。

　　5.制定风险管理策略

　　一旦创业者了解了主要的风险和其影响程度，他们可以制定相应的风险管理策略，如采取措施来降低风险的概率、减轻风险的影响，或规避风险。例如，创业者可以寻找合适的合作伙伴来分担风险，购买适当的保险，进行市场测试等。

　　通过流程图分析法，创业者可以更系统地识别并分析创业过程中的风险。这有助于创业者更全面地了解项目的风险，并制定相应的策略来减少风险的发生和降低风险的影响。

（四）专家调查法

专家调查法通过与专业领域的专家进行交流和咨询，来获取专业意见和建议，识别和评估创业过程中的各种风险。以下是专家调查法的要点：

1.确定相关专家

首先，创业者需要确定与其创业项目相关的专家。这些专家可以是行业的专业人士、学者、顾问、投资者等，他们具备在创业项目领域内的专业知识和经验，能够提供有价值的见解和反馈。

2.进行专家访谈

确定了相关专家后，创业者可以通过面对面的访谈或电话访谈的方式与他们进行交流。在访谈中，创业者应向专家提出问题并寻求他们对创业项目中可能存在的风险的意见和建议。创业者可以询问专家关于市场趋势、竞争局势、技术要求、市场需求等方面的问题。

3.收集专家意见

在与专家的访谈中，创业者应记录专家的意见和建议。这些意见可以包括创业过程中可能的风险、风险的概率和影响、风险的管理方法等。通过收集和整理专家的意见，创业者可以获得多元化的视角，并综合考虑不同专家的观点。

4.分析和整合专家意见

一旦收集到足够的专家意见，创业者就可以对这些意见进行分析和整合。创业者应比对专家意见的一致性和差异性，评估专家对风险的看法和重视程度。通过整合专家意见，创业者可以得出一个相对全面和客观的创业风险识别结果。

5.制定风险管理策略

根据专家的意见和建议，创业者可以制定相应的风险管理策略。这可以包括采取措施来降低风险的概率，减轻风险的影响，或规避风险。专家的意见可以为创业者提供宝贵的参考，帮助他们在面对风险时做出明智的决策。

通过专家调查法，创业者可以从专家角度获取对创业过程中的风险的深入洞察和经验教训。专家调查法提供了一种可靠的方法来识别和评估创业风险，并为其创业项目的成功提供有价值的指导。

第三节　创业风险控制

一、创业风险控制方法

创业风险的控制方法是创业者在创业过程中采取的措施，以降低或规避潜在的风险，提高创业项目的成功概率。创业风险控制的方法主要包括风险回避、风险防范、损失抑制、风险因子管理和多元化投资等。

（一）风险回避

在创业风险控制方法中，风险回避是一种策略，旨在通过避免或减少与潜在风险相关的活动或决策来降低风险的影响。风险回避是一种保守的方法，创业者选择避免面临可能带来不利后果或损失的风险。

风险回避的主要目的是确保创业者不会遭受可能带来严重后果的风险，或者至少将风险的影响限制在可以接受的范围内。当创业者认为风险过高或不可控制时，他们可以选择回避这些风险，以保护自己和创业项目的利益。

风险回避可以采取各种形式，包括但不限于以下几种方法：

1.避免风险

创业者可以通过避免参与可能具有高度不确定性或潜在风险的领域、行业或市场，来回避潜在风险。例如，避免进入竞争激烈的市场或行业，或与政治或法规风险相关的领域。

2.延迟决策

创业者可以延迟决策以避免风险。通过等待更多的信息或进行数据收集，创业者可以更好地评估风险，并在有更清晰的认识后做出决策。

3.减少风险暴露

创业者可以采取措施减少风险的影响。这可以包括购买适当的保险，制定严格的合同或协议，以及确保合规性和法律责任，从而减少潜在的法律和财务风险。

4.多样化

通过在不同的市场、产品或服务中展开多样化经营，创业者可以分散风险。这种多样化策略可以帮助创业者减少对单一市场或产品的依赖，降低风险集中度。

需要注意的是，风险回避并非适用于所有情况。有时候，风险回避可能会导致机会的丧失，限制创业者的成长和创新。因此，创业者需要在权衡风险和机会之间找到平衡，根据具体情况选择合适的风险回避策略。

（二）风险防范

在创业风险控制方法中，风险防范是在风险发生之前调整或重组企业经营过程中的某些方面，通过一定的手段预防和分散风险，以降低风险发生的概率和带来的损失。

1.信息安全风险防范

风险防范措施可能包括确保网络和系统的安全性，对数据进行加密和备份，以及对员工进行信息安全意识教育。这有助于防范数据泄露、黑客攻击和其他与信息技术相关的风险。

2.金融风险防范

创业者可以采取风险防范措施来管理和控制财务风险，如制定预算和财务计划，建立良好的财务管理体系，确保资金流动和现金管理的透明度。这有助于防范资金短缺、财务不稳定和其他与财务管理相关的风险。

3.法律和合规风险防范

风险防范措施可能包括遵守适用的法律法规、制定和遵守内部合规政策和程序，并建立与法律顾问合作的关系，以确保企业活动在合法和合规的框架内进行。这有助于防范诉讼、法律责任和法律纠纷的风险。

4.市场风险防范

为了防范市场风险，创业者可以进行市场调研和竞争情报分析，以了解目标市场的需求和竞争态势。此外，制定有效的市场推广、品牌建设和客户关系管理策略也是防范市场风险的重要措施。

5.生产和供应链风险防范

创业者可以采取一系列措施来防范生产和供应链风险，例如确保供应链的稳定性和可靠性，进行供应商审查和选择，建立备用供应商关系，以及制订应急计划和灾难恢复措施。

（三）损失抑制

损失抑制是指采取措施使事故发生时或发生后，能减小损失发生的范围或损失严重的程度。在实际生活中，完全避免和预防损失是不可能的，企业必须考虑一旦风险事故发生所能采取的损失抑制措施，重点是降低损失幅度。损失抑制通常适用于外部事件，因为企业往往难以判断外部事件是否发生及其频率。

1.风险管理计划

在创业之前，创业者可以制订一个风险管理计划，明确风险识别、评估和应对的步骤。该计划应包括确定潜在风险的来源，制定应对风险的策略，以及建立风险监测和反馈机制。

2.多元化投资组合

通过将投资分散在不同的市场、产品或服务上，创业者可以降低损失集中度。如果一项投资面临困境，其他投资仍然可以提供一定的回报，从而减少整体损失。

3.灵活决策

创业者应保持灵活性，能够及时调整业务战略和计划以适应变化的环境。当发生损失时，他们可以采取快速行动来减少进一步的损失。这可能包括削减成本、寻找新的市场机会或调整产品定位。

4.高效沟通和合作

与团队成员、合作伙伴和投资者进行高效沟通，并寻求他们的支持和建议，共同面对挑战和损失，分享信息和资源，可以帮助创业者减轻个人负担，并获得更多的支持和创意解决方案。

5.学习和反思

创业者应将损失视为学习的机会，通过分析和反思损失的原因、过程和结果，从中吸取经验教训并改进业务运营。这可以帮助创业者在未来的风险管理中做出更明智的决策。

（四）风险因子管理

风险因子管理是指通过降低风险水平、改变其分布或提高企业对风险因素的敏感性来调整可能引起潜在损失的经营环境。风险因子管理既可能降低损失的概率，也可能减小损失的程度。常见的风险因子管理技术包括质量管理、员工筛选、培训和企业风险文化管理等。

1.质量管理

质量管理是一种系统化的方法，旨在确保产品或服务的质量达到预期标准。在创业中，质量管理可以帮助创业者降低质量风险，并提高客户满意度和忠诚度。质量管理的关键方面包括质量控制、质量保证和质量改进。通过制定质量标准、执行检测和测试以及建立有效的反馈机制，创业者可以发现并纠正质量问题，确保产品或服务在市场上具有竞争力。

2.员工筛选

员工是创业企业的核心资源，他们的素质和能力对企业的发展至关重要。创业者应该非常重视员工筛选，确保招聘到适合岗位的人才。有效的员工筛选需要有明确的岗位要求、面试流程和参考调查。创业者通过筛选能力、经验与创业企业相匹配的员工，来降低员工不匹配的风险，促进团队协作和提高企业绩效。

3.培训

创业者应意识到培训对于提高员工能力、增强团队合作和应对潜在风险非常重要。培训可以包括技术培训、沟通技巧培训、领导力培训等。通过提供适当的培训机会，创业者可以帮助员工不断提升自身能力，并为应对日益复杂的市场挑战做好准备。

4.企业风险文化管理

企业风险文化是指在整个组织中被普遍接受的关于风险的价值观和行为准则，强调对风险的敏感性、主动管理和透明度。创业者应该积极营造一种积极的风险文化，鼓励员工主动披露和管理风险。这可以通过建立沟通渠道、设立奖励机制以及不断提高员工的风险意识和对风险管理方法的认知来实现。企业风险文化的建设可以帮助预防和减轻潜在风险，并提高组织对未来挑战的适应能力。

（五）多元化投资

多元化投资意味着将投资分散到不同的资产类别、行业或市场，以降低整体投资组合的风险。

1.分散投资

将资金分散投资于不同的创业项目或企业，这样，即使某个项目或企业面临挑战或失败，其他投资仍可以提供部分回报，从而减少整体损失。通过在不同行业和市场间进行分散投资，创业者可以降低特定行业或市场的风险对投资组合的影响。

2.投资多种资产类别

除了投资于创业项目或企业，还可以考虑投资于其他资产类别，如股票、债券、房地产、基金等。这样，当某些资产类别面临困境时，其他资产类别可能表现良好，从而降低整体投资组合的风险。

3.行业和地理区域多元化

选择在不同行业和地理区域中进行投资，以降低特定行业或地区的风险。这样，即使某个行业或地区面临挑战，其他行业或地区的投资可能仍然稳定或增长。

4.投资组合调整

定期监测和评估投资组合的表现和风险状况。这包括定期评估投资项目的财务状况、市场趋势和新的投资机会。通过及时调整投资组合，创业者可以重新分配资金以应对不同行业或资产类别的风险。

二、创业不同阶段风险防范

风险贯穿于整个创业过程，各个阶段的创业风险既有共同的特征，也有自身独有的特征。创业风险在各个阶段的表现形式也不尽相同，所以应对和化解风险的方法和手段也不尽相同。有些类型的风险虽然始终存在，但是风险防范与控制措施也随时间、环境的变化而需要对症下药。

（一）创业前期风险防范

1.市场调研

在创业前期，进行全面和准确的市场调研是至关重要的。这包括了解目标市场的需求、竞争情况、趋势和变化等。通过深入了解市场状况，创业者可以降低进入市场后遇到的风险和不确定性。

2.商业模式验证

在启动创业前，验证商业模式的可行性是必要的。创业者可以进行试运营、小范围实验或市场测试，以确保商业模式的可靠性和可持续性。

3.资金规划

创业前期需要制定详细的资金规划，包括启动资金、运营资金和未来资金需求的预估。创业者应该仔细评估资金来源和运用，确保有足够的资金支持企业的正常运营和发展。

4.法律合规性

创业者在创业前期应该了解并遵守相关的法律法规和行业规范。这涉及公司注册、知识产权保护、雇佣法律义务、税务规定等方面的合规性，确保合法合规可以降低法律风险带来的损失和纠纷。

5.人脉关系与合作伙伴

建立广泛的人脉关系和合作伙伴网络可以提供支持和资源。在创业前期，创业者应该积极与行业内专业人士、投资者、导师和相关企业建立联系，寻求合作和共赢的机会。

6.管理团队和人才招聘

创业前期需要组建一支强大的管理团队，帮助创业者实现企业目标并应对各种挑战。创业者应该重视人才招聘和人力资源管理，确保招聘到适合岗位且具有相应专业能力的人才。

（二）创业中期风险防范

1.市场竞争风险

竞争对手分析：创业者应持续关注行业竞争对手的动态，了解他们的产品、定价、营销策略等。这样可以更好地调整自己的市场策略，寻找差异化的竞争优势。

创新和产品改进：不断进行创新和产品改进，以确保产品或服务的竞争力。创业者可以通过市场调研、用户反馈和技术迭代等方式不断改进产品，满足客户需求并抵御竞争压力。

2.资金管理风险

资金预测和规划：创业者应继续进行资金的预测和规划，及时调整资金结构和运作方式。这有助于降低资金风险，并确保企业的可持续运营。

投资和融资策略：探索更多的投资和融资机会，例如寻求风险投资、融资租赁、商业贷款等，以满足企业扩张和发展的资金需求。

3.组织管理风险

团队建设与管理：持续关注团队成员的表现，鼓励成员的个人发展和团队凝聚力，以应对内部人员变动和团队合作的风险。

跨职能协作：鼓励不同部门之间的协作与沟通，提高组织的活力和应变能力。建立有效的沟通渠道、协调机制和项目管理体系，以处理组织内部的复杂关系和决策协调问题。

4.战略调整风险

市场和行业趋势监测：时刻关注市场和行业的变化趋势，包括新技术、消费者行为、政策法规等，及时调整企业战略并寻求新的发展机会。

灵活的经营模式：保持灵活性和适应能力，可以扩展或调整产品线、改进运营模式，并及时应对市场环境的变化。

（三）创业后期风险防范

1.持续市场研究和分析

创业后期，市场竞争可能变得更加激烈。为了保持竞争力，创业者需要进行持续的市场研究和分析，了解市场趋势、客户需求变化以及竞争对手的动态。这可以帮助创业者调整企业战略，并及时应对市场风险。

2.创新和技术升级

随着时间的推移，市场需求和技术环境可能发生变化。创业者需要注重创新和技术升级，保持产品或服务的竞争力。定期进行产品或服务的更新、改进和创新，可以降低被市场所淘汰的风险。

3.资金管理和现金流监控

在创业后期，企业规模可能扩大，财务管理变得更加复杂。创业者需要加强对资金的管理和现金流的监控，确保企业的资金充足并避免财务风险。制定健全的预算和财务计划，积极跟进应收款项和支付款项，是有效管理资金风险的关键。

4.管理团队和人才流失风险

创业后期，管理团队和核心人才的稳定和发展尤为重要。创业者需要重视人才激励和发展，为核心团队提供良好的待遇和发展空间，提高他们的忠诚度和归属感。同时，建立良好的企业文化和团队合作氛围，有效管理人才流失风险。

5.法律合规和知识产权保护

创业后期，企业需要遵守更多的法律法规和合规要求。创业者需要加强对法律合规的监督和管理，确保企业运营在合法范围内，并避免法律风险。此外，保护和管理知识产权也非常重要，包括注册商标、专利申请和保密措施等。

6.业务伙伴和供应链风险管理

创业后期，企业的业务伙伴和供应链关系可能变得更为复杂。创业者需要建立稳固的业务伙伴关系，并管理供应链风险。这包括与合作伙伴签订合同、了解供应商的稳定性和质量标准以及建立替代供应链的备用计划。

【小案例8-1】四川海底捞餐饮有限公司（以下简称海底捞）是我国知名的火锅企业，以选料卫生、服务态度极佳而出名。2011年"海底捞"成为中国驰名商标。然而，就是这家以服务为亮点的火锅店，却出现了一次重大事故。2017年8月，海底捞北京劲松店和太阳宫分店被媒体曝光后厨有老鼠存在，清扫卫生用具与餐具一池同洗，用扫帚和簸箕清理储物柜和洗碗机，用顾客餐具通下水道等一系列问题。事后海底捞的反应速度令人吃惊。事发后仅4个小时左右，即发布致歉信并承认曝光属实，愿意承担全部责任。2个小时后，海底捞再次发一份处理通报，清晰列出切实可行的整改措施。这次危机事件，不仅没有让海底捞的股价下跌，反而上涨近3%，并且赢得了顾客的信任与支持。

　　资料来源：韩泽扬. 海底捞事件危机管理的时间序列分析及启示［J］. 企业改革与管理，2019（4）：49-50.

第四节　"互联网+"环境下的创业风险

　　随着互联网从生活工具向生产要素转变，互联网与其他产业的结合更加紧密，以互联网为基础的新兴业态密集涌现，互联网在经济社会发展中的地位不断提升。"互联网+"行动计划的提出则进一步凸显了新时期、新形势下，互联网在经济发展中的重要作用。基于这一特殊的时代发展背景，创业者不仅要看到"互联网+"环境下开展创业活动所具有的独特优势，更要在创业活动中保持足够的警惕，树立充分的风险意识，通过理智的分析判断，防范和规避各种可能出现的风险。

　　一、"互联网+"环境下创业风险的特点

　　同一事物在不同的环境下具有不同的特点，创业风险也是一样。"互联网+"具有跨界融合、创新驱动、重塑结构、尊重人性和开放生态等特点，这就决定了"互联网+"环境下创业风险也有其新的特征。"互联网+"环境下的创业风险的特点主要表现在以下几方面。

　　（一）多样性

　　"互联网+"环境下创业风险多样性的主要表现是：从面临风险的类型看，创业企业不仅面临传统创业过程中遇到的创业风险，还会面临新环境下带来的新风险；从面临风险的来源看，创业企业不仅面临来自自身企业运营带来的风险，还会面对其他与之相联系的企业带来的风险；从面临风险的具体内容看，创业企业不仅面临技术风险、网络安全风险，还会面临网络环境不稳定等多种风险。

　　（二）叠加性

　　"互联网+"环境下创业风险的叠加性主要是指由于互联网盛行，创业企业之间的联系相比传统的企业更加紧密，企业之间的交流更加频繁，遇到风险时彼此会相互影响，即"互联网+"跨界融合的特点使得创业企业之间融合度增高，一旦有一家企业面临风险，其他企业必然会受到牵连，这样彼此之间的风险叠加在一起必然会给企业带来更大的风险。

　　（三）可测性

　　可测性是指创业者可通过一定的方式、方法对创业风险进行科学的预测，传统创业企业的创业风险也同样具有可测性的特点。传统创业中由于技术和方法的落后，在预测风险时可能存在预测结果不准确的情况。随着"互联网+"大热潮的涌起，互联网技术应用越来越广泛，在"互联网+"环境下创业，创业者可以运用大数据、云计算等科学的、先进的技术来预测创业中遇到的风险。运用这样的技术进行的风险预测相对于传统的方法更加准确，更加方便创业者做好规避风险的准备。

　　二、"互联网+"环境下创业风险的类型

　　"互联网+"战略的提出，显示了国家对互联网及对以互联网为引擎的新经济发展方式的高度重视，为我国企业、产业和经济的发展指出了一条更加广阔的发展道路。而对于很多企业来说，"互联网+"带来的不仅是机遇，还存在着一定的挑战和风险。

（一）"互联网+"环境下创业风险的主要类型

在"互联网+"环境下，创业遇到的最主要的风险来自互联网的安全方面。互联网安全风险主要表现在以下几个方面：互联网的物理安全风险、系统安全风险、信息安全风险和管理安全风险等。

1.物理安全风险

网络的物理安全风险是整个网络系统安全的重中之重。

总体来说，物理安全风险主要来源有地震、水灾、火灾等环境事故；电源故障；人为操作失误或错误；设备被盗、被毁；电磁干扰；线路被截获；高可用性的硬件；双机多冗余的设计；机房环境及报警系统、安全意识等。

2.系统安全风险

系统安全风险是指整个网络操作系统和网络硬件平台是否可靠且值得信任。没有完全安全的操作系统。每个用户应从不同的角度对其网络作详尽的分析，选择安全性尽可能高的操作系统。创业者不但要选用尽可能可靠的操作系统和硬件平台，而且，必须加强登录过程的认证，以确保用户的合法性；创业者还应该严格限制登录者的操作权限，将其操作的范围限制到最小。

3.信息安全风险

信息安全风险主要表现为机密信息泄露、未经授权的访问、破坏信息完整性、假冒、破坏系统的可用性等。网络系统包含很多机密信息，这些信息一旦遭到窃取或破坏，其产生的经济、社会和政治影响将很严重。信息安全风险的防范主要有以下措施：采用多层次的访问控制与权限控制手段，实现对数据的安全保护；采用加密技术，保证网上传输信息的机密性与完整性。用户在使用计算机时必须进行身份认证，对于重要信息的通信必须授权，传输必须加密。

4.管理安全风险

管理是网络安全很重要的部分。权责不明、安全管理制度不健全及制度缺乏可操作性，这些都有可能引起管理安全风险。网络可控性和可审查性建设也是管理安全风险的重要环节。这些风险表现为：当网络被攻击或受到其他一些安全威胁时（如内部人员的违规操作等），网络无法进行实时的检测、监控、报告与预警；事故发生后，网络也无法提供黑客攻击行为的追踪线索及破案依据。所以我们必须对站点的访问活动进行多层次的记录，及时发现非法入侵行为，加强对网络进行浏览安全的监督。

（二）"互联网+"环境下创业风险的其他类型

"互联网+"行动计划的提出带来了"互联网+"的创业大潮，"互联网+"新特点和互联网思维的渗透都决定了在"互联网+"环境下的创业企业会遇到与传统行业不一样的创业风险类型。除了网络安全风险以外，创业者还会面临技术风险、网络环境风险、市场变化风险和法律风险。

1.技术风险

"互联网+"环境下创业者遇到的技术风险是指由于创业者不了解互联网技术和缺乏相关技能造成的风险。这里所指的技术风险主要包括以下几点：

一是互联网专业技术教育的缺乏。创业者对互联网技术在社会各领域的应用缺乏全面的认识和了解，难以有效发现和利用互联网领域的信息和商机。二是技术安全风险。其主要表现为网站设计与制作风险、网站运营技术风险、数据挖掘与整合风险、计算机网络软硬件故障等。互联网技术复杂多变，创业者如果不加以关注并及时发现技术中存在的安全问题就很可能给企业带来风险。

2.网络环境风险

恶劣的互联网环境也会给创业企业带来一定的风险。而我国互联网环境风险表现为以下几个方面：

（1）目前我国互联网基础设施水平不高，"互联网+"发展的硬件基础不足。

（2）法律不健全，"互联网+"形成的新业态存在法律空白。知识产权、信息安全、电子纳税、互联网金融等方面的法律问题越来越突出。

（3）政策扶持效果不足。与"互联网+"创新创业配套的规划、政策、体制尚未完全建立。从地方制定的"互联网+"创新创业支持政策来看，大多存在着对扶持对象设限的问题，不利于推动"互联网+"创业由少数人群走向社会大众。

3.市场变化风险

市场变化风险的诱因有两种：一是技术的发展、新技术的出现，改变了人们的生产生活方式，而市场需求必然也会随之发生变化。如果创业者没有很好地抓住市场变化的规律，很有可能会给企业带来风险。人们的需求自然会随着技术的变化而变化，所以在"互联网+"环境下企业面临市场变化风险的可能性更大。二是消费者的需求发生变化，导致了市场的变化。在人们个性张扬、主张自我的"互联网+"时代，市场的变化更多来自消费需求的变化，创业者对这种变化的不重视会导致风险的发生。创业者能够预见甚至引导这些变化就意味着抓住了未来的商机，而漠视消费需求的变化就会遭遇被市场淘汰的风险。

4.法律风险

企业法律风险是指由于相关法律的缺失，在"互联网+"环境下创业可能会遇到相关法律纠纷。在"互联网+"背景下，互联网企业在为用户提供金融服务时会积累大量的用户信息，一些企业警惕性不高，导致很多个人信息外泄，引起社会的关注。侵权行为的发生，主要是因为我国相关法律不健全。我们没有专门的法律针对个人信息的收集、使用和披露等做法进行规范。虽然近几年我国加大了个人信息安全保护措施，并加快了相关保护立法和修法的进程，但这些法规太过原则化和抽象化，实际操作性不强，而且覆盖范围狭窄，加上如今滥用个人信息的行为众多，方式既隐蔽又先进，即便举证后也很难估算和证明自己的损失。所以法律风险在"互联网+"环境下创业过程中仍具有很大影响。

三、"互联网+"环境下创业风险的规避

"互联网+"可以为传统企业的创业提供一种思路、一个方法、一条路径。在这种新思路、新方法、新路径的指导下，创业者会遇到不一样的困难和风险，只要创业者能掌握方法就能在创业过程中适当规避风险，顺利完成创业。

（一）政府对创业风险的规避

我国特殊的国情决定了政府在创业风险规避中有不可替代的作用，充分利用政府政策和制度来规避风险对于创业者来说是十分重要的。在政府相关政策的扶持和指导下创业者才能够更好地规避创业风险，减少创业损失，更加顺利地实现创业的成功。

1.制定相关政策

做好"互联网+"创业政策制定和完善工作。尽早颁布"互联网+"创业扶持政策的实施细则，使政策得以有效实施；扩大对"互联网+"创业扶持的范围，增加"互联网+"创业领域的普惠性政策，提升大众创业的积极性；通过进一步简化公司注册流程、降低注册资金门槛、缩短开办公司申请时限等形式，优化"互联网+"创业环境，激发"互联网+"创业潜力和积极性。

2.加大对创业的金融支持

政府加大对创业的金融支持，发展天使投资与互联网金融，拓宽融资渠道，完善多层次资本市场，提高直接融资比重。

在"互联网+"背景下，创新创业的推进离不开金融支持。大力发展服务创业创新的天使投资、风险投资，发展互联网金融，提供多样化的融资方式降低初创企业融资门槛，减少融资成本，才能使有潜力的初创企业加速成长。政府要完善多层次资本市场建设，鼓励企业在资本市场上进行直接融资。要推进主板市场、中小板市场、创业板市场的市场化、法治化的改革，使其更好地服务于实体经济和科技型企业。

政府应大力发展场外市场，让"新三板"和区域股权交易市场（四板）成为中小微企业融资和发展的重要平台，探索发展股权众筹（五板），推进众创、众包、众扶、众筹的发展模式。同时，政府需要鼓励银行进行体制机制创新，积极与其他类型金融机构开展合作，创新信贷服务模式。（1）推广"泰隆银行模式"，超常发展紧贴互联网创业的草根金融；（2）积极推进政府主导的科技金融服务平台，服务好互联网创业的高新科技企业；（3）发展政策性金融，构建中小企业信用担保体系，鼓励金融租赁、知识产权担保等一系列信贷创新。

3.制定和完善相关法律制度

从国家法律体系的顶层设计出发，完善和细化互联网创业的相关法律制度，为互联网创业提供法律支持和保障，同时也要对互联网创业保留一定的法律弹性，鼓励创新。

政府要秉持先发展后规范的态度，做到以下几点：（1）以现有法律为基础，不断推进电子商务税收、虚拟财产保护、电子商务合同、互联网金融等方面的立法和修法；（2）政府相关部门积极配合"大众创业，万众创新"的号召，制定管理和规范网络环境的法律，惩治网络欺诈等网络犯罪行为，形成一个合理有序的网络环境，保障"互联网+"环境下创业者的合法权益。

4.构建"互联网+"教育培训体系

构建"互联网+"教育培训体系，实行互联网人才培训计划，大力推进互联网技能和经营管理教育，为"互联网+"行动计划提供创业、创新人才的保障。互联网创业需要有创业教育和创业文化的支持。在"互联网+"及互联网创业过程中，创业者往往面临创业教育的缺乏。

我国需借鉴国外成功经验，一是要大力发展互联网职业技能教育，建立互联网人才培训基地，提高创业者创业技能。对于技术缺乏者要培训互联网的使用和基本开发技能；对于技术创新者要提升其管理能力。二是要重视创业教育，培养大学生的创新创业意识，同时要加强在职在岗人员的创业培训和教育，特别是加大科技人员及管理人员的培训及教育力度。

（二）企业对创业风险的规避

21世纪以来，随着移动互联网技术的高速发展和国家政策的大力推动，社会进入了"互联网+全民创业"的时代。互联网创新创业是一个运用技术手段实现典型需求的个性化深挖过程，一个满足从单体个性需求到群体个性需求的标准化服务输出过程，一个人工智能化向智慧化迭代演进的过程，一个在数据支持下无限贴近创业需求的过程。

企业是创业的主体。"互联网+"环境下，企业需要从自身建设管理各方面入手，规避创业风险，减少创业成本。

1.健全管理制度

一般情况下，企业管理可分为人力资源、营销、财务、生产等方面，在企业运行过程中，任何管理环节出现问题都有可能给企业造成严重损失。

创业过程中，完善的企业管理制度是企业发展的前提，企业需要严格执行各项管理制度，并根据企业发展情况对制度进行修改和完善，做到奖惩分明。此外，企业应建立风险控制与管理机制，对政府、供应商、客户等外部群体形成一套统一的风险监测和评估机制。

"互联网+"环境下的创业企业尤其需要重视网络媒体在信息传播中的作用，并建立对网络信息传播的监测和反馈机制。这对企业预知并化解风险有很重要的意义，企业风险控制与管理机制的有效执行能在危机来临前释放企业的资源和能量，有助于企业风险的规避和化解。

2.建立风险管理文化

"互联网+"环境下创业风险的多样性、叠加性等特点，导致创业者及时预测并规避风险变得更加困难。创业企业要想从容应对，并成功地规避风险就需要建立风险管理文化。

风险管理文化是指让所有员工树立风险意识，即当风险来临时，企业员工能够积极反馈意见并联合管理者采取行动规避风险。

3.建立危机公关团队

互联网具有信息传播快的特点，这使得社会舆论对企业影响加大，建立危机公关团队对创业者来说至关重要。危机公关团队在企业遇到困难时依照下述原则解决问题：快速反应，遏制不利流言的传播；对于用户、竞争对手、第三方提出的问题，要勇于担起责任，诚恳沟通，摆正位置和立场。

4.运用技术

"互联网+"时代，技术更新换代快、信息流量大，创业企业要想在这个大浪潮中取得创业的成功就得掌握技术，用科学的技术、方法来规避创业过程中遇到的风险。

（1）物理措施。企业通过制定严格的网络安全规章制度，采取防辐射、防火以及安装不间断电源（UPS）等措施保护网络设备（如交换机、大型计算机等）。

（2）访问控制。企业需要对用户访问网络资源的权限进行严格的认证和控制。例如，进行用户身份认证，对口令加密、更新和鉴别，设置用户访问目录和文件的权限，控制网络设备配置的权限等。

（3）数据加密。保护数据安全的重要手段是加密。通过数据加密，保障信息不能轻易被人截获，以此防范企业信息外泄。

（4）其他措施。其他措施包括信息过滤、容错、数据镜像、数据备份和审计等。

【案例分析】

　　爱多VCD创始人胡志标是农民出身，他没有读过几年书，很早就出来"跑码头"。他对家电有一种天然的爱好，从小就以组装半导体为乐，又不知从哪里弄到一本松下幸之助的自传，竟梦想着要当"中国的松下"。

　　他知道自己在诸侯林立的学习机市场上已难有插足之地，要出头，必须找到一块别人还没有发现的空间。一天，在中山市东升镇上的一间小饭馆里，他突然听到了一个消息：有一种叫"数字压缩芯片"的技术正流入中国，用它生产出的播放机叫VCD，用来看碟片比正流行的LD好过百倍。这个东西一定会卖疯。

　　就这几句话，瞬间改变了胡志标的一生。1995年7月20日，胡志标26岁生日那天，新公司成立，"真心实意，爱多VCD"的广告便在当地电视台像模像样地播出来了。也是在这个月，胡志标把他千辛万苦贷到的几百万元钱留下一部分买原材料，剩下的都一股脑地投进了中央电视台，买下体育新闻前的5秒标版。这也是在中央电视台播出的第一条VCD广告。

　　1997年，爱多的销售额从前一年的2亿元骤增至16亿元，赫然出现在中国电子50强的排行榜上。随着爱多的超常规成长，如何巩固已有的市场份额，寻找新的增长空间，成了一个摆在胡志标和他的青年精英团队面前的大课题。于是，一个庞大而激动人心的"阳光行动B计划"出笼了。

　　"阳光行动B计划"经过爱多策划人和上百家传媒的竭力渲染，曾经轰动一时。然而，仅仅在南昌等个别城市开出"爱多增值连锁店"后，它便无疾而终。尽管爱多在此役中实际仅投入了400多万元，然而士气却为之大挫。

　　作为一军统帅的胡志标，他最喜欢的事是与一班策划高手彻夜秉烛高谈阔论，一旦有灵光闪现，冒出一个令人叫绝的好点子，他立即当夜部署，派出一班人马甚至亲往实施。可是，作为一家销售额超过10亿元、员工多达3 000余人的大型企业，如何进行中长期的战略规划，却始终没有被胡志标提到议事日程上来。直到企业覆灭，爱多甚至连一个切合实际的2年规划都没有制定过。不久，中国VCD行业又开始新一轮惨烈的降价大战。一股令人战栗的寒流已经在悄悄地逼近"爱多"人了。

　　2个月后，爱多危机再爆发。这一突发事件的直接导火线是发表在《羊城晚报》的一则"律师声明"。发难者竟是当年出资2 000元与胡志标同占爱多45%股份（另外10%的股份为爱多工厂所在地的东升镇益隆村所有），却始终没有参与爱多任何经营行为的儿时玩伴陈天南。胡志标只占有爱多45%的股份，当陈天南与益隆村联合起来时，他除了愤怒别无良策。艰苦谈判20天，胡志标被迫让出董事长和总经理的位子。

　　更令人伤心的是，一向以传媒策划自豪的胡志标万万没有料到，那些昨天还站在他面前高唱赞歌的人，现在又是第一批朝他丢石子的人。那几天他最怕看报纸，他突然发现，爱多以数亿元血汗钱堆起来的"品牌丰碑"居然是用沙子做的，让人一脚就能踹塌。那些原本被捂在抽屉里的官司也纷纷冒出了水面，一些讨债企业所在的地方法院纷纷赶来中山东升镇强制执行，珠海法院还一度把爱多的办公楼给查封了。在风声鹤唳中最为彷徨的，是那些追随胡志标多年的"战将"们。这群以"中国第一代职业经理人"自诩的青年精英似乎没有与"主公"签过生死盟约。很快，营销副总走了，电器销售部部长走了，售后服务部部长也走了……曾经让同业闻之肃然的爱多青年精英团队转眼间烟消云散。

资料来源：根据百度文库相关资料整理.

问题：

试从创业管理的视角分析"爱多"成功和失败的原因，它给了你哪些启示？

【课后思考】

1.请结合所学知识分析创业风险的特点有哪些。

2.请结合所学知识分析创业风险识别的具体程序。

3.请结合所学知识分析"互联网+"环境下创业风险的主要类型。

【启思明理】

确保社会主义现代化事业顺利推进需要具备风险管理知识和素养。风险是人类社会所面临的最普遍现象之一。从个体到社会，从自然灾害到金融危机，损失的不确定性渗透在经济社会的各个环节和各个领域，在经济运行过程中的各个层面均有所体现。能否理性认知风险和科学应对风险，决定了每个主体能否得到高质量与可持续发展，也进而会影响到社会总体的繁荣与福利。2020年10月26日，习近平总书记就《中共中央关于制定国民经济和社会发展第十四个五年规划和二〇三五年远景目标的建议》的有关情况向党的十九届五中全会作说明时指出："当前和今后一个时期是我国各类矛盾和风险易发期，各种可以预见和难以预见的风险因素明显增多。我们必须坚持统筹发展和安全，增强机遇意识和风险意识，树立底线思维，把困难估计得更充分一些，把风险思考得更深入一些，注重堵漏洞、强弱项，下好先手棋、打好主动仗，有效防范化解各类风险挑战，确保社会主义现代化事业顺利推进。"因此，社会主义现代化事业的顺利推进需要我们创业者具备基本的风险管理知识和素养。

实训互动1　发现创业风险　　实训互动2　识别创业风险　　实训互动3　创业风险防范

第 九 章

创业计划书的撰写

【政策导读】

创新精神是指能够综合运用已有的知识、信息、技能和方法，提出新方法、新观点的思维能力和进行发明创造、改革、革新的意志、信心、勇气和智慧。团队意识指整体配合意识。创业与就业的区别在于创业是团队，就业是个人。创新精神是一个国家和民族发展的不竭动力，也是一个现代人应该具备的素质。创新精神与团队意识的培养，不仅有利于塑造大学生良好的个性人格，而且有利于提高其与人共事时，奉献、进取、团结合作的人际交往能力和作风，养成团队意识，提高其个人能力与心理素质。创业计划书就需要体现出创业团队和项目的创新精神和团队协作精神。

创业计划书也是创业过程的展现，包括创业市场调查、创业融资、企业设立、客户管理以及风险防范等内容。无论哪个环节都涉及"社会"和"法治"两个关键词。这有利于帮助学生树立良好的社会责任意识，养成良好的法治素养，对后期的创业管理十分有帮助，也利于其更好地适应社会，立足社会。

【案例导读】

10个四川大学学生组建的一支创业团队，在2006年10月举办的"'挑战杯'中国大学生创业计划竞赛"中获得金奖，并赢来2 200万元的风险投资。

组队参赛，本科生带领硕士、博士生。

四川大学2003级本科生刘宗锦是这个10人创业团队的领头人。当她2006年3月准备参加第五届"'挑战杯'中国大学生创业计划竞赛"时，怎么也没有想到几个月后，她会带领一支主要由硕士、博士生组成的团队去参加全国大赛，并最终获得大赛金奖。

学习医药企业管理的刘宗锦最初只是对川大举办的"2006年学生课外学术科技节——挑战杯创业计划竞赛"感兴趣。"我是学企业管理的，参加这项活动可以锻炼自己的实战能力。"就是抱着这样的目的，刘宗锦在川大蓝色星空BBS上发帖，希望能找到人和她一起组队参加此项比赛。

让刘宗锦没有想到的是跟帖的人很踊跃。财务管理2006级硕士生严林娟等不同专业的9个川大学生迅速和刘宗锦集合在一起，组成了一个年轻的创业团队，并取名为"UP团队"。在接下来的几个月中，除了一名博士生因毕业退出，一名技术人才在最后加入，这个团队其他的成员一直没有变更过，直到最后夺得全国大学生创业计划竞赛金奖。

寻找项目：他们找遍网站和科研院所。

刘宗锦成功组建了这个创业团队后，首先要做的是寻找项目。而为了寻找到合适的项目，团队成员几乎浏览了所有的科技网站，并一次次前往成都各大科研院所寻找项目。最后，在一名老师的引导下，他们去了川大科技园，并在科技园孵化部经理王黎明的推荐下，选择了一个已进入"中试"的项目——"食用菌废弃物循环利用项目"。

"食用菌废弃物循环利用"是川大公共卫生学院教师宋戈扬的专利项目，川大科技园已经对此项目进行中试，并且有实验基地。刘宗锦等人拿到这个项目后，这些来自医药企业管理、市场营销、卫生检验等专业的学生开始着手制作第一份创业计划书。

获奖感受：团队团结精神最重要。

经过2个月精心准备后，UP创业团队的《食用菌废弃物循环利用项目计划书》首先获得了川大"2006年学生课外学术科技节——挑战杯创业计划竞赛"一等奖。接下来，又被川大选送参加全省的创业计划竞赛，UP创业团队又获得了银奖。最后，在第五届"'挑战杯'中国大学生创业计划竞赛"中，UP创业团队一举获得金奖。

资料来源：佚名. 一份2 200万创业计划的故事［EB/OL］.［2023-10-30］. https：//www.xiexiebang. com/a4/2019051213/b1846f56a5087a51.html.

第一节　　创业计划书概述

一、创业计划的含义

创业计划（business plan）是一个包含创业者对于创业项目或企业的详细规划，以及实施该项目或企业的各种策略和目标的文件。创业计划书是创业计划的书面表达形式，是对创业计划思路和内容的详细描述和整理。创业计划书通常用于向潜在投资者、合作伙伴或银行申请贷款等呈现创业项目的商业价值和发展前景。创业计划书的编写可以帮助创业者全面地理解和思考创业项目的各个方面，并为外部利益相关者提供清晰的信息和解读。创业计划书的内容通常会根据不同的受众需求和目的而有所调整和变化。

二、创业计划的作用

创业计划是一个创业者用来规划和组织创业项目的纲领，同时也是对外沟通、吸引投资和展示企业发展前景的重要工具。其作用体现在如下几个方面：

1.提供战略方向和规划

创业计划帮助创业者确定公司的战略方向和未来发展目标。通过对市场、竞争和公司资源的分析，创业计划提供了一个详细的路线图，指导创业者在实施过程中做出决策。它明确了产品或服务的定位、目标市场的选择、业务模式的建构以及公司发展的规划。

2.吸引投资和融资

创业计划对于吸引投资和融资非常关键。投资者通常希望看到一个清晰而具体的创业计划，包括市场调研数据、商业模式、财务计划和预期收益等。创业计划能够向投资者展示创业项目的商业价值和潜力，让他们了解自己的投资将会获得怎样的回报，从而提高融资成功的机会。

3.促进团队协作和沟通

创业计划不仅对对外沟通重要，对内部的团队协作和沟通也非常重要。通过与团队共享创业计划，所有成员可以明确自己的角色和责任，理解公司的使命和愿景。创业计划提供了一个共同的参考框架，使团队成员能够共同努力，追求共同的目标。

4.识别风险和应对策略

在创业过程中，风险不可避免。创业计划的编制过程需要对各种风险进行认知和评估，从而制定相应的风险应对策略。通过详细的市场分析、财务规划和竞争对手分析，创业者可以预测并应对潜在的风险，降低创业项目失败的风险。

5.为企业的长期发展铺平道路

创业计划不仅仅关注目前的情况，也要考虑到企业的长期发展。它涵盖了公司的愿景和使命，为未来的扩张和发展提供了基础。创业者可以通过创业计划中的目标设定和战略选择，为公司的长期发展铺平道路。

6.监控和评估业绩

创业计划充当着衡量企业绩效的标准和参照物。通过设定中长期目标和关键绩效指标，创业者可以监控和评估公司的业绩。创业计划提供了一个可以追踪和评估的框架，以帮助创业者及时发现问题并做出调整。

三、创业计划书的基本构成

当涉及创业计划书的一般结构时，以下是一个常见的组织框架，其中包含封面、保密要求、目录、摘要、正文和附录：

1.封面

创业计划书封面应包含创业公司或项目的名称、标志、日期和相关联系信息，有的还包括创业公司的宣传口号或核心价值主张。

2.保密要求

在创业计划书的开头，可以加入一段保密要求的声明，提示阅读者对文档的内容保密。这对于防止信息泄露以及保护商业机密非常重要。

3.目录

提供一个清晰的目录，列出创业计划书各个部分的页码。这有助于读者快速地找到感兴趣的内容，并使整个文档更具结构性。

4.摘要

在这一部分，提供一个简洁但全面的项目概述。摘要应该涵盖创业项目的核心信息，包括目标、市场机会、产品或服务优势、预计收入等。这是对整个创业计划书的"快速预览"。

5.正文

这是创业计划书的主体部分，包含详细的信息和分析。根据之前提到的基本结构，正文应该涵盖公司简介、产品或服务描述、市场分析、营销战略、经济可行性、运营计划、风险管理等各个方面。这部分应该清晰、有条理，并包含必要的支持材料和数据。

6.附录

如果有补充信息、详细数据、市场调查结果或其他有关创业项目的资源，可以将其放在附录部分。这提供了进一步的支持和参考资料，但不是必备的阅读内容。

请注意，这只是计划书的基本结构，创业者可以根据自己的项目和需求进行调整，确保创业计划书具有逻辑性、连贯性和可读性，并将重点放在恰当的方面，以吸引读者的兴趣，得到他们的支持。

第二节　创业计划书的撰写步骤及方法

一、创业计划书的撰写步骤

撰写一份完整的创业计划书是一个系统性的过程，需要经过一系列步骤来确保准确、清晰地传达你的想法和计划。以下是撰写创业计划书的一般步骤，包括确定撰写目的、确定读者对象、收集信息资料、设计框架和开始撰写：

1.确定撰写目的

首先，你需要明确创业计划书的撰写目的，是吸引投资者寻求资金支持，还是与合作伙伴共享你的创业计划？确定撰写目的有助于你在整个写作过程中明确重点和风格。

2.确定读者对象

了解你的读者是谁非常重要，因为不同的读者群体可能有不同的关注点和利益点。如果你的计划书是为了吸引投资者，那么你需要强调项目的商业价值和潜在的盈利能力。如果你的计划书是给合作伙伴或团队成员阅读的，那么你可能需要更多地关注合作机会和团队发展。

3.收集信息资料

在撰写创业计划书之前，你需要进行详细的信息收集。这包括市场调查、竞争对手分析、行业趋势、潜在客户需求等。收集足够的信息可以帮助你在计划书中提供准确的数据和有力的论证，增强读者的信心。

4.设计框架

在开始实际撰写之前，设计一个清晰的框架是非常重要的。这可以帮助你组织思路，确保整个计划书的逻辑性和连贯性。根据前面提到的基本结构（概述、公司简介、产品描述等），确定每个部分的顺序和内容，并确保它们之间的衔接流畅。

5.开始撰写

一旦你拥有了充分的信息和设计框架，就可以开始撰写创业计划书了。在撰写过程中，要注意以下几点：

（1）清晰、简洁地表达你的想法和计划。

（2）使用简明的语言，避免使用行业术语或过于专业化的语言，以确保读者的易懂度。

（3）结合数据和案例来支持你的论点，使其更有说服力。

（4）对文档进行反复修改和校对，确保逻辑流畅、没有语法或拼写错误。

二、创业计划书的撰写方法

1.摘要

创业计划书中的摘要是对整个项目的简洁概述，可以被视为创业计划书的"快速预览"。写作摘要时，需要做到以下几点：

首先，准确而简洁地概述创业项目的核心要素，包括项目目标、市场机会、产品或服务的独特性、市场竞争优势以及预计的财务表现。其次，强调项目的创新性和解决方案的迫切性，以吸引读者的注意力。此外，确保摘要信息的逻辑性和连贯性，使读者能够迅速理解创业项目的商业价值和潜在机会。最重要的是，摘要应该具备鼓舞人心和引人入胜的特点，能够激发投资者或合作伙伴的兴趣，鼓励他们深入阅读整个创业计划书。因此，写作摘要时应该使用简洁明了的语言，避免过于专业化的术语，并结合事实和数据来支持你的陈述，以提升摘要的可信度和说服力。

2.企业介绍

在创业计划书中，企业介绍部分是展示创业公司的能力和潜力的地方。写作企业介绍时，应注意以下几点：

首先，提供创业公司的背景信息，包括成立时间、创始人背景、公司使命和愿景等。其次，描述你的产品或服务的核心特点和价值主张，强调独特性和市场区别度。接下来，列出公司的组织架构和团队成员的关键背景，以展示团队的能力和专业知识。此外，指出公司目前的发展状况和里程碑，以及已经取得的成就和增长潜力。最后，突出公司的竞争优势，包括技术、专利、供应链、市场份额或其他能够对创业公司取得成功起到重要作用的因素。总之，企业介绍应该全面但简明地概述创业公司的独特性、能力和潜力，以吸引读者对创业项目的兴趣，获得他们的支持。

3.管理团队介绍

在创业计划书中，管理团队介绍是关键的部分，用于展示你的团队成员的背景和能力，以及他们在项目中所扮演的角色。以下是一些介绍管理团队的方法和准则：

（1）强调核心团队成员。首先，介绍核心团队成员，包括创始人、高层管理人员或核心技术人员等。对于每个人，提供他们的姓名、职位、教育背景和过去的工作经验。重点突出团队成员的特点、技能和专长，特别是与创业项目相关的方面。

（2）强调行业经验和专业知识。在管理团队介绍中，强调团队成员的行业经验和专业知识是很重要的。列出他们在类似领域工作或创业的经历，并说明他们如何能够应对项目中的挑战。这可以提高团队的信任度，并向读者展示你有一个具备实战经验和适应能力的团队。

（3）强调团队协作和完整性。除了个人能力和经验外，还要强调团队的协作和完整性。指出团队成员之间的合作历史，以及他们的技能和背景如何优势互补。突出团队的多样性和综合能力，使读者相信你的团队在解决多方面问题时能够高效合作。

（4）通过案例或成绩展示团队成员的成功。在管理团队介绍中，通过引用案例、过去的成绩或荣誉来展示团队成员的成功是很有说服力的。例如，提及团队成员在过去的项目中所取得的成果、荣誉或者对行业的贡献。这显示出团队的实力和能力，增加读者对项目成功的信心。

（5）强调团队的长期承诺和动力。最后，强调团队成员的长期承诺和对项目的动力是很重要的。说明团队成员对项目的热情和对未来发展的承诺，表示他们愿意为项目付出努力和时间。这有助于建立信任和传达可靠性，向读者表明你有一个团结、有活力的管理团队。

　　在撰写管理团队介绍时，要注意语言简洁明了，突出重点，不要过于冗长。尽量使用具体的例子和数据来支持你的陈述。此外，还应确保团队介绍与创业项目的核心价值观相一致，以展示团队成员的承诺和与项目的契合度。

　　4.技术产品（服务）介绍

　　在进行投资项目评估时，投资人最关心的问题之一就是，企业的产品、技术或服务能否以及在多大程度上解决现实生活的问题，或者企业的产品或服务能否帮助顾客节约开支、增加收入，这是市场销售业绩的基础。以下这些写作方法，可以帮助你在创业计划书中介绍技术产品或服务时，向读者传达清晰、具体和有吸引力的信息：

　　（1）确定关键特点。确定你的技术产品或服务的独特特点和核心功能，强调它如何解决现有问题、填补市场空白或提供改进的解决方案。这样的关键特点可以帮助读者了解产品的价值和竞争优势。

　　（2）使用简明的语言。使用易于理解的语言，避免过于专业化的术语和技术概念。确保你的描述可以被非技术背景的人理解，以便更广泛地吸引潜在的合作伙伴和投资者。

　　（3）提供案例研究或实例。提供真实的案例研究或使用情景，以展示你的技术产品或服务在实际应用中的效果。这可以帮助读者更好地理解它的应用领域和潜在价值。

　　（4）图文并茂。使用图表、示意图或演示文稿等可视化素材来支持你的描述。这些可视化元素可以帮助读者更好地理解你的技术产品或服务的工作原理和优势。

　　（5）强调用户体验。描述用户将如何受益于你的技术产品或服务。说明它将如何改善他们的工作流程、提升效率、降低成本或解决现有问题。突出用户体验可以增加读者对产品的兴趣和吸引力。

　　（6）考虑市场需求。提供对目标市场需求的分析，说明为什么你的技术产品或服务能够满足这些需求。这可以证明产品的市场潜力和商业机会。

　　（7）支持数据和统计。使用数据和统计信息来支持你的论点，以增强描述的可信度。例如，你可以提供市场调查结果、预估的市场规模或行业增长率等。

　　5.市场分析预测

　　在创业计划书中，市场分析预测能够提供对市场环境、潜在客户和竞争情况的深入了解。以下是市场分析的写作方法的详细说明：

　　（1）定义目标市场。首先，明确定义你的目标市场。这可以是特定地理区域、特定行业或特定消费者群体。详细描述你的目标市场的规模、增长趋势、可利用的机会和挑战。

　　（2）描述市场需求。为了写出有效的市场分析，你需要理解目标市场的需求。这包括了解目标客户的需求、市场的痛点和不满足的需求。描述目标客户的关键特征、行为模式和偏好，以及他们对你的产品或服务的需求和期望。

　　（3）进行竞争分析。分析你的竞争对手是市场分析中的另一个重要方面。列出主要竞争对手，然后比较他们的产品、定价、市场份额和市场定位。评估他们的优势和劣势，以及你的创业项目相对于竞争对手的差异化优势。

　　（4）进行市场调查。市场调查是市场分析的关键组成部分，它提供了来自目标市场的客观信息和数据支持。使用各种调研方法，如问卷调查、访谈或焦点小组讨论，获取关于目标市场的信息。收集数据以了解客户需求和市场趋势，分析消费者反馈和行业报告，以提供客观的市场分析结果。

（5）分析市场机会和挑战。基于收集到的信息，分析目标市场中的机会和挑战。查明目标市场的增长潜力、未来趋势和竞争情况，以及可能对你的创业项目产生积极或消极影响的因素。这将帮助你更好地了解市场环境，规划你的营销策略和业务发展方向。

（6）结合可靠的数据和图表。在市场分析中，使用可靠的数据和图表来支持你提出的观点和结论。这可以包括市场份额图、市场增长预测、消费者统计数据等。这些数据和图表能够增强你的市场分析的准确性和可信度。

6.市场营销策略

在创业计划书中，市场营销策略涉及如何推广和销售你的产品或服务，以及如何与目标市场进行有效互动。以下是一些撰写创业计划书中市场营销策略的方法：

（1）定位和差异化策略。基于目标市场和竞争对手分析的结果，你可以确定自己的市场定位和差异化策略。市场定位是指如何定位自己的产品或服务在目标市场中的位置，而差异化策略则是确定如何使你的产品或服务与竞争对手的产品或服务有所区别，以吸引目标客户。

（2）市场推广和销售渠道。在市场营销策略中，要考虑如何有效地推广和销售你的产品或服务。这可能包括使用各种营销工具和渠道，例如广告、公关活动、社交媒体营销、内容营销等。要根据目标市场的特点和偏好选择最适合的推广和销售渠道，并制定相应的计划和预算。

（3）客户关系管理。考虑如何与你的客户建立和维护良好的关系。这包括制定客户满意度调查、客户支持计划、售后服务策略等，以确保你能够与客户建立长期稳定的关系，并获得重复销售和口碑传播的机会。

（4）营销指标和预算。在市场营销策略中，要设定合适的营销指标和预算。这些指标可以是销售额、市场份额、品牌知名度等，而预算则是确定营销活动的资金分配和控制。

在撰写市场营销策略部分时，要确保清晰地表达你打算采取的策略，并提供合适的资料和数据来支持你的决策。此外，要关注市场趋势和变化，并在适当的情况下调整和优化你的营销策略。

7.生产计划

创业计划书中的生产计划是指你的创业项目的生产和运营过程的规划。以下是一些具体的写作方法，可以帮助你撰写生产计划部分：

（1）生产目标和策略。首先，在生产计划的开头，明确你的生产目标，如产品数量、产品质量、生产效率等。然后，阐述你的生产策略，包括生产流程、用于生产的设备和技术、原材料供应链等。

（2）生产过程。详细描述你的生产过程，从原材料采购到成品制造的每个环节。提供清晰的图表或流程图来说明生产过程，并解释每个步骤的关键要点和工作流程。确保读者能够理解你的生产过程并意识到其重要性。

（3）生产能力和需求预测。解释你的生产能力，包括生产线的数量和容量，以及员工的数量和技能。同时，考虑市场需求和销售预测，评估你的生产能力是否足够满足市场需求，并提出应对增长或变化的计划。

（4）质量控制。描述你的质量控制措施，以确保每个生产阶段都符合预期的质量标准。说明你的质量检查程序、检测设备和质量监控体系，以及如何解决出现的质量问题。

（5）供应链管理。讨论你的供应链管理策略，包括与供应商的合作关系、物流和库存管理情况等。强调供应链的重要性，并提出风险管理措施，以减少供应链中的潜在问题。

（6）生产成本和效益。对你的生产过程进行成本分析，包括人力成本、设备费用、原材料成本等。同时，考虑生产效益，涉及效率提升和降低生产成本的方法，如自动化、优化生产线布局等。

（7）可持续性和环保。考虑你的生产过程对环境的影响，并描述你的环境保护措施。讨论如何减少废物和污染，推行可持续性生产实践，以确保你的创业项目符合环保和社会责任的要求。

8.财务分析与预测

在创业计划书中进行财务分析是至关重要的，因为它提供了投资者和利益相关者评估商业可行性和潜在回报的关键数据。以下是一些写作财务分析的方法：

（1）收入预测。在财务分析的开始阶段，你需要根据市场调研和销售策略，预测项目的收入来源。这可以通过分析市场趋势、目标客户群体、竞争对手和定价策略来完成。确保你的收入预测合理，具有可实现性，并基于可靠的数据和合理的假设。

（2）成本估算。除了收入预测外，你还需要估算项目的成本。这包括开发产品或提供服务所需的初始投资、生产成本、市场推广费用、人力资源费用等。细致而全面的成本估算将有助于你确定项目的盈利潜力和可行性。

（3）现金流预测。在财务分析中，现金流预测是一个关键的部分。它描述了项目的资金流入和流出情况，并帮助你评估项目的偿债能力和现金流健康状态。确保你的现金流预测考虑到所有相关因素，如销售收入、运营成本、资本支出、债务支付等。

（4）盈利能力分析。财务分析中的盈利能力分析是评估项目盈利能力的重要部分。通过计算关键指标，如毛利率、净利率、利润增长率等，你可以评估项目的效益，并将其与行业标准和竞争对手进行比较。这有助于你确定项目的竞争优势和盈利潜力。

在写作财务分析时，确保使用清晰、简明的语言解释你的分析方法和假设。提供充分的支持数据和计算细节，以使分析结果具有可信度。另外，结合图表和图形展示数据和趋势，以提升读者对分析结果的可视化理解。最后，总结你的财务分析，强调你的项目的财务健康状况和潜在盈利能力，以吸引投资者或合作伙伴的兴趣和支持。

9.融资计划

融资计划主要是根据企业的经营计划提出企业资金需求数量、融资的方式和工具，投资者的权益、财务收益及其资金安全保证、投资退出方式等，它是资金供求双方共同合作前景的计划分析。

（1）资金需求。融资计划要首先确定企业所需的资金数量。这可以通过制定详细的财务预测和预算来确定，考虑到启动费用、设备购置、市场开发、人才聘用等方面的开支，要明确列出可行的资金需求，以便吸引投资者或融资机构的兴趣。

（2）融资方式和工具。确定融资计划涉及的融资方式和工具，这取决于企业的特定需求和市场条件。融资方式可以是股权融资（出售股份）、债务融资（贷款或发行债券）或混合融资。融资工具包括股票、债券、优先股、可转换债券等。你要根据项目的需要，并与潜在投资者协商确定最合适的融资方式和工具。

（3）投资者权益。明确投资者所拥有的权益，如股份或债权比例。这涉及融资的具体细节，如出售股份的数量、价格、出售股权后的股东结构等。确保在讨论投资者权益时，明确对投资者的回报政策，包括分红、股息等。

（4）财务收益和资金安全保证。在融资计划中，要说明投资者可以预期的财务收益。这可以是利润分享、股价增长或债券利息等形式。同时，也要考虑如何确保投资者的资金安全。这可以通过在计划书中提供详细的风险管理策略、资金控制措施和保险政策来实现。

（5）投资退出方式。融资计划应包括投资者在何时和如何退出投资的具体方式。例如，企业可以规定在一定的时间段后回购股份，或者允许投资者在某个特定条件下出售他们的股份。这将使投资者在投资周期结束时能够实现资本回报。

融资计划是向潜在投资者展示你对企业资金需求的认识和解决方案的重要工具。确保详细说明资金需求、融资方式和工具、投资者权益、财务收益和资金安全保证以及投资退出方式，这样可以提高投资者对企业潜力的信心，并促使他们对投资做出决策。

10.风险分析

在创业计划书中进行风险分析有助于展示你对创业项目所面临的潜在风险的认识，并表明你具备处理这些风险的能力。以下是撰写创业计划书中风险分析的方法：

（1）审视各种风险类型。考虑项目可能面临的各种风险类型，如市场风险、竞争风险、技术风险、财务风险、法律风险等。识别和列出项目可能遇到的各种风险类型是风险分析的起点。

（2）评估风险概率和影响程度。对每种风险，评估它们发生的概率以及对项目的影响程度。使用标度（如高、中、低）或百分比来表示概率和影响程度，以便能够在不同风险之间进行比较和优先排序。

（3）描述风险因素。对每种风险，提供详细的描述，包括它们产生的原因、可能的影响和发生的时间。使用具体的数据和案例来支持你的描述，以增加描述的可信度和说服力。

（4）评估和说明风险管理措施。针对每种风险，提供相应的风险管理措施。说明你将采取哪些措施来降低风险的概率和/或影响程度，并提供相应的解决方案。同时，说明你的团队具备处理潜在风险的能力和经验。

（5）梳理风险报酬关系。对于一些高风险的决策或行动，考虑它们可能带来的潜在回报。在风险分析中，除了强调风险，也需要关注可能带来的机遇和盈利能力。

风险分析部分在创业计划书中的重要性不言而喻。通过详细识别和评估风险，提供相应的风险管理措施，并强调回报的潜力，可以向潜在投资者展示你对项目风险的认识和应对的能力。

11.附件和备查资料

创业计划书中的附件和备查资料是为了提供更详细的信息和支持文件，以补充主文档中的论述和数据。附件可以包括市场调研报告、竞争分析数据、财务预测表、管理团队成员的简历、合同或协议范本、产品样本或照片等。备查资料是为了方便读者参考而提供的资料，如行业报告、专业期刊文章、法律或法规文件、市场调研数据等。提供附件和备查资料的目的是帮助读者更好地了解和评估创业项目的可行性和潜力，并提供更全面的背景信息。

三、创业计划书的评价指标

评价创业计划的指标有很多，以下是一些常见的指标：

1.商业模式的可行性

创业计划的核心是商业模式，评价创业计划的第一个指标是确定商业模式的可行性，包括目标市场是否有需求、产品或服务是否具备竞争优势、盈利模式是否可持续等。

2.市场潜力和增长预期

评估创业计划时，投资者通常会关注市场的潜力和预期增长。基于市场调研和分析数据，判断目标市场的规模、增长趋势和竞争状况，以确定项目的市场机会和可持续性。

3.财务可行性

财务指标是评估创业计划的重要依据之一。财务可行性分析包括收入预测、成本结构、盈利能力、现金流量等指标。投资者通常会关注企业的盈亏平衡点、回报率、资本回报周期等财务指标。

4.团队的实力和专业素养

创业计划中的团队介绍和团队管理成员的背景是评估创业计划的重要参考指标之一。投资者关注团队成员的专业素养、经验和成功经验，以评估团队能否成功实施创业计划。

5.创新性和竞争优势

创业计划中的创新性和竞争优势也是评价创业计划的重要指标之一。投资者关注公司的独特性、专利技术、市场突破和竞争策略等，以确定项目的竞争力和长期发展前景。

6.风险管理计划

创业计划中的风险管理计划对于评估创业计划的可行性和可持续性至关重要。投资者希望看到创业者清楚地识别和管理项目的风险，并提供应对措施和备选方案。

这些指标提供了评价创业计划的一般框架，投资者或合作伙伴通常会根据自己的需求和偏好给予不同的重视。在评价创业计划时，可以综合考虑这些指标，并根据具体情况进行权衡。

【案例分析】

创业计划是创业者叩响投资者大门的"敲门砖"，一份优秀的创业计划书往往会使创业者达到事半功倍的效果。

意义

创业计划书是一份全方位的商业计划，其主要用途是递交给投资商，以便他们能对企业或项目做出评判，从而使企业获得融资。创业计划书有相对固定的格式，它几乎包括反映投资商所有感兴趣的内容。

从企业成长经历、产品服务、市场营销、管理团队、股权结构、组织人事、财务、运营到融资方案，只有内容翔实、数据丰富、体系完整、装订精致的创业计划书才能吸引投资商，让他们看懂你的创业运作计划，才能使你的融资需求成为现实，创业计划书的质量对创业者的项目融资至关重要。

创业计划书的起草与创业本身一样是一个复杂的系统工程，不但要对行业、市场进行充分的研究，还要有很好的文字功底。对于一个发展中的企业来说，专业的创业计划书既是寻找投资的必备材料，也是企业对自身的现状及未来发展战略全面思索和重新定位的过程。

用途

一份高质量的创业计划书基于产品分析、把握行业市场现状和发展趋势、综合研究国家法律法规、宏观政策、产业中长期规划、产业政策及地方政策、项目团队优势等基本内容，着力呈现项目主体现状、发展定位、发展远景和使命、发展战略、商业运作模式、发展前景等，深度剖析项目的竞争优势、盈利能力、生存能力、发展潜力等，最大限度地体现项目的价值。

一般而言，创业计划书具有如下三方面的作用：

首先，创业计划书可以作为项目运作主体的沟通工具。创业计划书必须着力体现企业（项目）的价值，有效吸引投资、信贷、员工、战略合作伙伴，以及包括政府在内的其他利益相关者。

其次，创业计划书可以作为项目运作主体的管理工具、计划工具，引导公司迈向发展的不同阶段。其规划具有战略性、全局性、长期性。

最后，创业计划书可以作为项目的运作指导工具，其内容涉及企业（项目）运作的方方面面，能够全程指导项目开展工作。

案例分析要点

问题：

请结合所学知识及案例分析创业计划书应从哪几个维度进行评价。

【课后思考】

课后思考参考答案

1.请结合所学知识分析创业计划书的作用有哪些。

2.请结合所学知识分析创业计划书的撰写步骤。

3.请结合所学知识，结合自身参加创业竞赛的项目撰写一份创业计划书。

【启思明理】

优化大学生创新创业环境

降低大学生创新创业门槛。持续提升企业开办服务能力，为大学生创业提供高效便捷的登记服务。推动众创空间、孵化器、加速器、产业园全链条发展，鼓励各类孵化器面向大学生创新创业团队开放一定比例的免费孵化空间，并将开放情况纳入国家级科技企业孵化器考核评价，降低大学生创新创业团队入驻条件。政府投资开发的孵化器等创业载体应安排30%左右的场地，免费提供给高校毕业生。有条件的地方可对高校毕业生到孵化器创业给予租金补贴。

便利化服务大学生创新创业。完善科技创新资源开放共享平台，强化对大学生的技术创新服务。各地区、各高校和科研院所的实验室以及科研仪器、设施等科技创新资源可以面向大学生开放共享，提供低价、优质的专业服务，支持大学生创新创业。支持行业企业面向大学生发布企业需求清单，引导大学生精准创新创业。鼓励国有大中型企业面向高校和大学生发布技术创新需求，开展"揭榜挂帅"。

落实大学生创新创业保障政策。落实大学生创业帮扶政策，加大对创业失败大学生的扶持力度，按规定提供就业服务、就业援助和社会救助。加强政府支持引导，发挥市场主渠道作用，鼓励有条件的地方探索建立大学生创业风险救助机制，可采取创业风险补贴、商业险保费补助等方式予以支持，积极研究更加精准、有效的帮扶措施，及时总结经验、适时推广。毕业后创业的大学生可按规定缴纳"五险一金"，解除大学生创业的后顾之忧。

第 十 章

创业项目路演

【政策导读】

　　路演是实现创业项目与投资人零距离对话、平等交流、专业切磋的重要方式，有助于促进创业项目与投资人的充分沟通和加深了解，最终推动融资进程。习近平总书记在党的二十大报告中指出："构建全国统一大市场，深化要素市场化改革，建设高标准市场体系。完善产权保护、市场准入、公平竞争、社会信用等市场经济基础制度，优化营商环境。"为创业者搭建一个良好平台，创造良好的融资环境，有利于创业企业快速成长。

【案例导读】

　　小米从粉丝经济过渡到社群经济的历程并不顺遂，但作为最早打造社群的案例，仍给后进者不少启示。在创立之初，小米就定位于"走群众路线"，通过为用户营造参与感，打造"100个梦想的赞助商"并借助社会化媒体促成了早期种子用户爆发。

　　早期做MIUI时，雷军说要不花钱将MIUI做到100万个用户。于是黎万强就通过论坛做口碑：满世界泡论坛，找资深用户，最后选了100位超级用户，参与MIUI的设计、研发、反馈，也就是小米所谓的"100个梦想的赞助商"。雷军每天会抽出一个小时回复微博上的评论。每个工程师每天要回复150个帖子。而且，在每一个帖子后面都会有一个状态，显示这个建议被采纳的程度以及解决问题的工程师的ID，这给了用户被重视的感觉。中期，小米还积极地与"米粉"交朋友。在用户投诉或心情不愉快的时候，客服有权根据自己的判断自行赠送贴膜或其他小配件。小米还会赋予用户权利——成立"荣誉开发组"，让他们试用未发布的开发版，甚至参与绝密产品的开发。这给了用户极大的荣誉感和认同感，让他们投入更大的激情参与产品升级。

　　此外还有线下的小米"同城会"，跟用户交朋友，让"发烧友"最先体验产品等。这极大地增加了用户的黏性和参与感。除了营造参与感，"米粉节"也是小米回馈众多"米粉"的节日。小米会在此阶段发布全新产品，并对往期产品进行大促销，利用极其诱人的促销折扣吸引粉丝疯抢产品，创造了一个又一个销售奇迹。2016年的"米粉节"，小米官网总销售额突破18.7亿元，累计参与人数达4 683万人，参与游戏10.2亿次。

　　小米的路演模式并不能算完全意义上的社群，但其早期用户深度参与互动，以及线下活动运营的方式，可称得上初创企业建立社群模式路演的教科书。

资料来源：佚名.社群流量的变现案例[EB/OL].[2018-11-21].https://www.jianshu.com/p/a3697378ebbe.

第一节　项目路演概述

项目路演就是企业或创业代表在讲台上向投资方讲解项目属性、发展计划和融资计划，一般分为线上项目路演和线下项目路演。线上项目路演主要是通过QQ群、微信群或者在线视频等互联网方式对项目进行讲解；线下项目路演主要通过活动专场与投资人进行面对面的演讲及交流。

一、项目路演的性质

"项目路演"是国内外诸多风险投资机构实现融资的"高速公路"，实现创业项目与投资人的零距离对话、平等交流、专业切磋，促进创业项目与投资人的充分沟通，加深彼此的了解，最终推动融资进程。

规模：项目路演由8～10个创业项目和8～10个投资机构代表组成。确保每个项目都能进行较为充分的展示，并与投资人进行深入的沟通。

私密性质：除创业项目和投资机构代表之外，项目路演全程谢绝无关人员参观。

项目路演主办方及所有参会人员均须承诺：除非得到本人许可，对项目商业秘密和项目路演个人资料进行严格保密，不将项目路演的任何内容用于商业目的。

二、项目路演的目的

项目路演的好处在于可以同时让多个投资家很认真地倾听你的讲解和说明，同时还可以有一个思考和交流的过程。通常情况下，投资家每天看到的计划书和接触的项目很多，甚至有的投资家一天阅读上百份项目计划书，所以筛选项目往往只能凭借市场份额、盈利水平等一些硬性指标，很难了解项目的精彩之处，很多优质的企业都是因此而与投资擦肩而过。

路演就是可以让投资家在安静的环境里，在企业家声情并茂的展示下，真正读懂企业的项目，从而做出更为准确的判断。特别是对于一些技术性强的项目，更能减少投资家看不懂和不理解项目的弊端。企业家可以通过自己的精辟讲解和与投资家之间的交流，快速对接自己的项目，减少融资路上的弯路。

三、项目路演的条件

（1）项目团队人数≥2人；

（2）项目成功运作1年以上；

（3）项目必须有内容可供演示；

（4）项目必须有完整的商业计划及历史财务资料；

（5）项目必须是拥有独特商业模式和商业价值的创业型项目；

（6）项目必须有明确的融资需求，以及融资标的范围。

四、项目路演实例

1.报名：1页项目说明，4～5页中文（或英文）项目简介或执行摘要。项目说明包括但不限于商业名称、管理团队成员、联系方式、融资标的、所属行业等项目。执行摘要内容不限。

2.程序审核：由主办单位负责程序审核，即是否符合项目条件和报名条件。

3.项目审核：由项目特邀顾问以及项目路演特邀顾问组成的评委审核。

4.项目路演：在具体时间、具体地点，由通过审核的项目演示人进行项目演示。

项目路演现场主要包括4个程序：

（1）"10分钟项目演示"，演示人有10分钟的时间介绍自己的项目；

（2）由嘉宾（VC）提问，时间是5分钟；

（3）VC对项目进行点评；

（4）项目方与VC交流。

第二节　创业项目路演的类型、步骤及注意事项

一、创业项目路演的类型

路演融资涉及的方面很多，如IPO路演、融资路演、业绩说明会、股东大会、新闻发布会、调研沟通会、重大事件说明会、新三板路演、金融产品发行路演、论坛及行业峰会等。这些路演总结起来可归为三大类型，分别是参观型路演、活动型路演和现场展示型路演。

（一）参观型路演

参观型路演其实指的就是邀请投资人到企业内部参观，在参观过程中感受企业的文化、产品的好坏，从而产生投资兴趣。参观型路演的最大特点就是聚沙成塔，这是促进融资的最好的路演方式。但是，这样的路演需要一定的特质，不是每个企业都能操控的。参观型路演的企业必须具备两大特质：

（1）具备领袖的特质，也就是说这个企业必须在行业内具备一定的名气和影响力，因为只有这样投资人才会愿意接受企业的邀请去企业内部参观。

（2）具有极强的引领创新能力，也就是说企业要有可以被别人学习的东西。

（二）活动型路演

活动型路演其实指的就是通过举办沙龙的方式来吸引投资人。这种类型的路演需要企业花费大量的时间和精力，但在短时间内看不到收益。虽然这种收益是滞后型的，但是非常可观的。活动型路演能立竿见影看到回报的很少，几乎都要经过一段时间的孕育，才能得到投资人的投资。

要做活动型路演，企业必须具备三种特质：

（1）教育能力。这是指企业的文化和精神能在多次的活动交流中对投资者起到潜移默化影响的能力，让投资人在无形中认可企业的文化。

（2）分享能力。有教育能力不够，还要有分享能力，因为企业只有把自己的优势分享出去，才能被更多人看到。

（3）分享精神。具备了教育能力和分享能力，还需具备分享精神。企业只有主动分享自己的优势，投资人才能主动投资。

【小案例10-1】作为一家新兴的母婴电商，大V店可谓社群电商成功案例中的佼佼者。其以亲子阅读为精准切入点，社群的管理运营体系化，帮妈妈们创业赚钱开店获取佣金的模式，几近成长为一个自我循环的社群生态平台。在不到2年的时间里，大V店获得

俞敏洪的洪泰基金天使轮、金沙江创投A轮、光速安振B轮投资，并于2016年3月获得迪士尼旗下思伟投资领投的B+轮数千万美元的融资。截止到2016年12月，大V店注册用户达500万户，其中妈妈店主接近70万户，月销售额超过1.5亿元人民币。

面对电商领域的双寡头格局，传统的B2C电商似乎很难再有新的机会。但大V店的创始人吴方华认为，基于"推荐"的电商仍有希望。在母婴领域，妈妈们天生爱分享关于孩子生活的点滴，也乐于接受其他妈妈推荐的产品，在基于人群的推荐方面具有天然优势。再加上许多全职妈妈本身有缓解家庭经济压力的需求，大V店开始鼓励妈妈们自己创业开店。

在社群管理方面，除了逐步用工具和App来实现产品化以外，大V店还以地域为划分标准，建立了涵盖全国所有省份的"V友会"。大V店通过内容活动发现V友会中的意见领袖，并将她们培养成"班委"，负责V友会的日常管理工作。2016年，大V店开启了"妈妈加油站"，选出有影响力的妈妈作为站长组织线下活动。这些"大V"妈妈在满足个人社交需求、实现自我价值的同时，也分担了一部分运营工作。此外，大V店还签约了近900个落地机构，为妈妈们提供线下的活动场所。

作为一匹成色十足的"大黑马"，大V店社群用自运营系统解决了用户激增带来的运营压力，通过强互动增进了情感维系，用高频高质的内容传播促进了销售额的提升，这些无疑给模仿者树立了很高的壁垒。

资料来源：雄爵网络科技.如今社交电商如此火爆，但你的产品真的适合做吗？[EB/OL].[2018-08-23].https://t.cj.sina.com.cn/articles/view/6595767926/189236e7600100d167? sudaref=www.baidu.com&display=0&retcode=0.

【小案例10-2】不少人认为"罗辑思维"是靠内容引流、靠广告变现的媒体平台，但罗振宇并没打算靠视频广告来挣钱，微信微博里的高活跃用户才是他最看重的。通过建立社群，让人与人之间产生连接，嫁接资源，产生商机，罗振宇要让每个人靠自己在朋友圈当中某一个小领域的权威和信任形成资产，借此大量的人会去重建商业文明。

"罗辑思维"首先将目标用户定位为85后白领读书人。这类人群有共同的价值观，并渴望在社群中找到精神上的优越感。"罗辑思维"为这群用户提供独立思考的启蒙和捷径，最大程度唤起用户独立思考的能力，激发用户的动机并养成分享习惯。

视频是罗振宇建立社群的入口和名片。通过视频的大范围传播，持有与他相同价值观的人才能够在微信上聚集，参加各种互动。同时，他进行了两方面的尝试扩散：一是联结内部会员关系。比如举办霸王餐活动，让会员说服全国各地餐馆老板贡献出一顿饭，供会员们免费享用，借此达到传播的目的。二是向外部扩散。比如罗胖售书活动、众筹卖月饼活动、柳桃的推广活动。借助这些项目，社群里的人可以对外销售商品，从中得到回报。更重要的是，那些有能力、有才华的人可以在"罗辑思维"的300万用户面前展示自己，靠自己的禀赋获得支持，形成一个新的转折点。

有内容互动，也有精神上的价值输出，最后还培养了用户的付费模式，"罗辑思维"将社群做得风生水起，为很多内容平台提供了很好的转型方向。

资料来源：王大V.看罗辑思维如何剑走偏锋，玩转自媒体商业模式[EB/OL].[2016-09-07].https：//www.sohu.com/a/113814512_463653.

（三）现场展示型路演

现场展示型路演就是让企业和投资人直接对接，这样做的好处就是便捷，而且成功率极高。

有一种投资叫作"对接投资"，对接投资的直接作用就是"盗梦偷心"，让企业与投资人交心，让投资当场发生。如果企业无法与投资人面对面、心交心地谈论，而是通过他人转述的话，效果就会大打折扣。而现场展示型路演是对接资本最好的方式。

要做现场展示型路演，企业需要具备三种特质：

（1）完善的路演系统和路演线路图。由于这种现场型路演很多时候不止一场，大多需要经过多次路演，因此一个完善的路演系统和路演线路图就变得非常重要。

（2）有好的平台作为支撑。这种大型的、长时间的路演如果没有平台作为支撑是很容易出现错误的。有大平台支撑就能有一定的安全保障，同时，也可借助大平台的名气吸引更多的投资人。

（3）精准的针对性。现场展示型路演具有非常精准的针对性，因此，企业要在很短的时间内最精准地阐述、展示企业或产品最有优势的地方。可以通过PPT、影像工具帮助企业表达得更为精准、快速。

现场展示型路演的企业除了要具备以上几个特质外，还要注意路演的三个环节：

（1）阐述展示。用幻灯片和影像展示自己的项目，并加上一些阐述，让投资人了解这个项目的意愿与概况。

（2）现场问答。路演现场会有问答环节，投资人不会听路演人的一面之词，会根据路演的内容和项目提问。比如，该项目具体的节点是什么？有哪些阶段？如何保证投资安全？投资回报如何？

（3）意向签约。现场有准备好的签约合同，如果投资人有投资意愿的话，现场就可以直接签约。

路演不单是要展示，还要懂得寻找。那么要寻找什么呢？就是要寻找价值。这个价值不是针对路演人，而是针对投资人的价值。企业要想明白，参加路演展示会的投资人能从你的这场路演中得到什么样的价值。如果没有，那么很遗憾，你有可能融不到任何资金。要相信"有价值的路演，才是融资界的宠儿"。

二、创业项目路演的步骤

（一）提出问题

举例：一家企业做轮胎招商，在路演现场融资2 000万元，只讲了10分钟。那么这10分钟要讲什么内容才能让听众和投资商有感觉呢？

当我卖轮胎的时候，我没有一上台就讲轮胎，而一定是讲社会共性问题。

我说现场有车的朋友请举手，90%以上的人都有车，所以绝大多数人举了手。我说现在在高速路上出现很多事故的最重要的原因是什么？大家就开始抢答，有的说酒驾，有的说司机比较疲劳，还有的说是爆胎问题。在我把问题抛出来的时候，很多人就在想这问题可能跟我有关。这时，我再次强调每年在高速路上因车祸去世的人有多少，95%都是爆胎造成的，把这个问题拉到制高点上，让所有人知道爆胎有多么可怕。

所以当你销售产品时，不要一上来就讲产品有多好，而是要讲你的产品能不能跟客户有关系。人们不在意你表达得有多好，他们在意的是你讲的跟他们是否有关系，这才是最重要的。

（二）扩大痛点

要戳中用户痛点，你就要把这个痛点扩大、延伸，也就是挖痛苦。要把问题扩大，使人们联想到所有家人，你要思考用什么样的语言可以把问题再次扩大。

如果我们能让客户明白，不购买我们的产品，不解决问题，将来会给他们造成多大的痛苦，从而使客户产生危机感，他们就会很乐意与我们达成交易。一般来说，我们扩大客户痛点的问题越多，客户就越会把我们视为"救星"，越会觉得我们是在帮助他们解决问题或达成目标。当然，只有在与客户建立信任的基础上，客户才会把他们的不满、难题告诉我们。除此之外，在向客户询问问题之前，首先要明白自己的产品或服务究竟能帮助客户解决什么问题或达成什么目标。扩大问题的方法是继续围绕这一问题发问。通常客户不想过多地谈论他们所担心的问题。客户通常不会思考问题继续下去会存在什么样的影响。他们会逃避思考"如果……会怎样……"的问题。这些问题可以引发客户去深度思考、想象。小问题如果不解决，长此以往会对他们的工作、家庭、健康等有哪些坏的影响，当客户认为痛点足够大时自然会购买产品。

（三）解决方案

我们要有抛出问题的本领，又要有解决方案，而解决方案就是你的项目。仍以轮胎为例，假如有这样一款轮胎，有一种技术，在胎内抹一层高分子纳米胶，即使有1 000个钉子扎入车胎，拔出来时也不会爆胎、不会撒气。最重要的是它可以保证你的人身安全，因为它不会爆胎、不会撒气，能保证你这个人包括车在内都是安全的。

（四）顾客见证

顾客见证就是人们喜欢看到和听到自己所认识和了解的东西，如果没有任何案例，人们就感觉不到这个东西的真实性。比如，要有案例的图片或者视频，通过视觉化带动大家，而只是用耳朵听就会觉得乏味。因此，你要用更多的数据去证明你讲的概念是正确的。顾客见证最重要的就是有谁在使用，当路演时讲完商业模式，讲完案例之后，要讲有谁证明你讲的是有效的，这就叫作顾客见证。关于谁在使用的问题，第一个是你认识的人，第二个是有一定知名度的人，第三个就是你本人。作为一个卖产品的人，你要使自己成为最好的受益者，否则你讲的概念不会太吸引人。比如，如果很多人问你皮肤为什么这么好，你说是因为用了某一款面膜，那对方就会马上相信，因为你自己就是最好的案例，这就是顾客见证。

（五）放大梦想

你要把梦想放大，比如当讲到商业模式时，你可以说今天的营业额是多少，如果合作，整个团队明年和后年将会创造一个什么样的结果，最好用更多的数据来说话。比如，今天你只要运作两个市场，通过几年的努力，你就有机会赚到几百万元、上千万元甚至更多。当你把这个梦想放得更大的时候，就会让人感觉只要努力就会有结果，因此投资人就会全力以赴地去运作。所以，当你在路演的时候，吸引客户或投资人的绝对不是你的现状，而是未来的5年、10年后的蓝图。所以很多创业高手都是在扩大梦想，销售的是未来。所以当你把这个方向描绘得无比清晰，并且自己十分相信的时候，你才会真正地感染别人。所以，会扩大梦想的老板才是真正能让大家看到未来方向的老板。假如讲轮胎，就要讲中国有多少台车。要先从每个城市有多少人口、多少台车说起，要用比例来算。比如，一个城市有100万台车，一台车保养轮胎一次的费用是1 600元，如果这个城市的100万台车都保养轮胎，费用是多少钱？接下来再放大，假如有100个城市，每个城市有100万台车，如果每台车保养轮胎一次，把这几个数字相乘就是营业额。你要强调即使砍掉50%仍有多少个亿，这样投资人就会有感觉，甚至有的会马上投资给你。

（六）塑造价值

塑造价值最重要的是让大家感觉物超所值。

比如，我们都知道有个奢侈品品牌叫LV，LV有它的故事，它的价值被包装在这个点上。泰坦尼克号沉船100年后，一批打捞队把泰坦尼克号里的箱子打捞上来，大概有七八个，打开的时候发现多数箱子里的东西都被腐蚀坏掉了，只有一个箱子里的东西完好无损，大家就非常好奇，于是发出惊叹，这是什么品牌，后来看到箱子的logo是"LV"，这就是它的价值点。所以你要思考你的价值到底是什么，能不能把它包装塑造成独一无二的。

（七）现场好处

现场好处是给出让对方在现场购买与合作的理由，你已经展示了之前的六大步骤，最后一步就是在现场给出好处，且限时限量。

继续拿轮胎举例，假如轮胎保养一次是1 600元人民币，但是在现场不需要1 600元，而是给大家8折的优惠，且只限100个名额，这样就会吸引客户。

三、创业项目路演的注意事项

1. 严格守时

对于早期项目来说，进行最初的创业融资是初创企业最难的阶段，项目团队可能会需要参加无数场路演，所以团队负责路演的成员需要从天使轮甚至更早的阶段开始练习。路演的第一个原则是严格守时。很多人路演的时候没有在规定的时间内讲完，这是达不到效果的。为了避免此类情况的发生应该怎么办呢？只能不断练习，如果实在太紧张，就把重要的东西在前面讲，不要太在意次序。比如，你认为团队是项目一大亮点，那就千万别出现演讲时间到了还没介绍团队的情况。因此，把重要的东西在前面讲，不重要的放在后面，守时很重要。

2. 回答问题要简明扼要

在路演过程中，评委或者投资人问什么答什么就可以了。比如，投资人问你的产品特性是什么，你回答"我18岁创业，现在已经多次创业了"等，这显然是没有用的。同时也不要滔滔不绝地回复投资人的问题，使对方抓不住重点，要简明扼要，该说什么就说什么。

3. 不能怯场

在进行项目路演时，很多创业者会怯场，这会给评委留下不好的印象。演讲是让你获得成功的一个很好的方式，著名的"铁娘子"撒切尔夫人就曾经专门练习过演讲。

4. 创业还是要讲情怀的

创始人可以讲情怀，但不能全是情怀。不能说创业的目的就是赚钱，也不能说创业的目的是维护世界和平。需要有情怀，但不能全是情怀，这个尺度需要把握。可以参考成功创业者的创业计划书，比如上门汽车保养品牌卡拉丁项目，创业计划书上说要让蓝领工人更体面，更有尊严，更有情怀，挣得比以前多。

5.不要轻易改变立场

当风险投资人问了很多问题，问到最后，你却对自己的项目进行否定，这是不可取的。起码不要在现场否定。你为之付出了那么多的努力，到最后就是咬牙也要坚持，方向可以微调，但是不能改变立场。

6.不要怕说不知道

路演过程中投资人的很多问题你不一定能回答上来，实在回答不上来就说"我不知道"，还可以说"我记一下，下去后会认真学习"。千万不要编，很多问题对方是设了套的，等着你编，然后告诉你应该怎样。你可以说不知道，这不为过。

第三节　　创业项目路演的技巧

一、PPT制作技巧

1.PPT的整体风格要清晰、突出，做到以下几点：

（1）着色不超过3种。

（2）字不如表，表不如图。

（3）页数不要超过12页。

2.PPT内容逻辑清楚，包括：

（1）我们是谁？

（2）市场规模、市场需求有多大？

（3）我们的运营模式。

（4）融资计划。

3.演讲的内容方面，包括：

（1）说明你发现的目前市场存在的空白，或者问题（痛点），几句话就够了。

（2）你有什么解决方案，或者什么产品能够解决这个痛点问题。

（3）你的产品面对的用户是哪些？

（4）你的竞争力。为什么这个事情你能做别人做不了？如果说都可以做，为什么要投资给你？你的核心竞争力是什么？

（5）论证你的市场有多大。

（6）说明你如何赚钱。如果不知道怎么赚钱，至少让评委知道你的项目有价值。

（7）几句话告诉评委或投资人，这个市场有没有别人在干这个事情。如果有，他们做得怎么样？最好做一下你的项目的优劣势分析（SWOT）。

（8）说明你的优点和缺点，突出自己的亮点。

（9）财务分析。不要讲未来3年能赚多少钱，而是讨论未来半年需要多少钱。

（10）介绍一下你的团队。

以上内容的记忆要领（5W）：

Who？你是谁？你和你的团队做了什么？

Why？你发现的市场痛点是什么？

Which？你的目标客户是谁？有什么差异化和优势？

What？怎么拿钱？融资计划是什么。

Where？计划做多大？现状和未来。

一句话，我在一个什么样的行业里，帮助一群什么样的客户解决了哪些相关问题，通过解决这样的问题，我能得到多少报酬，这个项目是长期有效的。

二、要有舞台意识

进行项目路演要有舞台意识，具体应注意以下几个方面：

（1）熟悉舞台、遥控器和PPT内容。

（2）衣着打扮不要过于随意。

（3）语速不能过快，不要有蔑视竞争对手的言语。

（4）创业不是儿戏，不要过于激情洋溢，需要的是情商和智商。

（5）把握好时间，不要讲太多专业术语，应通俗易懂。

（6）要讲一个真实好听的故事。

（7）要清楚路演的目的和对象。不同的投资者有不同的关注点。比如，财务投资者关心财务和盈利，产业资本投资者关心技术和研发能力等。

总的来说，一场路演时间在6~8分钟，如何能在简短的时间内抓住核心内容，吸引投资者的目光，让他无法拒绝你，这些问题都值得创业者认真思考。

三、把握核心，保持热情

（一）创业内容是路演的核心

整场路演的核心是创业内容，这也是投资者最关注的地方，因为内容才是产品产生价值的地方。

投资者会根据你所阐述的创业内容分析市场上是否有类似的项目，进行可行性分析，评估你的企业能否打败同类企业，分析产品寿命、盈利模式等，以此作为投资参考。

所以在路演之前，你应该先把自己的项目与竞争对手作对比分析，挖掘自身亮点和潜力，不打无准备之仗。

【小案例10-3】路演营销的第一个关键词是"内容"。

路演和演说有什么区别？李科成强调：演说的核心是形式，路演的核心是内容，即解决方案。路演是有内容、有结果的演说，而形式的东西学起来更难，而且离不开特定的场景和氛围。

那么内容好学吗？同样不好学，但内容有一个熟能生巧的过程，只要学会就可以持续使用。雷军、马化腾、李彦宏他们都不是口才非常出众的人，但他们是优秀的路演家，因为他们的分享有逻辑、有内容、有方案。

学习演说需要天分，学习路演勤奋即可。因此，路演相对于演说更适合企业领袖们学习。

资料来源：李科成. 李科成：这或许是路演最权威的定义！[EB/OL]. [2019-12-24]. https：//www.sohu.com/a/362463342_120413017.

（二）热情能掩盖99%的缺陷

"创业者在进行项目路演时，热情能掩盖99%的缺陷。"这句话出自李开复之口。大部分创业者当众演讲都会紧张，而演讲偏偏就是路演最重要的交流方式。李开复在一次会议上分享了他的演讲技巧。

创业者在演讲的时候，眼神一定要看向观众，如果你觉得对视让你紧张、不自然，也可以看观众的头顶，在比较轻松的环节可以稍微走动一下。

如果你的演讲内容真的有点糟糕，还有一个妙招可以救场，那就是保持热情，热情能掩盖掉99%的缺陷。热情不在于你的嗓音有多高，而在于你对自己的项目和这次创业路演有多么真诚。

优秀的项目演绎能力是创业者必备的能力基础，多总结，多练习，多进行头脑风暴，越尖锐的挑战，就是越有价值的历练。

四、运用提问思维

项目路演的本质是在有限的时间里传递最有效的价值，有效与否的关键是你能否得到评委或投资人的青睐，让他们刻骨铭心。因此，你需要用提问思维来做好项目路演。

提问思维，意味着你能够站到评委或投资人的立场去回答他们心中的疑问。在项目路演前，你应该模仿投资人向自己发问，最本质和最基础的问题是：什么人？做什么事？卖什么产品？卖得怎么样？能否持续卖下去？

（一）什么人

蒂蒙斯的创业模型中包括团队、资源、机会。团队组成如何，其实就是回答"什么人"的问题。你是一个什么样的人？你的专业教育背景如何？你的工作经历如何？你过往取得了哪些成绩？这些都是在告诉评委或投资人：你是一个值得信赖的人，你是很适合这个创业项目的人，你是一个持续创业者。

路演的本质其实是一场营销，而所有营销的重点都在于营销的"人"。要用简洁、精练的话语讲清楚自己作为创始人的专业背景、工作经历以及团队成员尤其是关键人物的经历，让评委或投资人感受到人与项目有一种天然的契合，没有丝毫违和感，这些会让他们感到踏实。

（二）做什么事

一句话讲清楚你在做什么事，通常的格式是：为某个细分群体提供某种服务、解决方案或产品。有很多创业者在10分钟的路演时间里，一直喋喋不休地分析创业所在的领域、全国乃至全球有上千上万亿的市场空间。然后口头禅是："由于今天时间有限，所以想要了解更多详情，可以去我们公司看看。"其实一个连时间都无法掌控的人，是无法掌控好创业的。

西方创新创业教育界流行的一种方式是：60秒电梯演讲。假设你在电梯里遇到投资人，你得用60秒说服他为你投资。这个训练虽极端，但有效地表明：在最短的时间里，回答清楚你做什么事至关重要。有很多能清楚地表达在做什么事的文案，值得创业者学习，如，Facebook，让世界连接起来；OFO，提供单车出行的智能解决方案。

（三）卖什么产品

这个世界永远不缺情怀，也永远不缺想法，缺的是极致的产品。现实中，或许驾驶理论知识能考满分，但实际操作需要调动整个身体，达到人车融合的过程，这便是一个发掘"微观体感"的过程。大学生创业者不缺乏宏观战略的表达、中观套路的演绎，但缺的是战略的细化、套路的落地，最终聚焦到你卖的产品到底是什么。

从某种程度上说，项目路演甚至可以一句话都不说，展示你的产品，标上价格，评委和投资人便已心中有数、了然于胸。比如，大学生如果从事无人机制造的创新创业项目，最好直接在路演中展示你的无人机，并清晰描述它与市场上其他类别的无人机相比，最大的优势在哪里。产品是大学生在项目路演中最佳的沟通利器。

（四）卖得怎么样

各类路演的评委及投资人早已看过无数项目，练就了"火眼金睛"。大学生创新创业的故事很动人，但最终他们想知道，产品卖得怎么样？在哪些渠道有哪些数据？要用事实说话。如果大学生已经开始产生销售数据，尽管不怎么样，但也表明产品已经在接受市场检验的过程中。

当然，任何一个评委或者投资人不可能了解每一个行业，必然存在知识盲区。这个时候说服他最好的方式就是告诉他"现在卖得怎么样"。不要大谈特谈市场有多大，投资人想知道的是：市场再大，跟你有啥关系？你已经占据了多大的市场？回答"卖得怎么样"这个问题，最忌讳的是基本的财务数据都很模糊，基本的销售渠道都理不清，核心的盈利点都搞不明白。创业应该具备基本的成本意识，清楚掌握基础数据，才有可能清醒地评估自己的项目。

（五）能否持续卖下去

大学生创新创业毕竟不是一次大赛、一次融资就能够成功的。评委或投资人也一定会评估项目的可持续性和竞争壁垒。如果是一个好的创意、产品、模式，但是别人能够轻易抄袭，那就说明这样的项目势必难以持久。因此在做路演时，一定要展示清楚项目的核心竞争力以及竞争壁垒所在，告诉评委及投资人，或者依托专利发明，或者依托独特的服务体系，或者依托专业知识技术，已经建成了"永恒的护城河"，能够保证项目可持续发展。

五、走出路演两大误区

1.临时抱佛脚。路演10分钟，台下10年功。真正的路演都是深思熟虑的成果，我们必须在路演前做充分的思考与准备，找到属于自身的独特方式，让路演与众不同。

2.时间越长越好。要完成一次伟大的路演，我们必须扔掉之前时间不受限制的固有经验，成功路演的最大要素就是最大化地缩短时间，繁杂冗长的路演往往因缺乏时间限制意识，容易犯两点禁忌：一是路演内容不知所云，二是路演过程拖泥带水。

【案例分析】

路演技巧是一个企业在上市或扩展业务过程中不可或缺的重要步骤。它是一个公司的重要展示窗口，代表着公司的形象和实力。而路演案例分享，则是让企业普及路演技巧，同时提升企业展示力的重要途径。下面分享两个成功的路演案例：

1.盒马鲜生的路演。这是一个非常成功的示范。在演讲中，创始人侯毅以直观有力的数据及案例展示了盒马鲜生的创新点及市场前景。在演讲中，他不断强调客户和员工是企业最重要的资源，体现出公司积极拥抱未来的精神及对未来的信心，为投资者提供了可信、可靠的投资前景。

2.滴滴出行的路演。这可以说是国内企业路演中最具代表性的一次。在演讲中，滴滴的CEO程维强调了公司对于中产阶级生活提供的便利及在此领域的霸主地位。演讲以"关爱、共赢、持续"为核心理念，旨在向投资者传递滴滴的使命及未来规划，在演讲中赢得了大量投资者的支持。

问题:

请问以上两个案例中涉及哪些路演技巧?

【课后思考】

1.创业项目路演的重点有哪些?

2.创业项目路演的注意事项有哪些?

3.通过本章的学习,你认为路演成功的关键是什么?

【启思明理】

把握市场导向,倡导新业态新模式

现阶段,我国经济正处在转变发展方式和转换增长动力的攻关期,也处在世界科技创新的浪潮中,寻找创新出路具有重要意义。习近平总书记在2020年第三届中国国际进口博览会上指出"要加快壮大新业态新模式"。在总书记的积极倡导下,新一代信息技术革命、新工业革命以及制造业将与服务业融合发展,我国经济以现代信息技术和应用为基础,以市场需求为根本导向,以技术创新、应用创新、模式创新为内核并相互融合,形成新的经济形态。加快壮大新业态新模式的发展,促进产业结构优化升级,加大传统产业转型升级,加强企业技术改造和创新,采用数字化、智能化、绿色化制造及电子商务等新生产经营模式,推动新兴领域发展。"互联网+四新"将推动产业融合发展,鼓励大众创业万众创新,营造新兴产业和高科技产业融合发展的新氛围,抢占未来产业制高点。同时,新业态新模式不是独立发挥作用,而是在内容和形态方面相互渗透和融合,共同促进经济发展。只有更好地把握二者的核心,更多地依靠研发人员的人力资本,才可以实现创新和新技术的应用与转化。作为一名合格的创业者,也要分析市场需求的导向性,以消费者的需求为导向,把握消费升级的趋势和方向,从而为我国经济市场注入新的活力。

实训互动

创业计划的制订与路演

第十一章

创办新企业

【政策导读】

推进大众创业、万众创新，是培育和催生经济社会发展新动力的必然选择。随着我国资源环境约束日益强化，要素的规模驱动力逐步减弱，传统的高投入、高消耗、粗放式发展方式难以为继，经济发展进入新常态，需要从要素驱动、投资驱动转向创新驱动。推进大众创业、万众创新，就是要通过结构性改革、体制机制创新，消除不利于创业创新发展的各种制度束缚，支持各类市场主体不断开办新企业、开发新产品、开拓新市场、培育新兴产业，形成小企业"铺天盖地"、大企业"顶天立地"的发展格局，实现创新驱动发展，打造新引擎、形成新动力。

【案例导读】

刚从学校毕业的小吴，是第一位从市场监管局副局长手中接过"个人独资企业营业执照"的"小老板"。但是，就在他迈出第一步时，他几乎对国家大幅度放宽私营企业投资条件、降低投资门槛等鼓励政策一无所知，这对跃跃欲试的小吴来说，无疑预示着一系列的创业风险。

充分了解国家的有关政策和法规，是对每一个创业者必不可少的要求。不懂规则，怎能行动，盲目出击，又哪里有希望！

资料来源：根据应届毕业生网相关案例资料整理.

第一节　企业的组织形式及选择

一、企业的组织形式

1.公司制企业

公司是现代社会中最主要的企业形式。它是以营利为目的，由股东出资形成，拥有独立的财产，享有法人财产权，独立从事生产经营活动，依法享有民事权利，承担民事责任，并以其全部财产对公司的债务承担责任的企业法人。根据《中华人民共和国公司法》，我国的公司分有限责任公司（包括一人有限责任公司）和股份有限公司两种类型。

2.一人公司

一人公司是由一个股东出资筹建的承担有限责任的公司。其基本特征是：一个投资者是公司唯一的股东，是特殊有限责任公司，公司对债务承担有限责任；投资者是企业法人，而不是自然人；公司财产与个人财产严格分开，投资者只以投资额为限对公司承担责任。

3.有限责任公司

有限责任公司指由50个以下股东出资设立，股东以其出资额为限承担责任，公司以其全部资产对公司的债务承担责任的企业法人。

设立条件：股东符合法定人数；有符合公司章程规定的全体股东认缴的出资额；股东共同制定公司章程；有公司名称，建立符合有限责任公司要求的组织机构；有公司住所。

优势：创业股东只承担有限责任，风险小；公司具有独立寿命，易于存续；可以吸纳多个投资人，促进资本集中；多元化产权结构有利于决策科学化。

劣势：创立的程序比较复杂，创立费用较高；存在双重课税问题，税负较重；不能公开发行股票，融资规模受限；产权不能充分流通，资产运作受限。

4.股份有限公司

股份有限公司是指以公司资本为股份所组成的公司，股东以其认购的股份为限对公司承担责任的企业法人。根据《中华人民共和国公司法》的规定，设立股份有限公司，应当有2人以上200人以下为发起人，其中须有半数以上的发起人在中国境内有住所。由于所有股份公司均须是负担有限责任的有限公司（但并非所有有限公司都是股份公司），所以一般合称"股份有限公司"。

设立条件：发起人符合法定人数；有符合公司章程规定的全体发起人认购的股本总额或者募集的实收股本总额；股份发行、筹办事项符合法律规定；发起人制定公司章程，采用募集方式设立，经创立大会通过；有公司名称，建立符合股份有限公司要求的组织机构；有公司住所。

优势：创业股东只承担有限责任，风险小；筹资能力强；公司具有独立寿命，易于存续；由职业经理人进行管理，管理水平较高；产权可以股票形式充分流通。

劣势：创立的程序复杂，创立费用高；存在双重课税问题，税负较重；须定时报告公司的财务状况；公开公司的财务数据，不利于保密；政府限制较多，法律法规要求严格。

5.合伙企业

合伙企业是指按照《中华人民共和国合伙企业法》在中国境内设立的，由各合伙人订立合伙协议，共同出资、合伙经营、共享收益、共担风险，并对合伙企业债务承担无限连带责任的营利性组织。

设立条件：合伙人应当为2个或2个以上的具有完全民事行为能力的人；合伙企业必须有书面合伙协议；有各合伙人实际缴付的出资；有合伙企业的名称、经营场所和从事合伙经营的其他必要条件。

优势：创办比较简单，费用低；经营上比较灵活；在人力资本方面具有技术和能力优势；资金来源较广，信用度较高。

劣势：合伙创业者承担无限责任；依赖合伙人的能力，企业规模受限；容易因关键合伙人退出而解散；合伙人投资流动性低，产权转让困难。

6.个人独资企业

个人独资企业是最为简单的企业组织形式，是指依照《中华人民共和国个人独资企业法》在中国境内设立的，由一个自然人投资，财产为投资人个人所有，投资人以其个人财产对企业债务承担无限责任的经营实体。

设立条件：投资人为一个自然人；有合法的企业名称；有投资人申报的出资；有固定的生产经营场所和必要的生产经营条件；有必要的从业人员。

优势：企业设立手续非常简单，且费用低；所有者拥有企业控制权；可以迅速对市场变化做出反应；无须缴纳个人所得税，无须双重课税；在技术和经营方面容易保密。

劣势：创业者承担无限责任；企业成功过多地依靠创业者个人能力；筹资困难；企业随着创业者退出而消亡，寿命有限；资金的流动性低。

7.个体工商户

个体工商户是指生产资料归劳动者个人所有，以自己个人的劳动为基础，劳动成果由劳动者个人占有和支配的市场经营主体。

设立条件：有经营能力的城镇待业人员、农村村民以及国家政策允许的其他人员；申请人必须具备与经营项目相应的资金、经营场地、经营能力及业务技术。

优势：对注册资金实行申报制，没有最低限额要求；手续简单，费用低；税收负担轻。

劣势：信誉较低，很难获得银行大额贷款；经营规模小，发展速度慢；管理不规范，有的个体工商户甚至对经营所得和工资所得都不加以区分。

主要企业组织形式的优劣势比较见表11-1。

表11-1　　　　　　　　　**主要企业组织形式的优劣势比较表**

企业组织形式	优势	劣势
有限责任公司	创业股东只承担有限责任，风险小 公司具有独立寿命，易于存续 可以吸纳多个投资人，促进资本集中 多元化产权结构有利于决策科学化	创立的程序比较复杂，创立费用较高 存在双重课税问题，税负较重 不能公开发行股票，融资规模受限 产权不能充分流通，资产运作受限
股份有限公司	创业股东只承担有限责任，风险小 筹资能力强 公司具有独立寿命，易于存续 由职业经理人进行管理，管理水平较高 产权可以股票形式充分流通	创立的程序复杂，创立费用高 存在双重课税问题，税负较重 须定时报告公司的财务状况 公开公司的财务数据，不利于保密 政府限制较多，法律法规要求严格
合伙企业	创办比较简单，费用低 经营上比较灵活 在人力资本方面拥有更多技术和能力 资金来源较广，信用度较高	合伙创业者承担无限责任 依赖合伙人的能力，企业规模受限 容易因关键合伙人退出而解散 合伙人投资流动性低，产权转让困难
个人独资企业	企业设立手续非常简单，且费用低 所有者拥有企业控制权 可以迅速对市场变化做出反应 无须缴纳个人所得税，无须双重课税 在技术和经营方面容易保密	创业者承担无限责任 企业成功过多地依赖创业者个人能力 筹资困难 企业随着创业者退出而消亡，寿命有限 资金的流动性低

二、企业组织形式的选择

一个新企业可以选择不同的组织形式，或者由一个独立体创办单一业主制企业，或者由几个人创办合伙制企业，或者成立法人公司制企业。无论选择怎样的形式，都必须根据国家的法律法规要求和新企业的实际，科学衡量利弊，决定合适的组织形式。

（一）不同形式的企业中创业者的权利与义务比较

1.个人独资企业

个人财产与企业财产紧密相连，个人独资企业的所有者应当就个人独资企业的债务承担无限连带责任。

2.合伙企业

对内关系主要由合伙协议所确定。对外关系，即合伙人与第三人之间的关系，在一般情况下，合伙人的个人财产与合伙企业的财产不发生联系，合伙人不对合伙企业与第三人的行为承担义务。

3.有限责任公司

公司财产与股东的个人财产是严格分离的，公司股东只就其出资额为限对公司承担责任，而公司以其全部资产对公司的债务承担责任。创业者在有限责任公司中的权利更体现为一种对内的股东权利。有限责任公司股东会由全体股东组成，股东会是公司的权力机构。

（二）不同法律形式企业的利弊比较

1.从新企业启动成本方面进行分析

个人独资企业 < 合伙企业 < 有限责任公司和股份有限公司

2.从新企业的稳定性方面进行分析

个人独资企业 < 合伙企业 < 有限责任公司和股份有限公司

3.从权益的可转让性方面进行分析

个人独资企业 > 合伙企业 > 有限责任公司和股份有限公司

4.从获得增加资金的方面分析

个人独资企业 < 合伙企业 < 有限责任公司和股份有限公司

5.从管理控制方面分析

个人独资企业 > 合伙企业 > 有限责任公司和股份有限公司

6.从利润与损失的分配方面分析

个人独资企业 > 合伙企业 > 有限责任公司和股份有限公司

7.从对筹资吸引力方面分析

个人独资企业 < 合伙企业 < 有限责任公司和股份有限公司

（三）企业组织形式选择的决定因素

创业者不但需要了解我国现有企业制度中可以选择的各种投资、创业形式，而且应当了解每种形式的优劣，从而选择一种合适的企业组织形式。通常而言，决定企业组织形式时应当考虑以下几个方面的因素。

1.拟投资的行业

对于一些特殊的行业，法律规定只能采用特殊的组织形式。比如律师事务所只能采用合伙形式而不能采取公司制形式，而对于银行、保险等金融机构，法律则要求必须采用公司制形式。因此，根据拟投资的行业确定可以采取的企业组织形式是应当首先考虑的因素。对于法律有强制性规定的行业，只能按照法律规定的要求办理，法律没有强制性要求的，则需要根据实务中通常的做法以及创业者的特殊要求来确定组织形式。例如，近几年来创业投资领域内非常热门的私募股权基金，法律允许采用的组织形式包括公司制和合伙制，但是随着《中华人民共和国合伙企业法》的修订，越来越多的私募股权基金采取了发达国家最为流行的做法，即有限合伙制的组织形式。

2.创业者风险承担能力

对于创业者而言，其风险承担能力是其创业前必须考虑的重要因素之一。商业环境中存在各式各样的经营风险，而企业组织形式与创业者日后所需要承担的责任大小息息相关。正如前文所述，公司制企业的股东仅以其出资额为限对公司承担责任，公司以其全部的资产对公司的债务承担责任，因此公司制的企业的有限责任制度对于风险控制具有重大意义，而对于普通合伙企业以及个人独资企业而言，合伙人或者投资人则需要对企业承担无限责任。如果选择普通合伙企业和个人独资企业组织形式，则创业者所必须承担的风险不仅限于目前投资数额，还包括全部个人财产，因此，采用这两种组织形式进行创业的风险相对较大。

3.税务因素

由于不同的企业组织形式所缴纳的税不同，因此选择企业组织形式，必须考虑税负问题。根据我国相关税法的规定，对个人独资企业和合伙企业生产经营所得计征个人所得税，其中合伙企业的投资者将全部生产经营所得按协议约定的分配比例，确定各自的应纳税所得额，分别缴纳个人所得税。而对于公司制企业，既要就公司经营所得缴纳企业所得税，又要在向股东分配利润时为股东代缴个人所得税。因此从税负筹划的角度而言，选择合伙企业以及个人独资企业，通常所需要缴纳的税负较公司制企业更低。但是这并不能一概而论，对于一些特殊的行业，如高新技术企业和小微企业，由于我国政府对其采取税收优惠政策，在享受税负优惠政策的情况下，公司制企业或许更加节税。

4.未来融资的需要

企业组织形式对于未来的融资也具有较大的影响。如果创业者自身资金充足，拟投资的事业所需资金要求也不大，则采用合伙制或者有限公司的形式均可；但是如果日后发展企业所需要的资金规模非常大，则建议采用股份有限公司。

5.经营期限的考量

对于个人独资企业，一旦投资人死亡且无继承人或者继承人决定放弃继承，则企业必须解散；合伙企业由合伙人组成，一旦合伙人死亡，除非不断吸收新合伙人，否则合伙企业的寿命也是有限的。因此，无论合伙企业还是个人独资企业，通常的经营期限都不会很长。但公司制企业却完全不同，除出现法定解散事由或者股东决议解散外，原则上公司制是可能永远存在的。因此，创业时可以根据拟经营的期限来选择企业组织形式，若希望将企业不断经营下去，则更建议采用公司制企业形式。

当然除了上述因素之外，还可以从投资权益的自由流通度、经营管理的需要等多个方面就企业组织形式的优劣进行分析和比较。总之，企业组织形式没有最好的，只有最

合适的，创业者只有对自己的实际需要有充分的了解，才能选择出最合适的企业组织
形式。

第二节　　　　　　　**创办新企业的过程**

一、创办新企业的主要流程

（一）注册公司的步骤

注册公司是开始创业的第一步，首先需要创业者明确注册公司的流程，知道自己该
做哪些事，需要花费多长时间，然后再结合自身条件有计划地做足相应的准备。2016年
6月30日，国务院办公厅发布了《关于加快推进"五证合一、一照一码"登记制度改革
的通知》（国办发〔2016〕53号），自2016年10月1日起正式实施"五证合一、一照一
码"登记制度。五证合一后公司的营业执照、组织机构代码证、税务登记证、社会保险
登记证和统计登记证一次性就可以办下来，大大缩短了办理证件所需要花费的时间，同
时也提高了市场监管部门的办事效率，那么五证合一后注册公司的具体流程是怎样
的呢？

1.材料准备阶段

注册新公司需要的主要材料如下：

（1）公司名称提供4~5个。

（2）办公地址（暂不需要租赁合同）。

（3）公司经营范围。

（4）注册资本。

（5）法人股东身份证原件、复印件。

（6）公司监事人信息。

（7）股权比例。

2.核名

公司名称一般由四部分组成：行政区划、字号、行业（非必填项）、组织形式。

如：北京（行政区划）+快又好（字号）+信息技术（行业）+有限责任公司（组织
形式）。

要取一个市场上没有出现过的公司名，一般来说很难一个名字就能通过，一般至少需
要准备4个名字，甚至有时需要十几个名字备选，且名字一旦选中就无法再变更（当然，
如果对市场监管部门选中的备选名字不满意，可以重新提交验名申请）。

3.提交材料

可选择线上和线下两种方式进行资料提交，线下提交前可提前在市场监管部门网上进
行预约，需5个工作日左右（多数城市不需要提前预约）。申请人可以通过互联网登记系
统填写联合申请书，大大节省了现场办理需要花费的时间成本，需要准备相关材料提交市
场监管部门，由市场监管部门统一受理，真正实现"一表申请""一门受理"。所需时间：
3~5个工作日。

4.部门审核

市场监管登记窗口在承诺时间（内资2个工作日，外资3个工作日）内完成营业执照

审批手续后，将申请资料和营业执照信息传至平台。

质监窗口收到平台推送申请资料和营业执照信息后，要在0.5个工作日内办理组织机构代码登记手续，并将组织机构代码发送至平台。

税务、统计、人力资源和社会保障等部门窗口收到平台推送的申请资料、营业执照和组织机构代码信息后，要在0.5个工作日内分别办理税务登记证、统计登记证和社会保险登记证相关手续，并分别将税务登记证号、统计登记证号、社会保险登记证号发送至平台。

5.现场领证

经市场监管部门审核通过后，商事主体申请人即可携带准予设立登记通知书、本人身份证原件，到市场监管部门领取营业执照，即：营业执照、组织机构代码证、税务登记证、刻章许可证和社保登记证"五证同发"（其实就一张证件）。所需时间：3~5个工作日。

6.刻章

拿到营业执照后，需要携带营业执照原件、法定代表人身份证原件，到指定部门进行刻章备案。法定代表人不能亲自到场领取的，还需携带一份由法定代表人签字或盖章的"刻章委托书"前往领取。

领取到的公司印章包括：公章、财务章、合同章、发票章、法定代表人人名章。

所需时间：1个工作日。

7.申请领购发票

到税务部门去申请发票后就可以开始营业了。注意每个月按时向税务部门报税，即使没有开展业务不需要缴税，也要进行零申报，否则会被罚款。

近年来，国家为了提高广大民众的创业热情，不断放宽创业尺度，简化办理工商流程，提供孵化园帮助创业者寻找办公场所，改革证照制度，从"三证合一"到"五证合一"，不仅降低了办理费用，还节省了办理时间，对于市场监管部门的工作人员来说提高了工作效率，对于创业者来说就是抢得了市场的先机。

（二）个体工商户的注册

如果选择创办个体工商户，则注册流程相对简单许多。下面进行简要的介绍。

1.基本要求

（1）有经营能力的城镇待业人员、农村村民以及国家政策允许的其他人员，可以申请从事个体工商业经营。

（2）申请人必须具备与经营项目相应的资金、经营场地、经营能力及业务技术。

2.提交申请

（1）申请人签署的"个体工商户设立登记申请书"。

（2）申请人身份证明。

（3）经营场所证明。

（4）国家法律、法规规定提交的其他文件；法律、行政法规规定须报经有关部门审批的业务的有关批准文件。

3.办证程序

（1）到当地市场监管部门领表填写。

（2）到行政中心市场监管窗口核准名称。

（3）材料齐全后去当地市场监管部门办理执照。

既然注册公司的流程相对烦琐，那么有什么优势呢？在市场监管部门注册公司是一家公司正规发展的必由之路，或许一些创业者一开始为避免烦琐的注册流程而选择滞后注册或借用他人公司开展业务，这对于刚起步的公司未尝不是一个好办法，但随着业务的发展，借用他人公司可控性会越来越弱。

举一个例子：现在一个业务需要持续打款到公司账户，且要求公司成立时间不低于1年，由于使用他人公司，资金持续打到对方账户，资金安全得不到保障；但当即注册一家公司，成立时间达不到规定要求，业务即陷入两难的境地。因此，在条件允许的情况下，越早注册越好。

二、创办新企业的优惠政策

1.大学生创业税收优惠

持人社部门核发的"就业创业证"（注明"毕业年度内自主创业税收政策"）的高校毕业生在毕业年度内（指毕业所在自然年，即1月1日至12月31日）创办个体工商户、个人独资企业的，3年内按每户每年8 000元为限额依次扣减其当年实际应缴纳的城市维护建设税、教育费附加和个人所得税。高校毕业生创办的小型微利企业，按国家规定享受相关税收支持政策。

2.创业担保贷款和贴息

对符合条件的大学生自主创业的，可在创业地按规定申请创业担保贷款，贷款额度为10万元。鼓励金融机构参照贷款基础利率，结合风险分担情况，合理确定贷款利率水平，对个人发放的创业担保贷款，在贷款基础利率基础上上浮3个百分点以内的，由财政给予贴息。

3.免收有关行政事业性收费

毕业2年以内的普通高校毕业生从事个体经营（除国家限制的行业外）的，自其在市场监管部门首次注册登记之日起3年内，免收管理类、登记类和证照类等有关行政事业性收费。

4.享受培训补贴

对高校毕业生在毕业学年（即从毕业前一年7月1日起的12个月）内参加创业培训的，根据其获得创业培训合格证书或就业、创业情况，按规定给予培训补贴。

5.免费创业服务

有创业意愿的高校毕业生，可免费获得公共就业和人才服务机构提供的创业指导服务，包括政策咨询、信息服务、项目开发、风险评估、开业指导、融资服务、跟踪扶持等"一条龙"创业服务。各地在充分发挥各类创业孵化基地作用的基础上，因地制宜建设一批大学生创业孵化基地，并给予相关政策扶持。对基地内大学生创业企业要提供培训和指导服务，落实扶持政策，努力提高创业成功率，延长企业存活期。

6.取消高校毕业生落户限制

允许高校毕业生在创业地办理落户手续（直辖市按有关规定执行）。

7.创新人才培养计划和机制

创业大学生可享受各地各高校实施的系列"卓越计划"、科教结合协同育人行动计划等，同时享受跨学科专业开设的交叉课程、创新创业教育实验班等，以及探索建立的跨院系、跨学科、跨专业交叉培养创新创业人才的新机制。

8.改革教学方法和考核方法

高校要广泛开展启发式、讨论式、参与式教学，扩大小班化教学覆盖面，推动教师把国际前沿学术发展、最新研究成果和实践经验融入课堂教学，注重培养学生的批判性和创造性思维，激发创新创业灵感。运用"大数据"技术，掌握不同学生学习需求和规律，为学生自主学习提供更加丰富多样的教育资源。改革考试考核内容和方式，注重考查学生运用知识分析、解决问题的能力，探索非标准答案考试，破除"高分低能"积弊。

9.强化创新创业实践

高校要加强专业实验室、虚拟仿真实验室、创业实验室和训练中心建设，促进实验教学平台共享。各地区、各高校科技创新资源原则上向全体在校学生开放，开放情况纳入各类研究基地、重点实验室、科技园评估标准。鼓励各地区、各高校充分利用各种资源建设大学科技园、大学生创业园、创业孵化基地和小微企业创业基地，作为创业教育实践平台，建好一批大学生校外实践教育基地、创业示范基地、科技创业实习基地和职业院校实训基地。完善国家、地方、高校三级创新创业实训教学体系，深入实施大学生创新创业训练计划，扩大覆盖面，促进项目落地转化。举办全国大学生创新创业大赛，办好全国职业院校技能大赛，支持举办各类科技创新、创意设计、创业计划等专题竞赛。支持高校学生成立创新创业协会、创业俱乐部等社团，举办创新创业讲座论坛，开展创新创业实践。

10.改革适应大学生创业的教学制度

自主创业大学生可享受各高校建立的自主创业大学生创新创业学分累计与转换制度，根据学生开展创新实验、发表论文、获得专利和自主创业等情况，将其折算为学分，将学生参与课题研究、项目实验等活动认定为课堂学习的新探索。同时也为有意愿有潜质的学生制订创新创业能力培养计划、创新创业档案和成绩单等系列客观记录并量化评价学生开展创新创业活动情况的教学实践活动。

11.完善学籍管理规定

根据《教育部关于做好2016届全国普通高等学校毕业生就业创业工作的通知》（教学〔2015〕12号）文件规定，对有自主创业意愿的大学生，实施弹性学制，放宽学生修业年限，允许调整学业进程，保留学籍休学创新创业。

12.高校为自主创业大学生提供多项便利条件

《普通高等学校学生管理规定》（中华人民共和国教育部令第41号）、《教育部关于做好2016届全国普通高等学校毕业生就业创业工作的通知》（教学〔2015〕12号）文件，有如下规定：

（1）学生参加创新创业、社会实践等活动以及发表论文、获得专利授权等与专业学习、学业要求相关的经历、成果，可以折算为学分，计入学业成绩。具体办法由学校制定。学校应当鼓励、支持和指导学生参加社会实践、创新创业活动，可以建立创新创业档案、设置创新创业学分。

（2）学校可以根据情况建立并实行灵活的学习制度。对休学创业的学生，可以单独规定最长学习年限，并简化休学批准程序。

（3）休学创业或退役后复学的学生，因自身情况需要转专业的，学校应当优先考虑。

（4）各地各高校建设一批大学生创业示范基地，继续推动大学科技园、创业园、创业孵化基地和实习实践基地建设，高校应开辟专门场地用于学生创新创业实践活动，教育部工程研究中心、各类实验室、教学仪器设备等原则上都要向学生开放。

（5）各高校要优化经费支出结构，多渠道统筹安排资金，支持创新创业教育教学，资助学生创新创业项目。

如今很多人都有创业的打算，政府也不断优化创业政策，目的就是鼓励更多的人创新创业。这些好的创业政策无疑给了创业者更多的机遇，也让创业风险降到更低。

【案例分析】

一、黄某，2021年12月，杭州市税务局发布稽查通告，通过税收大数据分析，发现网络主播黄某在2019—2020年期间偷逃税款6.43亿元，少缴其他税款0.6亿元。有关部门对黄某依法做出处罚决定，追缴税款、加收滞纳金并处罚款共计13.41亿元。其采取的偷税漏税方式是：

（1）虚构业务：通过设立的多家个人独资企业、合伙企业虚构业务，将直播带货的佣金、坑位费等劳务报酬所得，变为企业经营所得，虚假申报偷逃税款。

（2）收入不报税或少报：从事其他生产经营活动取得的收入，不进行纳税申报；隐匿其从直播平台获得的收入，虚假申报税款，如少申报部分收入。

二、范某某，2018年9月经国家有关部门查证，范某某涉嫌"阴阳合同"涉税问题，其个人和其下公司共同参与偷税漏税。2018年9月30日，江苏省税务局依法向范某某正式下达"税务处理决定书"和"税务行政处罚决定书"，要求其将追缴的税款、滞纳金、罚款在收到上述处理处罚决定后在规定期限内缴清。至此，范某某偷税、漏税被官方证实，需要补缴税款共计8.84亿元。

三、郑某，2021年8月上海市税务局第一稽查局已查明郑某2019—2020年未依法申报个人收入1.91亿元，偷税4 526.96万元，其他少缴税款2 652.07万元，并依法做出对郑某追缴税款、加收滞纳金并处罚款共计2.99亿元的处理处罚决定。

四、邓某，2022年3月15日，上海市税务局第四稽查局经税收大数据分析，发现邓某涉嫌偷逃税款，依法对其开展了全面深入的税务检查。经查，邓某在2019—2020年期间，通过虚构业务转换收入性质进行虚假申报，偷逃个人所得税4 765.82万元，其他少缴个人所得税1 399.32万元，对邓某追缴税款、加收滞纳金并处罚款，共计1.06亿元。

五、朱某，2021年11月22日，从浙江省杭州市税务部门了解到，网络主播朱某因偷逃税款，将被依法追缴税款、加收滞纳金并处罚款共计6 555.31万元。朱某在2019—2020年期间，通过设立北海宸汐营销策划中心、北海瑞宸营销策划中心、上海豆梓麻营销策划中心、上海皇桑营销策划中心、宜春市宜阳新区豆梓麻营销服务中心、宜春市宜阳新区黄桑营销服务中心等个人独资企业，虚构业务把从有关企业取得的个人工资薪金和劳务报酬所得 8 445.61 万元，转换为个人独资企业的经营所得，偷逃个人所得税 3 036.95 万元。

问题：

企业偷税漏税可能会造成哪些后果？

案例分析
要点

【课后思考】

1.企业的组织形式有哪些？

2.创办一家新企业有哪些流程？

3.假如你成立了一家新企业，将会承担什么法律责任？

课后思考
参考答案

【启思明理】

牢记企业宗旨，坚守企业家精神

创业者往往会面临各种各样的挑战，尤其是在初始阶段，需要克服许多困难才能取得成功。在这样的情况下，保持创业精神非常关键，它可以帮助创业者不断地学习、进步、创新，找到正确的方向，实现自己的梦想。那么，如何在创业中保持创业精神呢？

一、坚持初心

创业初期，很多人都会抱着对未来充满希望的初心踏出第一步。但是随着创业的起伏波动，困难的出现，初心有可能会被逐渐淡化。因此，保持初心是保持创业精神的基础。创业初期，需要针对自己的理想和目标设定明确的计划，然后不断地努力和行动，最终实现自己的目标，也就是实现自己的初心。在此过程中，创业者需要时刻关注目标，并不断调整方向，但是不要忘记自己的初心。

二、拥有勇气

创业不仅仅是一个过程，更是一次挑战。创业者需要克服许多困难，需要承受压力和失败，需要面对风险和挑战。在这个过程中，创业者需要拥有勇气，勇敢地面对困难和挑战，不断地尝试新的方式和方法，找到更好的解决办法，给自己和公司带来更多的发展机遇。只有拥有勇气，才能够在困境中勇敢前行，保持创业精神。

三、持续创新

创新是推动企业发展的最大驱动力。创业者需要不断地寻找新的机会和方式，积极地开拓新的市场、新的产品和新的服务。持续创新需要不断改进现有的产品和服务，而不是拘泥于一成不变的模式，这样可以让公司在市场上保持竞争力，并且提高员工的积极性和凝聚力。

四、善于学习

创业者需要不断地学习，汲取新知识和技能，了解最新的行业趋势和市场动态。学习可以增强创业者的知识储备，了解行业的最新发展，掌握企业经营的技巧和方法。另外，在学习的过程中，创业者还需要注重实践，将所学应用到实际的业务中，从中寻找方法和技巧，不断完善自己的业务策略。

五、善于沟通

沟通是创业过程中的关键因素之一。创业者需要与员工、合作伙伴和客户进行良好的沟通，以便及时解决问题，掌握市场和客户需求。创业者需要注重建立信任和建立有效的人际关系，以便在商业交流中更加顺利。善于沟通可以帮助创业者更好地跟进业务发展，提高业务成果，从而更好地保持创业精神。

六、保持激情

创业的过程中充满了起伏，很容易让人失去激情。但是，保持激情是创业者保持创业精神最基本的条件。保持激情需要创业者充满自信和信心，相信自己的理念和想法，并且一直坚持下去。拥有激情可以让创业者克服一切困难，迎接挑战，实现企业的发展和目标。

总体来说，创业不仅仅是把新的想法带入市场，更是一场关于永不放弃和不断前行的旅程。保持创业精神有助于创业者在这个旅程中跨越障碍，克服困难，抓住机遇，成功实现自己的梦想。

实训互动1　　　　　实训互动2　　　　　实训互动3

新建企业组织形式比较　　做一次新建企业顾问　　企业取名与选址

第十二章

创业者权益的法律保护

【政策导读】

　　权益保障是创业环境的重要组成部分，良好的创业政策法律环境，对简化创业程序，提供创业指导，维护创业者合法权益等方面起到重要的作用。习近平总书记在党的二十大报告中指出："健全劳动法律法规，完善劳动关系协商协调机制，完善劳动者权益保障制度，加强灵活就业和新就业形态劳动者权益保障。"要充分发挥司法保护的主导作用，让创新创业者坚定创新信心、增强创新勇气、提升创新活力，有利于营造良好的创业环境。

【案例导读】

　　说到维权，人们总是把目光放在保护消费者权益上，作为与消费者对应的另一方——企业，它的权益究竟由谁来保护呢？维权意识淡薄，消费者恶意维权，知识产权不断被侵犯，是企业维权面临的三大主要问题。面对这些问题，企业究竟该如何回击？

　　因认为所购买的双菱空调存在质量问题，陈某向生产商双菱公司提出210万元的巨额索赔，遭到拒绝后，陈某在南京、上海等地的闹市区多次打出横幅，并当众砸毁双菱空调。此举被媒体广泛报道后，不仅给双菱公司带来巨大损失，也让陈某等人因损害商品声誉罪被判刑。

　　资料来源：米律.创业企业如何维权？再也不用担心被坑了！[EB/OL].[2016-03-30].http：//mt.sohu.com/20160330/n442853252.shtml.

　　创业会面临资金、技术、竞争、市场、环境、管理、决策、团队、人力资源流失等各种风险，这些风险或多或少包含了法律风险，并贯穿创业活动中。若不能有效抵御和防范这些风险，会提高创业成本，制约企业的生存和发展。本章拟从分析大学生创业中面临的法律风险入手，剖析大学生创业中面临高法律风险的原因，进而探讨抵御、防范、化解法律风险的对策。高校对大学生的创业教育很少关注创业中的法律问题，学术界也很少从法律风险、抵御及防范角度进行研究。

第一节　　大学生创业者面临的法律风险

　　大学生创业是一项系统工程，除了面临一般创业者面临的劳资、税收、环保等诸多法律风险外，还包括由于大学生群体的特殊性而引发的法律风险。这些法律风险包括以下几个方面：

一、创业组织筹建中的风险

大学生创业者在创业之初需要考虑以何种组织形态出现在市场中。从企业的形态来看，不外乎公司、合伙企业和个人独资企业三种。不同的企业形态，其资金要求、纳税要求、投资者关系、设立程序、责任承担方式等均有所差异。大学生创业者如果在创业之初对创业组织承担法律风险的方式缺乏基本认识，最后可能导致创业不成反倒惹来一身债务。

二、组织运营中的法律风险

组织成功登记设立以后，在运营过程中同样面临多项法律风险，包括用工风险、税收法律风险等。大学生创业组织涉及用工的问题，这里要区分劳动关系与雇佣关系、全职聘用关系与兼职关系，不能触碰未成年劳工的法律红线，对职工保险制度及女性职工的权益保护制度要落实到位，否则，可能会招致劳动与社会保障法律风险。纳税是企业的法律义务，大学生创业组织可以合理避税，但不可逃税，否则可能面临刑法或者行政法的处罚。可见，创业组织运营中蕴含着复杂的法律风险。

三、创业失败后的法律风险

大学生创业失败之后，还有很多后续事宜需要处理。创业组织及创业者的法律风险并没有消除，如解散依法成立的组织还需要依据法律规定的程序进行。以公司为例，需要以公司的资产对外承担债务，管理团队对债务生成有过错的还需要承担相应的责任，拖欠的员工工资还需要发放。事实上，并非像某些创业者想象的那样，公司不干了就不管了，这样可能会诱发公司组织被人冒用的法律风险。

第二节　　大学生创业面临法律风险的成因

一、创业者自身的法律认知不足

大部分大学生都欠缺社会工作经验，其知识储备大多限于高考所涉课程及自身所学专业。尽管高校将"思想道德修养与法律基础"或"法学概论"作为通识课程面向全校开放，但实际上这些课程所涉及的法律知识非常有限，与创业者所应了解的法律知识相比远远不够。上述主客观两方面的原因，造成了多数大学生创业者法律认知不足，从而导致其往往忽视创业中的法律风险，不了解创业中可能会用到的法律知识，当风险来临时，这些稚嫩的创业者显得很被动。

【小案例12-1】在大众创业、万众创新的时代背景下，许多高校毕业生选择自主创业来缓解就业压力。近年来，为支持大学生创业，国家和各级政府出台了许多优惠政策，如创业担保贷款和贴息、免收有关行政事业性收费、享受培训补贴、免费创业服务等，取得了良好的成效。然而，一些大学生创业者因为缺乏对相关法律法规的认知，导致创业法律风险频繁出现，严重的会直接影响到创业的成功。

"创业路上艰辛多，而让我备感苦恼的是法律纠纷。"2021年，刚毕业的贵州姑娘小王通过各种渠道了解到南通一家销售智能快递柜的科技公司在寻求合作人，为了寻求创业机会，她怀揣着梦想与积蓄从家乡不远千里赶赴南通，与该公司签署了"技术转让协议"。协议约定科技公司向小王提供智能快递柜和相应的技术服务，小王则一次性支付了全部合同款58 000元。

协议签订后，小王满心欢喜地回到贵州着手准备前期工作，左等右等快递柜却未能如期发货。小王多次与科技公司联系，公司负责人屡屡推脱。眼看创业梦想一步步破灭，小王非常焦虑，心态也受到了很大影响。

2022年2月，小王就此事向当地市场监管部门进行了反映，市场监管部门要求科技公司尽快将快递柜提供给小王，但该公司仍然未发货。无奈之下，小王找到律师出主意，通过网上立案，于当年5月底将科技公司诉至南通市崇川法院。

几经波折，小王最终与科技公司达成了分期返还合同款及违约金合计61 500元的调解协议。

"由于对相关法律法规的不熟悉不了解，我的维权路异常坎坷与艰辛，虽然拿回了钱款，但这极大地打击了我创业的积极性。"小王表示，作为初次创业者，应该提前熟悉相关法律法规，对自己将要面临的创业风险有一个清醒的认识，并拥有应对风险的心理准备，必要时要向法律机构寻求帮助，维护自己的权益。

资料来源：佚名. 避免"大单"成"大坑"——大学生创业者要警惕法律风险［EB/OL］. ［2023-03-30］. http://www.gzpeace.gov.cn/info/1408/55108.htm.

二、创业法律教育不配套

从目前来看，创业法律教育课程内容与创业需求不太配套，具体表现在以下几个方面：首先，课程体系不配套。目前，创业法律教育的课程往往只开展民商事法律教育，忽视行政、刑事和国际法律方面的教育。其次，授课团队不配套。创业法律教育的授课团队以高校教师为主，缺乏有实战经验的团队传经送宝。最后，教学方法不配套。创业法律教育最重要的是让创业者知晓创业过程中可能面临的法律问题以及如何解决，而高校的创业法律教育还是按照传统的讲授式教学方法进行，这种方法最大的弊端在于受众参与度不够，对创业者而言缺乏体验感。

三、创业的政策、法律支持力度不够

近年来，从创业者的需求来看，创业的政策、法律支持力度不够大。比如，某市的政策规定，银行可提供大学生创业最高50万元的贷款额度，但却设置严格的担保条件，导致创业者很难获得创业资金。再比如，某高校有300名学生申请创业工作室，却只有10个工作室可供选择，这虽然有利于提高创业项目的质量，但容易挫伤创业者的积极性。此外，针对大学生的创业活动，各地支持力度与当地地方财政资金是否充裕、地方政府与高校关系是否和谐直接相关。而且，专门针对大学生创业进行法律保护的法律制度缺乏，这也增加了大学生创业的法律风险。

第三节　　加强创业者权益的法律保障

一、加强大学生创业立法效力

纵观西方发达国家，均已经将大学生自主创业纳入了法治化轨道，制定了相应的法律制度来对大学生自主创业行为进行规范，并通过法律手段来确保有关大学生自主创业的相关法规以及政策真正得以贯彻落实，并且设立了专门的创业主管部门，使大学生自主创业

相关优惠政策得以法治化、制度化，减少临时性与随意性。由此可见，用法律制度来促进大学生自主创业是一种稳定、长效的保障机制，我国应当针对大学生自主创业制定专门的法律，以实现用创业促进就业，实现经济增长与就业增长的良性互动。制定的专门法律应当以保护大学生自主创业权益、扩大就业为目标，对现行法律法规、规章制度以及具体实践经验进行梳理，将大学生自主创业的相关保障政策、优惠政策用法律的形式加以明确，并将促进大学生自主创业中有关部门的职责予以明确规定，从而为大学生自主创业提供强有力的法律保障。

二、完善大学生创业相关法律

应完善大学生自主创业融资法律制度。资金是企业经济活动的命脉，是企业经济活动的持续推动力。而融资是创业成功的引擎，通过融资，企业才能走出创业的第一步，然后通过投资、再融资实现企业的生存与不断发展。与传统企业相比，创业企业不仅在收集、处理市场信息方面存在劣势，而且融资方式单一、融资渠道狭窄，再加上相关法律法规与管理机制的不完善，从而阻碍大学生自主创业的进程。因此有必要对大学生自主创业融资的相关法律制度予以完善，比如在对《中华人民共和国担保法》《中华人民共和国公司法》《中华人民共和国中小企业促进法》等法律法规的修订中，明确进行自主创业的大学生在小额贷款法律关系中享有的权利以及应当承担的义务，将针对大学生自主创业的小额担保贷款方面的优惠政策法治化。大学生自主创业贷款可以以大学生为借款主体，以其家庭成员中具有稳定收入的人作为担保方，或者用其有效资产作为抵押。在风险可控的基础上，对于信誉良好，有还款保障的大学生自主创业者发放信用贷款，适当增加大学生自主创业的小额贷款额度以及延长期限，并降低贷款的门槛。对政府创业扶持资金的申请、额度、审批以及发放等程序进行立法规范，确保大学生自主创业融资更加具有可操作性。

三、完善大学生创业相关法律实施机制

再好的法律制度保障，再好的政策法规，如果不能很好地贯彻执行，切实做到有法可依、有法必依、违法必究，那么大学生自主创业的法律保障最终也会流于形式。因此必须对大学生自主创业相关法律的实施机制予以完善。首先，构建相应的体制。可以借鉴英国创立大学生自主创业委员会的做法，统一管理大学生的自主创业行为，并利用这一管理体制将有创业资质、创业潜力的大学生向企业家方向培养。其次，建立责任追究机制以及激励机制。责任追究机制主要是指任何组织或个人的一切破坏与阻碍大学生自主创业的行为，都要追究其相应的法律责任。激励机制则是指对于认真贯彻落实《中华人民共和国就业促进法》，为促进大学生自主创业做出贡献的，要给予一定奖励。相信这种体制与机制对于我国大学生自主创业一定会起到积极的作用。

1.学校应加强创业法律教育，科学设置创业法律教育课程体系

高校创业法律教育的培养体系应建立在完善的课程体系之上，注重创新和实践。事实上，由于大学生群体的特殊性，其创业法律风险的化解等更多的责任需要大学生所在高校来承担。具体而言，高校化解大学生创业风险的方案设计主要包括以下几个方面：

（1）优化创业法律教育课程设计

一套较为完善的创业法律教育通常包括完整的课程体系、合理的授课团队以及有效的教学方法。首先，大学生创业法律教育的课程体系中，对法律制度内容的讲授并不是通透的，而是介绍这些法律制度中与创业活动密切相关的条文内容。其次，要建立复合型的法

律教育授课团队。高校教师主要负责基本法律制度的介绍,专职律师主要负责法律的运用,企业家主要负责企业从创立、运营到终止各个阶段可能面临的法律问题及可能的处置方案。大学生创业者通过复合型法律教育授课团队的传授,将会对创业法律形成概貌性的认识,为后期创业奠定良好的基础。最后,要有科学的教学方法。可以采用沙龙式、案例研讨式、诊所式等能切实提高创业者实操水平的授课方式,科学合理而又切合实际的做法是将创业法律教育的课程体系分为以下三块:

① 增强创业法律意识类课程。课程设置主要是法理学,另辅之以法律逻辑学、法律方法学等。

② 了解创业法律知识类课程。课程包括商事组织法、商事主体行为及其规制法、解决商事争议的法律等。

③ 培养创业法律能力类课程。这类课程主要是实践或实务类课程,包括企业法律实务、商法实务教程、法律谈判等。

大学生应通过各种途径增进法律知识、增强法律意识,通过学校教育获取法律知识、培养法律能力是十分重要的途径。此外,大学生创业者还需要通过其他途径有意识地主动培养。如通过假期实践、向律师或专业人员咨询等,做到对法律风险事前防范、事中控制、事后积极面对和补救。

(2)开设专门的创业法律风险教育课程

开设专门的创业法律风险教育课程是创业法律教育的核心,尤其是要关注创业环境变化导致的融资风险及信用风险。一方面,创业者常常面临融资风险。大学生创业者一般创业规模较小,其从银行融入资金的可能性及额度都较小。此时,部分大学生创业者可能会去P2P平台融资,甚至借高利贷。这些行为都面临较大的法律风险,甚至会因为个别不当融资产生巨额债务,最后导致整个创业项目或公司被拖垮。因此,大学生创业者对此类融资风险要高度重视、严加防范。另一方面,大学生创业者容易面临信用风险。创业者及创业组织的不诚信行为都可能被纳入征信系统,都会影响系统对其做出的整体评价。因此,信用风险教育构成创业法律风险教育的重要内容。

(3)构建鼓励创业的校园制度规则

大学生创业活动的顺利开展有赖于高校的支持,这种支持包括场地、资金、评价机制、权属规则等。当然,为了提高创业成功的可能性,还需要学校通过各种途径开展校企合作,形成互动机制,为大学生创业提供平台。另外,需注意大学生创业过程中的知识产权权属问题。建议学校和大学生通过合同约定合作创造中的知识产权归属,勇于向大学生放权,激发大学生参与发明创造的积极性。学校为大学生创业者提供产权交易的机会,让知识产权真正转化为经济效益。学校的科技部门应为大学生搭建平台,在发明创造中让学生走进企业、走进社会,了解需求,增强发明创造的实用性。在产品、成果形成后,要为学生提供知识产权成果展示与推介的机会。通过搭建平台,加强技术、成果推介,让学生与企业、技术与市场之间形成有效对接。知识产权的成果转化,有利于满足学生创业资金需求。

2.其他相关法律实施机制

(1)企业应构建法律风险的"防火墙"

创业企业应遵循"事前防范为主、事中化解和事后补救为辅"的原则,构建法律风险的"防火墙"。为此，应强化企业领导人的法律风险意识；建立健全企业的规章制度，优化业务流程；建立健全企业内部的责任体系和监督体系；加强企业相关人员的配备和培训；建立定期审查公司法律风险的制度。

（2）政府应建立配套的创业法律制度

政府应制定配套的法律制度，以帮助大学生创业者增强抵御、防范、化解法律风险的能力。具体包括：①建立保险机制。大学生创业者建立的都是中小企业，中小企业本身的存活率很低，相关部门应坚持3～5年持续跟进，在小企业成长的每一个节点扶一把。另外，当大学生创业失败面临沉重的债务时，政府应采取相应的措施予以保护，给创业者再次创业的机会。②建立优胜劣汰机制。在执行优惠政策时确立"严进宽出"的理念，严格把关，降低失败率。对发展前景好的创业企业予以激励，而对借创业之名投机取巧或没有发展前景或严重亏损的企业直接淘汰出局。③建立惩戒机制。打击部分创业者利用优惠政策，以创业为名，行"啃老"之实的现象。

（3）社会应营造诚实守信、依法办事的大环境

创业者法律素质的提高、法律意识的培养除靠学校教育、自身努力之外，还需要全社会的配合和共同努力。要在全社会形成一种知法、懂法、守法的良好氛围。在这样一个诚实守信、遵纪守法、依法办事的和谐大环境下，不仅创业中的法律风险会大大降低，抵御和化解法律风险的成本会大大降低，整个社会的法律风险也会降低。

第四节 大学生创业法律案例

下面列举了大学生创业过程中可能遇到的知识产权法律问题，分析了知识产权的重要性，并提出了面对法律问题时大学生创业者可采取的应对措施。

一、遇到的法律问题

（1）对知识产权认知不清导致创业时侵犯他人的知识产权，引起纠纷。

（2）在创业时对自身知识产权保护不力导致他人侵犯甚至窃取自己的知识成果。

（3）对于知识产权的权限不甚了解导致没有利用知识产权给自己带来的"保护伞"，在激烈的市场竞争中落败。

二、知识产权浅析

知识产权是指人们就其智力劳动成果所依法享有的专有权利，通常是国家赋予创造者对其智力成果在一定时期内享有的专有权或独占权。知识产权从本质上说是一种无形财产权，它的客体是智力成果或者知识产品，是一种无形财产或者精神财富，是创造性的智力劳动所创造的劳动成果。它与房屋、汽车等有形财产一样，都受到国家法律的保护，都具有价值和使用价值。

一些重大专利、驰名商标或作品的价值远远高于房屋、汽车等有形财产。

知识产权有如下类型：

（1）著作权，是自然人、法人或者其他组织对文学、艺术和科学作品依法享有的财产权利和精神权利的总称。这主要包括著作权及与著作权有关的邻接权，通常我们说的知识产权主要是指计算机软件著作权和作品著作权。

（2）工业产权，是指工业、商业、农业、林业和其他产业中具有实用经济意义的一种

无形财产权，由此看来"产业产权"的名称更为贴切，其主要包括商标权。

（3）人身权利，是指权利同取得智力成果的人的人身不可分离，是人身关系在法律上的反映。例如，作者在其作品上署名的权利，或对其作品的发表权、修改权等，即为精神权利。

（4）财产权，是指智力成果被法律承认以后，权利人利用这些智力成果取得报酬或者得到奖励的权利，这种权利也称为经济权利。它是指智力创造性劳动取得的成果，并且是由智力劳动者对其成果依法享有的一种权利。

【小案例12-2】大学生李朋（化名）来自一个偏远的乡村，是村里唯一考上名牌大学的学生。李朋在校期间勤于专业学习和实验，自己发明的生物化学相关设备技术也获得了国家知识产权局给予的发明专利证书。毕业后他曾想过将自己的专利技术投入生产，可是从父母亲戚那里筹集的资金不够，而自己也没有拉到投资商的投资，这样一个"创业梦"就断送在资金不足的路上。而3年后，他发现自己的专利竟然被师兄"借用"进行投资生产，还取得了不错的收益。他去理论，但师兄竟然说专利权已经到期，现在是共有财产，李朋感到十分失望。

案例分析：

李朋的案例反映了大学生创业的一些问题，没有利用好知识产权作为自己创业的利器，同时也没有认清知识产权保护的范畴。在创业初期，虽然李朋可能因为资金原因无法提供公司建立和生产运营相关的全部资金，但是他忽视了知识产权是可以出资的。根据我国法律，知识产权可以估价并可以依法转让的非货币财产作价出资（法律、行政法规规定不得作为出资的财产除外）。

李朋应该提供专利证书、专利登记簿、商标注册证、与无形资产出资有关的转让合同、交接证明等，填写无形资产出资验证清单。在我国，以知识产权出资占注册成本的比例最高可达70%。如果李朋考虑到了这一点，就可以正常注册公司并开始运营自己的公司了。同时，他很有可能没有考虑到国家对于毕业大学生创业的一些优惠政策，从而错失了创业的良机。根据产权和专利的相关法律，发明和实用新型专利被授予专利权后，专利权人对该项发明创造拥有独占权，任何单位和个人未经专利权人许可不得实施其专利，即不得为生产经营制造、使用、许诺销售、销售和出口其专利产品。虽然专利权具有时间性，但根据我国法律，获得发明专利具有20年的专利保护时间，而非李朋师兄所说的仅仅3年。师兄侵犯了李朋的知识产权，李朋应向他说明，并应举起法律的武器来维护自己的权益。

资料来源：陈思宇. 创业的法律指导：大学生创业遇到的法律问题案例及分析［EB/OL］.［2017-08-30］. http://ishare.iask.sina.com.cn/f/3189JrK9NhW.html.

【小案例12-3】大学毕业生小王因为具有优秀的研发能力很快进入一家知名的机械设备生产公司。公司为应对市场需求，希望小王进入项目研发团队研究有关创新性实验设备。公司给小王提供了资金、住宿、交通、餐饮费用以让其专注于研发。后来，这个新型的创新实验设备获得了国家授予的专利权。在专利权所有人署名处，小王签上了自己的名字。公司提出质疑，小王说这是自己研发的，本应得到这个专利权。

案例分析：

小王的案例体现了大学生对于知识产权保护范围界定不清的问题。

根据《中华人民共和国专利法》第六条，执行本单位的任务或者主要利用本单位的物质条件所完成的职务发明创造，申请专利的权利属于该单位，申请被批准后，该单位为权利人。

小王受本单位委托，并主要利用本单位的人力、技术、物质等条件所研制的产品，依法应属于职务发明，该专利权应为公司所有。小王以非职务发明人向专利管理机关申请专利，其行为是违法的。小王虽然在研发过程中起到了非常重要的作用，但是没有分清职务发明创造和非职务发明创造，不了解专利相关法律知识，导致了侵犯他人专利权的问题。

资料来源：陈思宇. 创业的法律指导：大学生创业遇到的法律问题案例及分析 [EB/OL]. [2017-08-30]. http://ishare.iask.sina.com.cn/f/3189JrK9NhW.html.

【小案例12-4】设计专业研究生在读的小李创办了一家室内设计公司，小李想设计一个公司的Logo，就在网上找到一家商标设计店铺，该店铺为其提供了几个设计图样供选择，小李选择了一个他认为不错的图样，并将该图样向商标局提出了注册申请。一年后他收到了"商标驳回通知书"，驳回理由是与在先注册的商标近似。小李发现，在先注册的商标和他申请的图样竟然完全一样，原来该店铺是从网上盗来图样供买家挑选。

案例分析：

小李的案例体现了大学生对于Logo设计没有近似检索的防范意识的问题。

现在网上有很多Logo设计店铺，竞争很激烈，让企业的设计成本降低了，这本来是好事，但企业也要注意防范其中的风险。

最好是自己对商标Logo有一个初步的构思，再请设计公司在此基础上进行设计，避免使用设计公司现成的作品。同时要与设计公司签订委托设计合同，在合同中重点约定好设计方案的著作权归属、作品不能侵犯他人著作权及法律责任等内容，在正式申请之前，也要对Logo进行近似检索，以减少商标被驳回的法律风险。

资料来源：佚名. 中细软知识产权：创业者不可不知的九大商标风险 [EB/OL]. [2015-09-18]. https://www.sohu.com/a/32386436_223993.

三、思索启示

大学生初入社会进行自主创业，很容易因为对知识产权相关法律法规不了解或是忽视，在创业过程中受到法律上的阻碍。虽然当今大学生创业有不少是通过引用新的管理模型和服务的方式，但是仍有不少大学生是通过将自己的专利商品化来完成创业的。因此，关于大学生创业中的知识产权保护仍然十分重要。大学生在创业前必须好好研读相关法律法规，提高自己的法律意识。

通过对本章内容的学习，我们可以在意识上重视并了解大学生创业可能遇到的基础的法律问题。如知识产权的保护和防止侵犯，虽然我国的知识产权法律保护仍有尚待完善之处，但是根据社会发展的趋势，这种无形的产权必然会越来越受到人们的重视和保护，因为在这个商品化、商业化加剧的时代，知识成果会带来更为丰厚的收益。

大学生在创业初期一定要仔细研读与知识产权相关的法律。一是通过学习相关法律法规，能够维护自己的知识产权。知识产权一旦被窃取，挽回时也很可能"得不偿失"，因为后果已经发生。大学生自身对于知识产权的保护和防止泄密十分重要，更重要的是利用法律来保护知识产权。二是通过学习相关法律法规，能避免自己侵犯他人的知识产权。如果不慎侵犯，自己刚刚创立的公司很可能被告到破产。三是我们应充分利用知识产权带给我们的权利，来帮助公司实现发展。

了解创业企业常见的法律风险，并采取相应的应对措施，是创业企业预防风险的必备步骤。大学生创业涉及的各种共性法律问题及应对措施主要包括：

第一，创业初始阶段的资金、设备、场地以及办公场所等相关法律问题。由于大学生的特殊身份，普遍没有财产可供抵押，又无银行个人信用记录，因此贷款困难，此时应该指导学生多寻求行政干预和支持。各地针对自主创业的大学生，在工商注册、小额担保贷款、税费减免等方面出台的各项优惠政策尤为重要，需要在法律教育培训中让学生全面了解并加以利用。

在创业基地通过项目申报，创业所需的设备、场地问题一般都能在校内解决，但对于一些企业经营类的创业计划经常会涉及在校外租店面及办公场所，这就需要向学生介绍《中华人民共和国民法典》中关于房屋租赁的相关法律规定。

第二，创业拓展阶段关于设立经营实体、进行行政审批的相关法律问题。对于创业经济组织的具体责任形式，《中华人民共和国个人独资企业法》、《中华人民共和国公司法》和《中华人民共和国外商投资法》等一系列法规都有不同的规定，制定了多种企业组织形式。

大学生创业需要依据《中华人民共和国市场主体登记管理条例》，以及消防、卫生等行政审批程序的一些具体规定办理相关手续。

创业经营阶段涉及的市场交易及管理的相关法律问题。创业经营必然涉及市场主体间的各种交易行为，无论是从合同的订立到合同的履行，还是违约责任的承担，都与《中华人民共和国民法典》关系密切。

大学生创业者应了解《中华人民共和国产品质量法》《中华人民共和国劳动法》《中华人民共和国票据法》《中华人民共和国保险法》《中华人民共和国反不正当竞争法》等与自身创业有关的法律规定。

创业经营阶段涉及知识产权的相关法律问题。创业经营阶段应该在法律允许的范围内使用他人的知识产权。目前我国已经建立了一个比较完备的知识产权法律保护体系，主要包括《中华人民共和国商标法》《中华人民共和国著作权法》《中华人民共和国专利法》等法律法规。大学生创业之初可以利用专利先行公开的特点，合理利用现有专利给自己的创业提供技术开发的思路和可行性支持，同时又要保证不侵犯他人的专利权。具体经营中如何合法使用商标、专利等知识产权都是创业法律教育必须深入细致讲解的内容。

第三，创业过程中纠纷解决的相关法律问题。大学生创业者要了解《中华人民共和国民事诉讼法》《中华人民共和国行政诉讼法》《中华人民共和国仲裁法》中规定的具体诉讼程序，要具有积极收集证据的法律意识，对交易金额较大、商品较多的经济往来要多采用书面合同文本形式。

【课后思考】

课后思考
参考答案

1.通过本章的学习，谈谈你认为创业者应当具备怎样的法律素养。
2.你认为理想的创业法律环境是怎样的？
3.你认为大学生在创业过程中应注意哪些法律问题？

【启思明理】

遵守法律法规，优化创业环境

　　法律风险是指由于合约在法律范围内无效而无法履行，或者合约订立不当等原因引起的风险，主要发生在场外交易中，多由金融创新引发法律滞后而致。作为一名大学生创业者，在创业过程中难免会面临资金、技术、竞争、市场、环境、管理、决策、团队、人力资源流失等各种风险，这些风险或多或少同时包含了法律风险，并贯穿大学生创业的过程中。若不能正确认识到这些可能面临的风险，无法采取有效的措施进行防范，就会制约企业的发展进步，甚至需要创业者承担法律责任。在不确定因素的影响下，大学生在进行网络创业的过程中遇到法律风险的可能性大大增加。因此，在创业过程中，不仅需要大学生提高自己的法律意识，更需要全体社会成员弘扬社会主义法治精神，共建良好的创业环境。党的十八届四中全会提出推进全面依法治国的总体目标和重大任务，这为创业者打了一剂强心剂，让创业者感受到了国家的支持。如今，政府提供政策支持，市场也逐步扩大，越来越多的大学生选择了自主创业的道路，法律也贯穿其创业过程。国家正在稳步推进深化依法治国实践，普及创业法律知识，大学生创业者也应该提高自身法律意识，树立契约精神，同时保持警惕，提高防范意识，为维护良好市场秩序贡献自己的力量。作为大学生创业者，我们应该学习创业成功案例，对失败案例引以为戒，努力完善自身，在法律允许的范围内谋求创业发展，积极响应国家号召，为国家需要而创新创业。

参考文献

[1] 许湘岳，邓峰. 创新创业教程 [M]. 北京：人民出版社，2011.

[2] 安德森. 长尾理论 [M]. 乔江涛，石晓燕，译. 4版. 北京：中信出版社，2015.

[3] 安德森. 免费：商业的未来 [M]. 蒋旭峰，等译. 3版. 北京：中信出版社，2015.

[4] 莱斯. 精益创业 [M]. 吴彤，译. 北京：中信出版社，2021.

[5] 魏炜，朱武祥. 发现商业模式 [M]. 北京：机械工业出版社，2013.

[6] 莫瑞亚. 精益创业实战 [M]. 张玳，译. 2版. 北京：人民邮电出版社，2013.

[7] 奥斯特瓦德，皮尼厄. 商业模式新生代 [M]. 北京：机械工业出版社，2020.

[8] 张玉利，薛红志，陈寒松. 创业管理 [M]. 4版. 北京：机械工业出版社，2017.

[9] 王卫东，黄丽萍. 大学生创业基础 [M]. 北京：清华大学出版社，2015.

[10] 李家华，等. 创业基础 [M]. 2版. 北京：北京师范大学出版社，2015.

[11] 李伟，张世辉，李长智，等. 创新创业教程 [M]. 北京：清华大学出版社，2017.

[12] 龚焱. 精益创业方法论 [M]. 北京：机械工业出版社，2015.

[13] 孙清华. 引爆品牌卖点：解密电商爆品的策划思路 [M]. 北京：人民邮电出版社，2017.

[14] 杨雪梅，王文亮. 大学生创新创业教程 [M]. 2版. 北京：清华大学出版社，2021.

[15] 董青春，董志霞. 大学生创业基础 [M]. 北京：经济管理出版社，2017.

[16] 黄远征，陈劲，张有朋. 创新与创业基础教程 [M]. 北京：清华大学出版社，2017.

[17] 蔡立雄. 大学生创新创业基础 [M]. 北京：北京大学出版社，2018.

[18] 张香兰. 大学生创新创业基础 [M]. 2版. 北京：清华大学出版社，2022.

［19］屈家安，郭照冰．大学生创新创业理论与实务［M］．北京：气象出版社，2018.

［20］孙洪义．创新创业基础［M］．北京：机械工业出版社，2017.

［21］马化腾，张晓峰，杜军．互联网+：国家战略行动路线图［M］．北京：中信出版社，2015.

［22］翁怡诺．新零售的未来［M］．北京：北京联合出版公司，2018.

［23］杨俊，朱流，于晓宇．创业研究前沿：问题、理论与方法［M］．北京：机械工业出版社，2022.

［24］陈红，高进锋．电子商务实务［M］．北京：北京理工大学出版社，2012.

［25］何晓兵，何杨平，王雅丽．网络营销：基础、策划与工具［M］．2版．北京：人民邮电出版社，2020.

［26］周三多，陈传明．管理学［M］．4版．北京：高等教育出版社，2014.

［27］王晔，张铭洪．网络经济学［M］．3版．北京：高等教育出版社，2019.

［28］李季，王益民．数字政府蓝皮书：中国数字政府建设报告（2021）［M］．北京：社会科学文献出版社，2021.

［29］纪慧生，陆强，王红卫．商业模式设计方法、过程与分析工具［J］．中央财经大学学报，2010（7）：87-92.

［30］付志勇．商业新秀借商业模式突围制胜［J］．销售与管理，2011（11）.

［31］王伟毅，李乾文．创业视角下的商业模式研究［J］．外国经济与管理，2005（11）：32-48.

［32］HAGEL J，SINGER M.Unbundling the corporation［J］．Harvard Business Review，1999，77（2）：133-141.

［33］MORRIS M，et al.The entrepreneur's business model：toward a unified perspective［J］．Journal of Business Research，2003（6）：726-735.

［34］RICHARD BELLMAN，et al.On the construction of a multi-stage，multi-person business game［J］．Operations Research，1957（8）：469-503.